他界へ翔る船

「黄泉の国」の考古学

辰巳和弘〔著〕

新泉社

1　宝塚１号墳出土船形埴輪

2　平手町遺跡出土の方形周溝墓（上）と船形木棺（下）

他界へ翔る船

目次

I　〝舟葬論〟事始め

II　古墳と船

III 古代人の他界観

装幀　堀渕伸治◎tee graphics

I “舟葬論”事始め

――海よ、僕らの使ふ文字では、お前の中に母がゐる。そして母よ、佛蘭西人の言葉では、あなたの中に海がある。

達治

第一章　くつがえる古墳時代観

1　船形木棺の発見――大寺山洞穴

◉房総半島の海蝕洞穴

房総半島の南部一帯は、複雑な海岸地形をなす景勝地として知られ、南房総国定公園に指定されている。そこにはしばしば、太平洋から打ち寄せる荒波で軟質の岩肌が浸蝕を受けてできた海蝕洞穴《かいしょくどうけつ》が口を開けている。

南房総の中心都市である館山《たてやま》市街の南寄り、沼《ぬま》地区の丘陵のふもとに地元の人々が「沼の大寺」と呼ぶ総持院《そうじいん》がある。本堂につづく庫裡《くり》の横を通り、並び立つ墓石群のなかを突き切った境内の一画に、大小三つの海蝕洞穴がある。大寺山《おおてらやま》洞穴と総称されるそれらの洞穴は、西に向いて垂直に切り立った岩壁の根元近くに口を開いている。洞穴の前に立てば、北の方角、市街のかなたに館山湾から三浦半島の南端まで見はるかすことができる。現在、洞穴は海抜三三メートルの山すそに開口しているが、かつて磯近くにあったものが、幾度かの隆起によって現在の位置に定まったもので、古墳時代には海抜が十数メートルであったといわれている。

大寺山の三つの洞穴は南北に並んで西に口を開けている。南側の一号洞穴がもっとも大きく、その入り口は幅五・五メートル、高さ四メートル、奥行きは約三〇メートルもある巨大なトンネルを思わせる洞穴である。三つの洞穴はいずれも縄文時代後期に居住の場だったが、一号洞穴はその後の古墳時代になると大規模な葬送の場として再び利用される点が注目される。

古墳時代の墓制は、その時代呼称にもなっている土を盛り上げた巨大な墳丘《ふんきゅう》をもつ墓（古墳）や、頑強な地層をくりぬいた横穴《よこあな》が普通である。全国、数十万基にものぼる古墳の数からすれば、大寺山一号洞穴のような、洞穴を墓場とする遺跡はごく少数であって、従来は特殊な事例としてまったく顧みられることがなかった。おそらく古墳時代の研究者でも、このような古墳以外の葬法がこの時代に存在したことを知る人はそんなに多くはないであろう。しかしこの一洞穴遺跡が、古代人の他界観を解明するうえに重要な糸口を与えてくれたのである。しばらくこの洞穴遺跡の内容を整理するところから話を始めよう。

◉掘り出された丸木船

大寺山一号洞穴が古代の遺跡として確認されたのは、太平洋戦争中の一九四四年、海蝕洞穴を防空壕として利用するため、内部をさらに掘り広げた際に丸木舟の部材が掘り出されたことによる。現在も総持院に保管されているその部材は、丸木舟の舳先《へさき》の部分にあたり、現存長一・一四メートル、現存最大幅三八センチ、厚さ八センチ前後である（**図1**）。遺存の状態は良好で、ゆるやかな丸みを

図１　大寺山１号洞穴から最初に発見された船形木棺（1944年出土）

もってせりあがる舳先や内刳《うちぐ》りの様子がよくわかる。

私がこの丸木舟を調査させていただいたおり、総持院住職の寺田信秀《てらだしんしゅう》師にお願いして、はがれ落ちた丸木舟の木片の一部を提供していただき、大阪市立大学理学部生物学教室で研究されていた植田弥生《うえだやよい》さんにその材質について調べていただいた。結果はスギであった。

丸木舟の出土が契機となって、一九五六年には一号洞穴に対する初めての発掘調査がおこなわれた。調査の詳細は未報告であるが、総持院に保管されている出土遺物には驚かされる。五～六世紀の土師器《はじき》や須恵器《すえき》などの土器類、大刀《たち》や鉄鏃《てつぞく》などの鉄製武器とともに、五世紀代の鉄製甲冑《かっちゅう》の破片が多数含まれていたのである。冑《かぶと》は五世紀前半に製作されたもの。また甲《よろい》には二つのタイプがあって、いずれも胴部をおおう短甲《たんこう》で、ひとつはさきの冑とセットをなす小さく切った鉄板を革で綴じあわせた型式の甲。他方は五世紀後半に製作された、それぞれの小鉄板を鋲《びょう》でとめたより堅牢な新しい型式の甲であった。そしてこれらの遺物とともに二体の人骨が検出されたとのことである。

この洞穴遺跡が、古墳時代の中・後期に遺骸を納め置く葬送の場として利用され、出土した品々は副葬されたものであることが明らかになった。

五世紀にあって、鉄製甲冑を入手・所有することができた人々はきわめて限られていた。五世紀前葉〜中葉の房総地域で甲冑を出土しているのは、大寺山洞穴のほか、市原市の姉崎二子塚古墳《あねさきふたごづか》（全長約一一〇メートルの前方後円墳）と、木更津市の祇園大塚山古墳《ぎおんおおつかやま》（全長約一〇〇メートルの前方後円墳）、さらには君津市の八重原《やえはら》一号墳（径約四〇メートルの円墳）などがあげられるにすぎない。

いずれも地域最大級の古墳で、姉崎二子塚古墳は全国の国造《くにのみやつこ》の出自を羅列した「国造本紀《こくぞうほんぎ》」にみえる上海上《かみつうなかみ》国造の、またあとのふたつは同じく馬来田《まくた》国造の領域に、それぞれ築造されたものである。三古墳ともそれらの国造に連なる首長の奥津城《おくつき》と考えられている。とくに祇園大塚山古墳から出土した冑は、野球帽のような形態をした金銅製の眉庇付冑《まびさしつきかぶと》で、亀、魚、鳥、龍などの動物文や幾何学文を鏨彫《たがねぼ》りの技法を用いてあしらった豪華なものである。この冑は実戦用ではなくステイタス・シンボル、すなわち王位の象徴（レガリア）としての性格を色濃く感じさせる遺物であった。私は、古墳から出土する甲冑の大半は、このような首長としての権威を象徴する器物として副葬されたと考えている。

ごく限られた首長級人物の墓からしか出土しないこの鉄製甲冑が、海蝕洞穴を利用した古墳時代の墓地に副葬されていたのである。しかも時期を違えた二型式の甲冑が出土したわけで、この洞穴を墓場とした人々は、甲冑を権威の象徴として所有できた、国造級の豪族にも匹敵する勢力をもった集団と考えられる。しかし彼らは前方後円形をした巨大な墳墓（古墳）を築くことをしなかった。

◉古墳時代の「洞穴葬」

一九五六年という時期に、房総半島の先端近くでおこなわれた洞穴遺跡の発掘での、この注目すべ

図２　大寺山１号洞穴の調査

き成果は、まったく学界の眼にとまることはなかった。

発掘から三十数年後、麻生《あそ》優《うまさる》教授を中心とする千葉大学考古学研究室が、房総半島の洞穴遺跡の実態を明らかにする研究にのりだし、まず大寺山洞穴の発掘調査に着手することとした。一九九二年の測量調査につづいて、翌一九九三年以降、一九九八年九月まで、七次にわたる発掘が実施されてきた（図２・３）。

一号洞穴では、西に口を開けた洞穴のほぼ中程、奥に向かって右壁寄り（南側）の地点が発掘された。一九五六年の発掘地点が今回の調査範囲に含まれることは、当時の発掘写真との照合から明らかであった。

発掘調査は予想以上の成果をあげた。まず一九九三年には、一基の丸木舟の内部やその周辺から、勾玉《まがたま》や管玉《くだたま》、耳環《じかん》など、古墳時代後期（六〜七世紀）の装身具類が出土し、まさに丸木舟の形態をした船形の棺が利用されていたことが明らかになった（一号棺）。船《ふな》形《がた》木棺である。

翌年には、もう一基の船形木棺（二号棺）が発掘され、刳り抜かれた船形の内部には、頭を舳先に向けて並んだ三体の人骨が検出された。ついで一九九五年春の調査では、三基の木棺が発掘され、同年九月の調査でも、さらに六基が検出された。これら九基の木棺も丸木舟の姿をした船形木棺と推察された。三号木棺では棺の蓋《ふた》も遺存していた。そして翌年にもう一基が。合計一二基の丸木舟の形態をした棺が発掘されたのである。調査をおこなった千葉大学では、これらの木棺が丸木舟そのものを利用したものと考えている。

いずれの木棺も洞穴の壁に沿って重なり合うように収められ、またすべてが舳先を洞穴の入口に向けていたのが印象的であった。古代人が死者の魂の往く他界を何処《いずこ》に考えていたかをよく示している。

重なり合った棺の出土状況は、これらの棺の下にも、さらに同様の船形木棺が埋もれている可能性

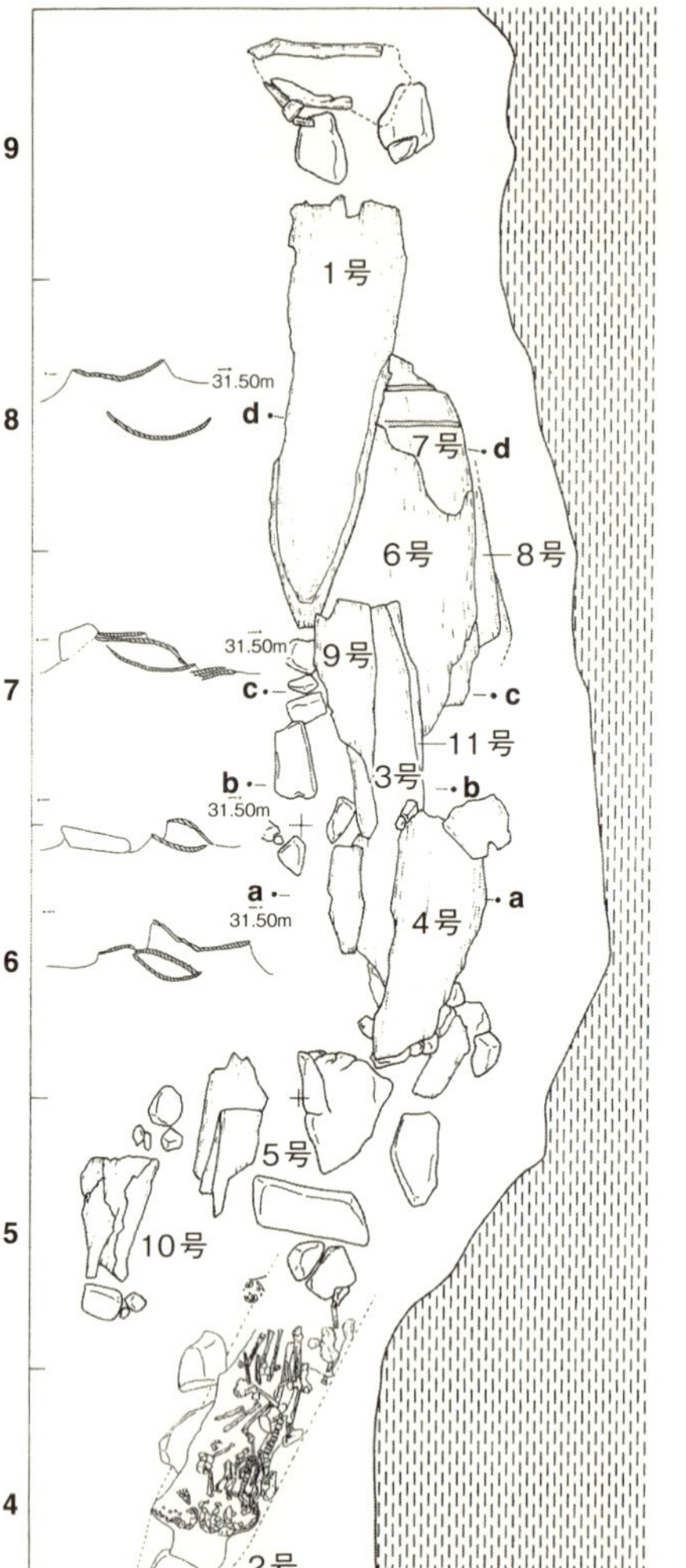

図3　船形木棺の出土状況（大寺山1号洞穴）
図の下方が洞穴の入口。

を考えさせた。棺はいずれも五〇センチ前後の深さから発掘されたが、この棺の上の土は、風化作用や部分的な崩落によって洞穴の壁面や天井の土砂が少しずつ堆積し、棺をおおったものであった。洞穴内に運び込まれた棺を穴を掘って埋納したり、それに土をかぶせて小さな墳丘を造るという行為は認められない。遺骸を納めた棺は、洞穴の壁面に沿って安置され、洞穴の床に棺を置く余地がなくなったときには、棺を積み上げいったようである。広大な洞穴が棺の納置空間として利用されたのである。

◉二〇〇年間つづいた葬送の場

「洞穴葬」と呼称できる葬法が古墳時代に存在したことは、この洞穴遺跡の調査から確かである。発掘現場に立ち、累々《るいるい》と並ぶ丸木舟の棺を眼の当たりにした私は、このような葬法がわが国の古代にあったという事実におおきな衝撃を受け、時のたつのを忘れ、ただ呆然《ぼうぜん》とたたずんでいたのをいまでも思い出す。

一九四四年に偶然の出土をみ、遺跡発見のきっかけとなった丸木舟の舳先《へさき》部も、古墳時代に棺として利用されたものであったことは間違いない。すると現時点で、大寺山洞穴から検出された船形の木棺は一三基を数える。

千葉大学の調査でも、一九五六年の出土品と同じ甲冑類の破片や、剣・大刀・鉾《ほこ》・鏃《やじり》・刀子《とうす》などの鉄製武器、勾玉・管玉・ガラス製小玉・耳環などの装身具と、青銅製の鈴、土師器や須恵器といった多様な副葬品が発掘された。これらの出土資料から、大寺山一号洞穴が葬送の場であった期間は、五世紀前半から七世紀前半に至る二世紀間にわたることが明らかとなった。

これまで発掘された面積は、洞穴内の五分の二程度であろうか。二〇〇〇年にも及ぶ長い期間、この洞穴に収められた丸木舟の形をした棺はいくつにのぼるのだろう。

2　船形の葬送施設

◉鉈切洞穴

古墳時代の在地首長が洞穴を葬送の場にしていたという大寺山洞穴での発掘成果は、従来の発掘例に再検討をせまることとなった。

私がまず注目したのは、大寺山から西へ約四キロ、館山市浜田にある鉈切《なたぎり》洞穴である（図4）。この洞穴は地域の氏神、船越鉈切《ふなこしなたぎり》神社の境内にある。石の鳥居から長く延びる参道の先の小さな丘のふもとに洞穴の口をふさぐかのように拝殿が建っている。拝殿の脇から洞穴のなかに参入する。拝殿のすぐ後ろに小さな本殿があり、その奥に奥行き約四〇メートル、幅約七メートル、高さ約四メートルと、大寺山一号洞穴よりさらに大規模な洞穴がひろがっている。見学者のために裸電球がいくつも下げられ、よく整備されている。

ここでの発掘調査は、大寺山一号洞穴と同じ一九五六年に実施された。縄文時代後期の土器とともに、石器、骨や鹿角《ろっかく》で作られた漁撈具（銛《もり》や釣針など）、貝製腕輪などの豊富な遺物が出土し、漁撈を生活の糧《かて》とした集団が居住の場に利用していたことが明らかにされた。また、わずかではあるが古墳時代後期（六世紀）の土器類や、小片となった大刀や鉄鏃が人骨とともに出土している点が、大寺山洞穴の調査結果からあらためて注目されることとなった。ここでも洞穴葬がおこなわれていた。しか

図4　鉈切洞穴

も人骨のなかには明らかに火葬されたものが含まれていたのである。

奈良時代の歴史書である『続日本紀』は文武天皇四年（七〇〇）三月に僧道照《どうしょう》が歿したおり、弟子達によって荼毘《だび》に付されたのが、火葬の始まりとしており、これは学界でも定説となっている。

しかし考古学の調査例では、すでに六世紀後半〜七世紀前半の段階に、大阪・兵庫・三重・静岡などの諸地域で、木材を用いて横穴式石室と同じ構造に構築し、それを粘土でおおった後、遺骸を納め、内部から埋葬施設に火をかけて火葬する葬法が明らかにされている。さらに奈良県高取町の与楽《よらく》古墳群では西暦六〇〇年頃に、横穴式石室内で遺骸の火葬をおこなった事例がある。鉈切洞穴の事例も六世紀と推定され、洞穴葬を採用する人々の一部で火葬が採用されている事実は注目すべき事柄である。けっして道照和尚の火葬がわが国での火葬の始まりではない。

古墳時代の洞穴葬において火葬が採用されてい

た事例はほかにもある。館山市の北、千葉県安房郡鋸南町《きょなんまち》にあった海蝕洞穴の大黒山《だいこくやま》洞穴では火葬された子供の骨が出土しており、さらに後に紹介する三浦半島にもいくつかの事例がみいだされる。

鉈切神社の拝殿の脇にある宝物館には、一艘《そう》の丸木舟が収められている。私が鉈切洞穴に注目したのは、さきの発掘成果とあわせて、この丸木舟の存在があったからである。クスノキ製で、全長二・七六メートル、最大幅七六センチの大きさである。江戸時代、この洞穴には一〇艘の丸木舟があったといわれ、そのうちの一艘が伝えられたものとみられている。大寺山一号洞穴で保存状態の良好な丸木舟を利用した木棺が大量発掘されたことは、鉈切洞穴にも同様の船形棺が大量に収められていた可能性を示唆する。

海蝕洞穴を利用した古墳時代の洞穴葬は安房地域に限った墓制ではない。浦賀水道を挟んで房総半島と向かい合う三浦半島（神奈川県）や、さらに西の伊豆半島（静岡県）の海岸地帯にも、古墳時代に葬送の場となった海蝕洞穴が多く分布する。また北日本では宮城県石巻市の五松山《ごしょうざん》洞穴が著名である。

◉三浦半島の洞穴遺跡

はやくから古墳時代の洞穴葬が知られていた三浦半島の事例にも触れておく必要があろう。東京湾と相模灘を仕切って突出する三浦半島の南端は、三崎港や城ヶ島付近の風景でよく知られるように、屹立《きつりつ》した岩壁がつづく複雑なリアス式の海岸地形で、十数箇所の洞穴遺跡が分布する（図5）。それらは波打ち際から数メートルの高さの岩壁に口を開け、大きなものでは奥行き二〇メートルを超える大浦山《おおうらやま》洞穴（神奈川県三浦市）や毘沙門《びしゃもん》洞穴（同）がある。一九九五年の春の一日、やわらかな日ざしのなか、三浦半島の洞穴を磯づたいにめぐり歩いた。南に開口した毘沙門洞穴にたたずみ、はるかに水平線を望みながら、寄せては返す波の響きのなかにしばし身をさらすと、洞穴を墓所として、悠《ゆう》久《きゅう》の時の流れに永久《とわ》の身を寄せた古代人のこころに参入する糸口がほの見えるように感じられた。

　この地域の海蝕洞穴は弥生時代中期から利用が始まり、弥生・古墳時代を経て、一部は奈良・平安時代にまで及ぶ。そのうち弥生時代から古墳時代前期にかけては、主に居住の場として利用され、占いに使用した鹿やイルカの骨、大型のアワビの殻を加工した貝包丁、また貝輪《かいわ》・貝斧《かいふ》などの貝製品、骨角製の漁撈具といった三浦半島に

図5　房総・三浦両半島の主な海蝕洞穴遺跡

特徴的な遺物が、当時の海に生きた人々の生活の一端を語ってくれる。さらに人々は、同じ洞穴を墓地としても活用した。注目されるのは、その葬法である。洞穴内の壁面の窪《くぼ》みや岩塊の間から人骨がかたまって検出されるものの、全身骨格がそろうものはまったくなく、なかには頭骨のみをそこへ置いた事例もある。このような状況は、遺骸を骨化させた後に、あらためて葬ったものとみることができる。この葬法を再葬とか、改葬という。

古墳時代の中期（五世紀）以降になると、洞穴は葬送の場としてのみ利用されるようになる。その葬法は前代から継続する再葬に加え、あらたに火葬が導入される。鉈切洞穴での火葬よりもさらにさかのぼる。

いま八五体を数える古墳時代人骨の埋納が明らかにされた雨崎《あめさき》洞穴を例に、三浦半島の洞穴葬を具体的にみてゆくこととしよう。

雨崎洞穴は三浦市の東、浦賀水道に突出した小さな岬の北の付け根にある。せり出した岩壁の中ほどに口を開ける洞穴は間口約七メートル、奥行き約五メートルで半円形の平面を呈し、三浦半島の同種の遺跡のなかでは小規模なものである。雨崎洞穴の発掘は、一九六六年夏から横須賀考古学会の手で開始された。調査により多数の人骨が検出され、古墳時代の洞穴葬について、非常に興味ある様相が明らかにされた。

まず古墳時代中期には、海岸で採取したとみられる岩塊を船形に並べて造った石室から、その左半部に子供の骨、右半部に大人の骨が雑然と詰めこまれた状態で発掘された。別の場所で骨にした人骨をあらためて納めた再葬である。しかも大人の骨の頭部から顔面は顔料で赤く塗られていた。古代人は赤という色がもつ燃えるような色合いに生命力のみなぎりを感じとり、魔よけや復活の意味をこめ

図6　雨崎洞穴から発掘された木棺

ていたようである。この二体の人骨とともに滑石製の勾玉や臼玉《うすだま》、碧玉製の管玉などの装身具が出土した。最初の葬送の際に死者が身につけていたものであろう。

船形の木棺・船形の石室

岩塊を船形に並べたなかに人骨を納めた同種の遺構は、同じ三浦市のさぐら浜洞穴でも発掘されている。さぐら浜洞穴の石室の大きさは長さ約二五〇センチ、中央部の幅五四センチ、高さ六〇センチであった。雨崎洞穴の船形石室もこれに近い規模と推定される。

さらに雨崎洞穴では、船形の石室の近くから船形と推定される刳抜《くりぬ》きの木棺が出土した（**図6**）。大寺山洞穴や鉈切洞穴の事例からみて、丸木舟か丸木舟の形態をした木棺とみて間違いなかろう。この船形木棺には再葬した子供の骨が木棺の一方の端にまとまって納められていた。また木棺の蓋は表面全体が黄土《おうど》色に塗られ、さらに上縁部だけは白く塗られていた。

つづく古墳時代後期にも船形の平面形をした石室が、箱形の石室にまじって造られる。しかもそれらの石室には火葬された人骨と灰がいくつものまとまりをもって納められ、石室が納骨空間として機能していたことがわかる。また人骨のまとまりのなかには、旧来の再葬によった事例も含まれていた。これらの火葬や再葬の人骨には、しばしば土器・大刀・鉄鏃・骨鏃などの遺物が副葬され、一般的な後期古墳に納められる副葬品となんらかわるところがない。

同じ雨崎洞穴で、ともに検出された船形の石室と船形の木棺。前者の場合、洗骨や火葬骨をまとめて納める墓室空間を岩塊で構築するに際して、その平面形をことさらに船形とするのは、古代人がその点に格別な意味をみいだしていたからにほかならない。すると後者においても、その棺が丸木舟を活用(再利用)したものであるか、またわざわざ丸木舟の形に木棺を製作したものであるかという、その違いが重要なのではなく、ここでも船形の形態をとる棺が用いられたという事実にこそ意義があったことが明らかとなる。

雨崎洞穴から浦賀水道に面した磯づたいに約二キロ南下すると、間口《まくち》という小さな漁港に着く。港の入り江に面した岩壁には、北から大浦山洞穴・間口洞穴・さぐら浜洞穴などの大型洞穴があり、洞穴遺跡をまとめて見学できる地域である。

間口漁港のすぐ北寄り、岩壁がすこし窪《くぼ》んだところに巨大な口を開ける大浦山洞穴は学界にもよく知られている。洞穴の入口は底辺が八メートル、高さ六メートルもある三角形で、奥行きは約二〇メートル、それから先は二股に分かれ細く奥へとつづいている。ここの発掘でも、弥生時代後期に生活の場として利用されたのち、古墳時代の中期以降は葬送空間となった状況がみてとれた。なかでもその終末期から平安時代にかけて、洞穴の左右の壁の窪みを利用して人骨を納め、その上に人頭大の石を積み上げた塚がいくつも発掘された。洞穴葬のながい伝統がうかがえる。船形の木棺や石室、火葬、再葬など、三浦半島における洞穴葬の様相は、房総半島の諸事例よりさらに多様である。

3　アジサシを抱く少年

◉紀伊半島の洞穴葬

紀伊半島もまた複雑な海岸地形の各地に海蝕崖がみられ、洞穴や岩陰の形成を容易に見ることができる地域である。従来、この地域で確認されている洞穴遺跡は、和歌山県田辺市周辺でのいくつかの調査例があるにすぎない。洞穴葬に関する研究者の関心の低さを示している。そうしたなかで田辺市の磯間岩陰《いそまいわかげ》遺跡の発掘は、興味ある洞穴葬の実態を、豊富な副葬品とともに明らかにした。

この遺跡は現在、田辺市街南東部に拡がる町並みの中にのこる小丘陵の西麓にある。軟質の砂岩からなるこの小丘陵は、かつては島かまたは海に突き出た岬であり、打ち寄せる荒波の浸蝕をうけてその裾《すそ》の随所に大きくえぐられた岩陰が形成された。そのひとつが古墳時代に葬送の場として利用されたのである。田辺湾に沿ってはしる海岸道路に面した人家の裏手に史跡として保存されているこの遺跡は、幅約二三メートル、奥行き約五メートル、天井部は高さ四メートルにも及ぶ。岩陰とも、半洞穴とも呼称できる海蝕地形を利用した遺跡である。もっとも先に紹介した三浦半島の雨崎洞穴よりも奥行きは深く、洞穴の範疇に含まれる遺跡として記述してゆく。

磯間岩陰遺跡の発掘は一九七〇年に実施された。五世紀後半～六世紀中頃にかけて造られた八基の

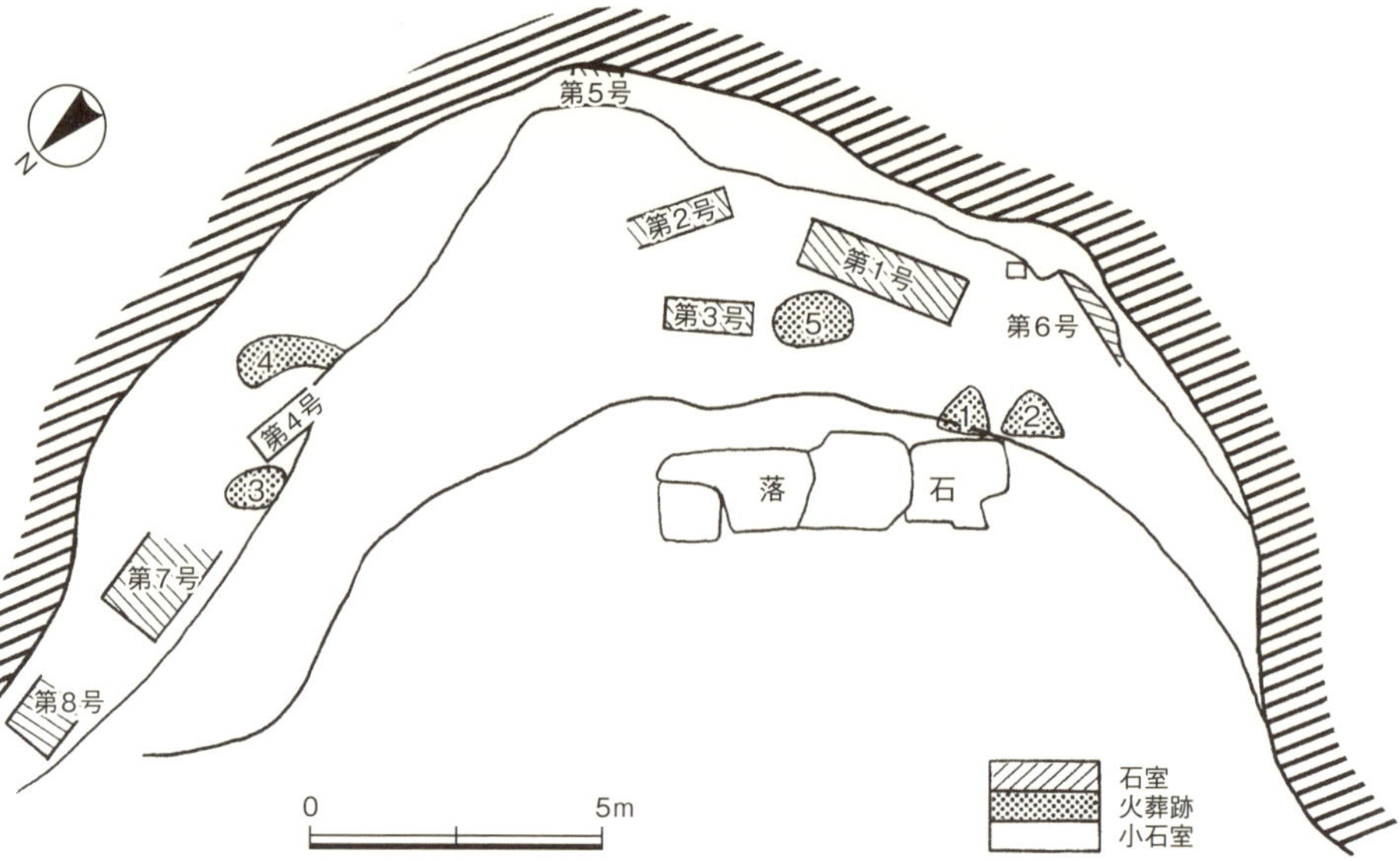

図7　磯間岩陰遺跡　遺構は砂の下に埋め戻されている（上：平面図）。

小規模な石室と、七世紀に遺骸を火葬した痕跡が五箇所検出された。房総半島や三浦半島の洞穴遺跡との密接なつながりをうかがわせて興味深い（図7）。石室は海岸から運ばれたとみられる砂岩質の岩で造られていた。石室のうち、六基からは遺存状態の良好な人骨が検出され、しかも四基の石室には二〜三体が合葬されていた。追葬がなされていたのである。

これらの石室のうち、洞穴のほぼ中央付近に造られた一〜三号石室には、豊富な鹿角製《ろっかくせい》の特色ある遺物が副葬されていた。銛《もり》・大型釣針などの漁撈具をはじめ、儀礼の際に首長が手にした王の杖《つえ》の頭部とみられるY字形の製品のほか、鳴鏑《なりかぶら》や鏃形の武器などが主要な遺物である。古代、鹿は聖なる動物とみなされ、その肩甲骨が弥生時代から古墳時代に吉凶を占う卜骨《ぼっこつ》として利用された。また弥生土器や円筒埴輪に描かれた線刻絵画中、もっとも多いモチーフでもある。これらの遺物はそこに葬られた人物が海人の首長であることを物語っている。さらに一号石室からは魔よけの意味をもつ直弧文《ちょっこもん》を刻んだ鹿角装の鉄剣二振も伴出している。

アジサシを抱く子

また洞穴の奥壁に接して造られた五号石室には、六歳くらいの男の子が葬られていた（図8）。遺骨はほぼ完存しており、その右足の親指にはキンチャクガイで作られた小さな貝輪がはめられていた。ここで私がとくに注目したのは、少年の胸の上から海浜に棲むアジサシの骨が検出された事実である。アジサシは夏にシベリア・サハリン・千島列島で繁殖し、冬にはニューギニア・オーストラリアまで渡る鳥で、日本には春と秋に現れる。おそらくこの少年は春か秋に亡くなり、葬送にあたって、父母がその小さな胸にアジサシを抱かせたのであろう。子供の魂がアジサシによって他界へと無事に導か

図8　アジサシを抱いて葬られた少年の骨

れるよう、さらに渡り鳥のように再び渡来して（蘇《よみがえ》って）欲しいという両親の切なる願いが胸を締めつける。

この幼い少年を納めた石室の床には「海岸からもってきた美しい小礫が敷かれていた」（帝塚山大学考古学研究室『磯間岩陰遺跡』）というのも、アジサシが海浜に生息する鳥であることとあわせて印象深い。また三号石室の床には、五センチもの厚さにサンゴや貝殻がぎっしりと敷かれていた。海岸部に位置する遺跡だから当然かもしれないが、私にはこのような海岸で採取したとみられる礫やサンゴ・貝殻などで亡き人の床をつくるという行為に、古代人のこころがかいま見えるような気がしてならない。

もうひとつ注目したいのは、一号石室の近くから拳《こぶし》大の石でつくられた六〇センチ四方の小石室に、ウミガメの腹側の甲羅三枚を並べて蓋とした遺構が発掘されたことである。

ウミガメは、浦島伝説に伝えられるように、海神《わたつみ》の宮への先導者と考えられていた。「丹後国風土記」逸文によれば、その宮は浦島子が三〇〇年の歳を過ごした蓬萊《ほうらい》の世界であり常世《とこよ》と観想されていた。それはまさにこの世ではない他界にほかならない。おそらくこの小石室には再葬による人骨が納められていたとみられ、そこには不老長生の世界への転生が期待されていたのであろう。

◉古目良岩陰遺跡

天神崎《てんじんざき》の付け根に近い田辺市目良《めら》にある古目良《こめら》岩陰遺跡も、磯間岩陰遺跡と同様の奥行きが比較的浅く、間口の広い洞穴遺跡である。洞穴の前面、海岸に臨んだ小さな平坦面は、弥生時代後期と古墳時代後期に、土器を用いて海水を煮詰めた土器製塩がおこなわれ、洞穴遺跡よりも古代製塩遺跡としてひろく知られる遺跡である。ここでも古墳時代以降、洞穴葬がみられる。この洞穴に発掘調査のメスが入ったのは早く、一九三七年（昭和一二）に円筒埴輪の破片で囲われたなかから人骨が検出され、その周囲には焼けた骨片や木炭が認められたという。おそらく火葬人骨を納めたものと考えられ、三浦半島でもみられた洞穴葬に一般的な葬法のひとつである。

また奈良時代とみられる北枕で屈葬させて埋葬した二体の人骨のうち一体は、革帯を着けていたらしく、帯の表面を飾った方形や半円形をした銅製金具が腰の位置から出土した。このような革帯は、中央や地方の役所へ官人として出仕する者が装着したと考えられており、田辺地域の首長級人物がこの洞穴に埋葬されていたと推察できる。古墳時代以来、古目良洞穴を葬送の地とした人々は、この革帯を着けた人物の祖先たちである。

4　くつがえる古墳時代観

◉古墳時代の多様な葬法

海蝕洞穴を葬送の場として利用する洞穴葬が、けっしてひとつの地域の特殊な葬法ではないことが、これまで紹介してきた諸例から理解いただけたであろう。しかも洞穴内に遺骸を納めた丸木舟や丸木舟の形に作った木棺を安置したり、そこで遺骸を火葬したり、さらには別の場所で遺骸を骨化させたのちに洞穴内に再葬するなどといった多様な葬法がそこにみられる。現在のところ、これらの洞穴葬では、木棺や石室を土でおおい、墳丘を造るという行為は存在しない。また再葬や火葬された人骨を納めるにあたっても、多少の土砂や石で隠す程度である。洞穴はまさに納骨空間とでも理解するしかないのである。一種の風葬である。しかもそこを奥津城《おくつき》とした人々のなかには、大型古墳から出土する鉄製甲冑などの豪華な品々を副葬する例もある。

古墳時代とは、その時代呼称からも明らかなように、前方後円形や前方後方形、さらには方形・円形などの平面形をした巨大な土の丘（墳丘）を築き、その丘のなかに棺を納める埋葬施設を設けた古墳と呼ばれる墓を築造する風習が、列島をおおった時代と考えられている。

古墳は墳丘の表面を石でおおいつくし、さらに円筒埴輪を幾重にもめぐらせて、埋葬施設のある中心部分を外界から仕切り、その存在を誇るかのようである。石や木で作られた棺は、石を積み上げた石室のなかに安置されたり、また粘土でくるまれたりして保護される。棺の中やその周囲には銅鏡や武器・武具、あるいは装身具をはじめとするさまざまな副葬品が納められる。被葬者の遺骸や棺の内面、さらには埋葬施設を構築するいくつかの段階で、邪霊を払う意味を込めて赤色の顔料が塗られる。

発掘によって明らかとなったこのような古墳の実態から、被葬者の葬送にあたって、実に盛大な儀礼が執《と》りおこなわれたことが想像できる。ひとりの被葬者のために、多大な労力と財力がかたむけられたのである。このように死者をあつく葬ることを厚葬という。したがってその古墳の墳丘規模や副葬品の内容は、とりもなおさず被葬者とその後継者が保持する財力だけでなく、古墳の築造に要する大量の労働力を保有できる、政治的な力を反映するものと理解されてきた。

くずれる定説

「三世紀後葉、大和に成立した前方後円という形の巨大墳墓はその後、全国の首長の墓に採用されるようになる。一方、大王家が政治の基盤を置いた大和・河内地域には大王墓の伝承をもつ、とくに巨大な前方後円墳が集中的に築造される。巨大な墳丘をもつ首長の墓と、そこに納められた豪華かつ多量の副葬品が、被葬者とその一族のヤマト王権内における政治秩序を示すものと理解されている。ヤマト王権は緑色の美しい石で製作した腕輪形の石製品や、神仙世界を鋳出《いだ》した銅鏡、さらには鉄製甲冑などの優秀な技術で製作された品々を、服属した地域首長達に下賜し、王権とのあいだの強い結び付きの証《あかし》とした」

従来、このような考えが考古学界での定説であるかのように語られてきた。古墳をもっぱら政治的所産として理解しようとする、このような古墳時代観からみると、北は岩手県から、南は鹿児島県に至る日本列島のほとんどの地域が、五世紀段階にヤマト王権のもとに統一され、同じ様式の墓（古墳）を築いていたということになる。

しかし大寺山洞穴をはじめとした各地の海蝕洞穴を利用した洞穴葬の実態は、これまで一般に理解されてきた古墳時代の葬法とあまりにもかけ離れている。古墳時代と呼ばれる時代にあって、古墳を奥津城としない在地有力者が各地に存在したことを示している。この事実は、従来の古墳時代観に厳しい再検討を迫るものである。

第二章

「籠もり」と「再生」の洞穴

1　夢の洞穴

猪目洞穴

日本海側にも古墳時代の洞穴葬をみることができる。

出雲大社の背後、島根半島の急峻な山並みを越えると、日本海に面した小さな入江に臨んで猪目《いのめ》（島根県出雲市）という小集落がある。入江の西はずれ、磯からそそり立つ巨大な岸壁の一画に、斜行する岩脈に沿って高さ一五メートル近い大きな口をぽっかり開けた海蝕洞穴がある。地名をとって猪目洞穴と呼ばれている（図9）。現在、洞穴の入口付近は小型漁船を一時的に陸揚げする場として活用されている。私の数多い遺跡行のなかでも、そこに立って、古代人の息づかいが強く肌に感じられ、もっとも心ひかれる遺跡のひとつが、この猪目洞穴である。しばし洞穴内にたたずみ、うち寄せる波の音と、差し込むわずかな陽光のうつろいのなか、古代に思いをはせたのも十度近くなろうか。

一九四八年（昭和二三）秋におこなわれた洞穴内の発掘で、弥生時代から古墳時代におよぶ一三体以上の人骨が検出され、この地が長く葬送の場であったことが明らかとなった。それらのうち、屈葬で葬られた弥生後期の人骨の右腕には、ゴホウラで作られた貝輪が六個はめられていた。

ゴホウラは西南諸島産の大型巻き貝で、それから製作された腕輪は主に北部九州を中心とし、一部は瀬戸内沿岸地域と山陰地方の日本海沿岸地域に分布する。猪目洞穴の事例もその分布域に含まれる。しかも猪目例のみならず、ゴホウラ製の腕輪はいずれの地域でも男性が右腕に装着するのを原則とする。近年でも大分県日田《ひた》市の吹上《ふきあげ》遺跡の甕棺《かめかん》から、右腕に一五個のゴホウラ製腕輪を装着した男性人骨が発掘されている。

貝製腕輪はゴホウラのほかに、イモガイやオオツタノハなど、南海産の大型の貝で製作されるが、いずれの腕輪もそれを装着した人骨の出土はきわめて限られている。かつその特異な装着法からみて、その人物は司祭者的な性格をもった地域社会の統率者と考えられている。また、稀少性の高い南海産貝輪と特徴的な装着法に、呪的な効果を期待する基層文化のひろがりがうかがえる。さらに猪目洞穴が海に臨んだ海蝕洞穴を奥津城《おくつき》として利用している点や、リアス式海岸の小さな入江に臨む小平地が人々の居住地であったと類推される点をも考えあわせると、この洞穴を葬送の地とした集団は、海を活動の基盤とする海人であったと考えるのが妥当であろう。そこには、ゴホウラを産する南海につながる潮の路がほのみえる。

◉船材の再利用

猪目洞穴の発掘でもう一つ注目されるのは、五世紀頃の人骨が、大型船の船材を再利用した板材に

図 9　猪目洞穴

おおわれていたという点である。それは、スギ材で製作された準構造船の舷側板《げんそくばん》とみられる（図10）。幅約五〇センチ、厚さ約八センチ前後の一枚の船材を、長さ二一〇センチくらいに斧で粗く切断し三枚としたもので、現在は新設された出雲弥生の森博物館に収蔵されており、その保存状態は良好である。前章でみた大寺山洞穴の丸木舟形の木棺をはじめ、さぐら浜洞穴や雨崎洞穴でみられた、岩塊をもって船形に構築された、再葬骨を納める石室などの事例につながる葬送観念がうかがえる。

またそれより上層の、古墳時代後期とみられる人骨の頭部近くに置かれた須恵器のなかに籾《もみ》が入れられていたのも注目される。

このように太平洋側のみならず、日本海側にも古墳時代の海蝕洞穴を葬送の場とする洞穴葬が存在するという事実は、この葬法がわが国の沿岸部において、ある程度の普遍性をもっていたことを類推

図10　猪目洞穴出土の準構造船の舷側板
棺として再利用された。

させる。

では、こうした葬法を採った人々は、死後の世界をどのようにみていたのであろうか。洞穴葬の背後にある古代人の他界観に参入することにしよう。

風土記のなかの猪目洞穴

猪目洞穴は古代の出雲国出雲郡に属する。『出雲国風土記』の出雲郡宇賀郷《うがのさと》条には、この洞穴のことを記述したと思われる次のようなくだり（口語訳）がある。

「宇賀の郷の北の海辺に磯《いそ》がある。脳《なづき》の磯という。高さは一丈ばかりで、その上には松が生え、茂って磯までつづいている。その風情は里びとが朝夕行き来しているように見える。また木の枝は人が強く引き寄せたかのような姿をしている。磯の西の方に洞穴がある。高さと幅はそれぞれ六尺ほどである。その洞穴の奥にさらに穴があるが、人はそこに入ることができないので、その穴の深さを誰も知らない。夢のなかでこの洞穴のほとりに立った者は、必ず死ぬ。そこで世の人々は、昔から今に至るまで、この洞穴を黄泉《よみ》の坂・黄泉の穴と呼びならわしている」

「脳《なづき》」とはずいぶん難しい地名だが、風土記には近くに「脳嶋」という島がみえ、「紫菜《むらさきのり》・海藻《にぎめ》生《お》ふ」と説明を加える。「なづき」とは、「魚《な》を突く」意か、「魚が寄りつく」意と考えられる。私は前者の考えをとる。

『出雲国風土記』にはヤツカミヅオミツノ（八束水臣津野命）が「志羅紀《しらぎ》の三埼《みさき》」「北門《きたど》の佐伎《さき》国」「北門の農波《ぬなみ》国」「高志《こし》の都都《つつ》の三埼」を「国よ来い、国よ来い」と引き寄せて、出雲の国土を完成させる話がみえる。有名な国引きの神話である。風土記はその国引きの情景を「童女《おとめ》の豊かで幅広い胸のような大鋤《すき》を手に、大魚のエラを銛《もり》で突き刺すように土地に鋤をしっかりと突き刺して」それぞれの三埼（御崎）や国を切り離して引き寄せたという。ここに大きな魚を突く海人の動作が象徴的にみえるのも、出雲の海人が漁撈活動のなかで、大型魚を捕る行為を日常としたがゆえである。

また風土記には、出雲地域の海産物をあげたなかに、シビ（「志び魚」、マグロのことで「鮪」とも表記する）、イルカ（「入鹿」）、ワニ（「和爾」、サメまたはワニザメというフカの一種）などの大型魚類や海獣の名が散見される。ワニといえば、多数のワニが橋となって淤岐《おき》の島（隠岐）と稲羽《いなば》を結んだという、『古事記』にでてくるあの稲羽（因幡）の素兎《しろうさぎ》の話を思い出す読者もいるだろう。また近年、出雲市にある白枝荒神《しろえだこうじん》遺跡から出土した弥生時代中期（一世紀ころ）の壺型土器の頸部《けいぶ》にサメとみられる魚の線刻画があった。そして風土記の嶋根郡条では、各地の浜に「志毘魚《しび》を捕る」という注がつけられる。さまざまの史料は、出雲の古代人が大型魚類や海獣を獲っていたことを語っている。

これら大型魚類の漁には銛で突く漁法が多く用いられ、古代歌謡にもシビを銛で突く海人《あま》が歌われる。

大魚よし　鮪衝く海人《あま》よ　其《し》があれば　うら恋しけむ　鮪衝く鮪　（『古事記』清寧天皇段）

志毘〈人名〉よ）

（大きなシビを銛で突く海人よ。そのシビが逃げ去ったなら、さぞや悲しいことであろう。シビを突く

鮪衝くと海人のともせる漁火《いさりび》のほにか出ださむわが下念《したもひ》を　（『万葉集』巻第十九―四二一八）

（銛でシビを突くために海人が灯す漁火のように、そとに明らかにあらわれてしまうであろうかしら。

わたしの胸中は）
「脳《なづき》の磯」は「魚突《な》きの磯」である。
このように「脳の礒」「脳嶋」という地名から海人の旺盛な活動がうかがえる。現在、これらの地名の場所は島根県出雲市の西北部、猪目の地に比定される。
なお『出雲国風土記』の意宇郡舎人郷《おうのこおりとねりのさと》条に、日置臣志毘《へきのおみしび》という大舎人《おおとねり》の名前がみえるのも、シビのもつ大型魚としての生命力に、古代人がこころ寄せるところがあったからであろう。シビという名前をもつ人物では、大化前代の大臣の一人として知られる平群真鳥《へぐりのまとり》の息子で、『古事記』によれば、袁祁命《をけ》（後の顕宗天皇《けんぞう》）と歌垣に女性を争って敗れた平群志毘《しび》（鮪）が知られる。さきの古事記歌謡は、その歌垣でかわされた歌のひとつと伝えられる。

◉「いめ」の洞穴

さて冒頭にあげた風土記の宇賀郷条には、脳の礒の西にある窟戸《いわやど》（洞穴）の内部に穴があり、人々のあいだでは、その穴の奥に黄泉《よみ》の世界があると信じられ、風土記はその窟を「黄泉の坂」とか「黄泉の穴」と呼んだという。穴は坂であり、この世とあの世を結ぶ道であり、また境界にほかならない。「魚突きの礒」一帯を漁場とした漁民集団のあいだでは、海に向かって大きな口を開く洞穴の向こうに他界が観想されていたとみえる。

猪目洞穴はその巨大な開口部から奥へ向かって急激に天井が低くなり、もっとも奥では人が一人腹ばいで通ることができる程度の大きさとなって、さらに延びている。洞穴の奥にさらに穴があるという風土記の記述のとおりである。私は一度そこへ入っていった。腹ばいになって、漆黒《しっこく》の闇の向こうへと延びる岩の隙間を進む。言い知れぬ恐怖が迫ってくる。お恥ずかしいことながら、とうとうその果てを見極めることなく引き返さざるをえなかった。黄泉の世界に一歩でも足を踏み入れることができたであろうか。

風土記は、夢のなかでこの洞穴のほとりに立った者は必ず死ぬと伝える。すなわち黄泉国へ至ることになるというのである。私はこのくだりに関連して、夢の古語が「いめ」であることに強くひかれた。なぜなら洞穴の名ともなっている猪目という地名は、現在は「いのめ」と呼ぶが、それは本来「ゐめ」と呼ばれていたのではないかと考えているからである。国語学者からお叱りをうけそうだが、「ゐめ」は、「いめ（夢）」が転訛《てんか》したものと考えるのである。猪目洞穴は「夢の洞穴」として地域の人々に知られており、それが猪目という地名の起源となったのではなかろうか。

◉洞穴の先に黄泉の世界

風土記の記述がいうように、「黄泉」とは死者が赴《おもむ》く世界、あの世、すなわち他界である。その語源が「闇」にあるとか、ヨミのヨが「夜」にあるとか諸説あるが、それらは黄泉国でイザナキが櫛に火をともしてイザナミの姿をみたという、いわゆるイザナキの黄泉国訪問譚《よみのくにほうもんたん》（次節参照）におおきく影響されたものと思われる。

国文学者の中西進《なかにしすすむ》氏はヨを「世」や「代」、すなわち「生命」という意味とし、ミを海の神を意味する言葉であるワタツミのミと同じく、「神霊」を示す言葉ととらえた。そして「黄泉」とは本来「生命の神」という意味であり、やがて「生命の神の支配する世界」をさすことになったと論じた

（中西進『神話力』桜楓社、一九九一年）。

『古事記』は、火の神カグツチを生んだためにこの世を去った妣神《ははがみ》イザナミが赴いた黄泉国を慕うスサノオが、イザナキに対して「我はイザナミが往った『妣《はは》の国』『根《ね》の堅州国《かたすくに》』に行きたいと思って泣くなり」と語る言葉を載せる。黄泉国は「妣の国」であり、また「根の堅州国」とも呼ばれたことがうかがえる。「根の堅州国」とは、まさに「生命の根源の世界」を示す言葉である。

中西氏はさらに言う。「人間は生きているから死ぬのであって、そういう意味では生は一時的な世界である。それに対して死の世界は永遠であり、死ねばさらに死ぬことはない」、そこには「永遠の生命つまり常世《とこよ》が宿っている」と。この考察は本質をついている。

出雲には「脳の磯《なづき》」のほかにも黄泉の穴と伝承された地があった。本居宣長は『玉勝間』に「出雲国なる黄泉の穴」として、小篠御野という人物の記述を紹介している。

この穴は現在も見ることができる。宍道湖の西方、出雲市平田から山越えをして猪目洞穴へ至る途中、奥宇賀町光尾《みつおかみ》上集落の南、急峻な山道をしばらく登った山腹にある。眼下には日本海に向かっておおきく口をあけた十六島《うっぷるい》湾がひろがる。

その穴について『玉勝間』は次のように記述する。

かの穴は、山のはらに、草深き中にありて、わづかに見えたり、口はすこしせばくて、下の方は、わたり二尺四五寸、三尺ばかりも有べし、丸く井のさまにて、底見えず、めぐりは、口より下皆、つみ上げたるごとくなる石にて、その石みなかど有て、すべてわれめおほく、色は白く、又黄ばみたるもまじれり、（中略）すべて口近き所は、石に苔などもむしたるを、下の方は、い

図11『玉勝間』にみえる「冥土の穴」

たくかわきて、潤なく見ゆ、此穴、里人は
　冥途の穴といへり

現在も冥途《めいど》の穴とか黄泉穴と呼ばれ、そのかたわらに小さな祠《ほこら》（黄泉神社）と「黄泉穴」と刻まれた石標がある（図11）。それは山の斜面に開いた六〇センチ四方ほどの大きさの不定形な穴で、岩と岩の隙間が井戸状に奥深く延びており、底をみることはできない。

この井戸状の穴は、垂直軸の洞穴と理解すればよい。里人はそれをくぐった先に黄泉の世界（他界）があるとみた。

2　黄泉比良坂

◉イザナキの黄泉国訪問譚

さらに『古事記』は、死んだイザナミが出雲国と伯伎《ほうき》国の境にある比婆《ひば》山に葬られたと伝え、それにつづいてよく知られたイザナキの黄泉国訪問譚を語る。

すなわち、イザナキは亡き妻（イザナミ）にもう一度会いたいと黄泉国へその後を追い、現世に戻るよう請う。しかしイザナミはすでに「黄泉戸喫《よもつへぐい》（黄泉の世界の火で作った食物を口にして、その世界の仲間となる儀礼）」をしたためにそれは難しいが、せっかくイザナキが黄泉国まで迎えに来てくれたのだから、それについて黄泉国の神に相談するから、そのあいだ自分の姿を見ないように告げて御殿内に入ってゆく。やがて待ちきれなくなったイザナキは、約束を破り、左のみずらにさしていた櫛の歯の一本に火をともして見ると、そこには腐りただれた妻の恐ろしい姿があった。見るなというタブーを犯したイザナキは、黄泉醜女《よもつしこめ》や雷神に率いられた黄泉国の兵士達、さらにはイザナミ自身の追跡を必死に逃れ、この世（葦原中国《あしはらのなかつくに》）と黄泉国の境をなす黄泉比良坂《よもつひらさか》を、千人もの力をもってどうにか動かせるような巨大な石（千引《ちび》きの石）で塞《ふさ》ぎ、やっとのことで現世にたどりつく。そして千引きの石を中に、イザナキとイザナミは向かい立ち、離別の言葉を言い放つ「事戸《ことど》を度《わた》す」儀礼をおこなう。『古事記』はさらにつづけて、ここにいう黄泉比良坂、すなわち黄泉の国との境が出雲国の伊《い》賦夜坂《ふやさか》であると語る。

風土記の意宇郡条には「伊布夜社」という社名をもつ神社がみえる。おそらくその鎮座地に近く、伊賦夜《いや》坂が考えられていたのであろう。伊布夜社は式内社の揖夜《いや》神社で、現在の島根県八束郡《やつかぐん》東出雲町揖屋に鎮座する。

◉『日本書紀』の伝え

『日本書紀』の斉明天皇五年是歳条は、この伊布夜社にまつわる奇っ怪な話を語る。すなわち、出雲国造に命じて出雲大社を修造させたところ、於友郡《おうのこおり》（出雲国意宇郡）の人夫が手にしていた建築部材を縛りつける葛を編んだロープの端を狐が食い切って逃げた。また、犬が死人の腕を食いちぎり、言屋社《いうやのやしろ》（伊布夜社）に置いていったという。さらに書紀はつづけてこの説話を「天子の崩《かむあが》りまさむ兆《きざし》なり」と注している。さきの『古事記』にみるイザナキの黄泉国訪問譚をあわせ考えると、伊布夜（揖屋・揖夜）の地には黄泉や死のイメージがつよく感じられる。

揖屋の町は、北に広大な干拓地が広がるが、かつては中海《なかうみ》に面していた。中海の向こうには鳥取県米子市を付け根として大きく北に延びて、中海を外海から仕切る夜見ヶ浜（弓ヶ浜）がある。夜見ヶ浜は風土記には「夜見《よみ》の島」とみえ、奈良時代にはいまだ本州とは地つづきではなかったようである。「夜見」は「黄泉」である。揖屋は中海の彼方にある黄泉の島への旅立ちの地（黄泉比良坂）とみられていたのであろう。『古事記』がいう伊賦谷坂という地名も、実際の坂や峠をさすのではなく、揖屋の地がもつ黄泉との境という観念上の「坂」とみられる。

一方、『日本書紀』のほかの伝えは黄泉比良坂について、

泉津平坂（黄泉比良坂）といふは、復別《またこと》に処所《ところ》有らじ、但死《まか》るに臨みて気絶《いき》ゆる際、是を謂ふか（黄泉比良坂というのは、どこか特定の場所があるわけではない。ただ人の臨終の際のことをいうのであろうか）

と語る。

ここで黄泉比良坂は特定の空間的な場所をさすのではなく、「気絶《いきた》ゆる際」という、流れゆく「時」の一点にあると認識されていた点は重要である。古代人が「気絶ゆる際」の魂の行方を求めたところにイザナキの黄泉国訪問譚が生まれる端緒があったことを、この書紀の短い記載は明示している。

やがて時間が空間に置き換えられ、葦原中国（現世）から黄泉国（他界）への道（坂）として黄泉

比良坂が観想されるようになり、そのひとつに他界や死のイメージがただよう伊賦夜坂が想起されたのであろう。言い換えるなら、古代人は葦原中国と黄泉国を、黄泉比良坂を境とする同じ平面上にある別の世界と考えていたのである。黄泉国を地下の世界とみる考えがあたらないのは明らかであろう。

神話化される横穴式石室の葬送儀礼

『古事記』にみるイザナキの黄泉国訪問譚は、六世紀に急速な普及をみた横穴式石室での葬送儀礼を神話化したものと考えられている。すなわち、石室内からごく一般的に出土する、食物を供献したり会食に使用されたと推察される土器が、「黄泉戸喫《よもつへぐい》」の儀礼に該当する資料とされる。また黄泉比良坂を千引きの石で塞ぐ行為を、石室の羨道《せんどう》（入口）を石によって閉塞する行為にあたるとみる。

千引きの石で黄泉比良坂を塞いだイザナキが、巨石を中にしてイザナミと向き合い「事戸《ことど》を度《わた》す」行為をしたことはさきに述べた。この「事戸を度す」ことを、『日本書紀』は「絶妻之誓《ことどわた》建す」と表記する。文字どおり離縁の約定をなす意味であり、それはとりもなおさず生者（イザナキ）と死者（イザナミ）がその住処《すみか》を別とすることを宣言する儀礼にほかならない。羨道の閉塞部の外側や、閉塞のために積み上げた石塊の間からしばしば出土する土器類が、この儀礼に関係するものとみなされている。

さらにイザナキが櫛にともした火のなかに見たイザナミの様子を「蛆《うじ》たかれころろきて」（『古事記』）とか、「膿《うみ》沸《わ》き虫流《うじたか》る」（『日本書紀』）と表現するのも、石室内で腐乱する遺骸を目にした様子の反映とみることができる。

『出雲国風土記』は、「脳の磯」の西にある「夢の洞穴」が人々のあいだで「黄泉の坂」「黄泉の穴」と呼ばれていると語る。この「黄泉の坂」はさきにみた「黄泉比良坂」と同じく「黄泉国への入口」をさすことは間違いない。横穴式石室は人工の洞穴である。沿海部にみられる洞穴葬と、横穴式石室や横穴を葬送の場とする葬制のあいだにある他界観は根っこの部分でつながっているようにみえる。横穴式石室や横穴がひろい地域で導入される基層には、洞穴を「黄泉の坂」とみる観念の存在があるのではないか。

『古事記』にはイザナキの黄泉国訪問譚の語りの後、黄泉比良坂がもう一度登場する。

スサノオがイザナミを追って根《ね》の堅州国《かたすくに》へ去った後、父スサノオのもとへ赴いたオオアナムチは、スサノオが課す蛇の室《むろ》やムカデと蜂《はち》の室、さらには原野での火難などの試練を克服した後、スサノオが座す八田間《やたま》の大室《おおむろ》から王権の象徴である生大刀《いくたち》・生弓矢《いくゆみや》・天《あめ》の沼琴《ぬごと》を取りいだして、大室の戸を五《い》百引《ほび》きの石で塞ぎ、黄泉比良坂から宇都志国《うつしくに》（葦原中国）に帰還しオオクニヌシ（大国主）となる。原野で野火に囲まれたオオアナムチは、ネズミに地中の穴（室）の存在を教えられ、火から逃れる。その名のとおり「根の国に棲《す》む」動物に救われるのである。「生命の根源の国」において課された試練に勝利したオオアナムチは、あらたな生命力を付与されて、さらにいっそう大きな存在としてこの世界に戻り、「大国主」となる。ここでも黄泉比良坂は根の堅州国、すなわち黄泉国とこの世との境界として記述される。スサノオの大室の戸を塞いだ五百引きの石は、イザナキの黄泉国訪問譚での千引きの石にあたる。

◉花の窟

『古事記』はイザナミが葬られた地を出雲国と伯伎国の境にある比婆山《ひばやま》とする。他方、『日本書紀』のひとつの伝えは次のように述べる（口語訳）。

「イザナミは火の神を生んだ際に、やけどによって神去られた。そこで紀伊国の熊野の有馬村に葬り申しあげた。この国の人々はイザナミの魂を祭るのに、花の時節には花を供えて祭り、また鼓《つづみ》や笛を鳴らし、幡や旗を立てて、歌い舞ってにぎやかに祭る」

紀伊半島の東南、熊野川によって運ばれた砂が寄せられてできた七里御浜という、ながい砂浜が熊野灘に臨んで延びている。うつくしいその砂浜の北端近く、海岸に大きく迫り出した山塊の南面に、濃緑色をなすウバメガシの樹林のなか、ひときわ白く巨大な岩壁がみえる。高さ五〇メートルもあろうか。平滑にみえる岩壁の随所に、海蝕によってできた大きな窪みがいくつも重なるように認められ、その奇景が目を引く（図12）。

図12　花の窟

花の窟《いわや》と呼ばれるこの巨大な岩壁が、書紀にみえるイザナミを葬り、その魂を祭ったところとされる。岩壁の正面裾、中程のところに、海蝕によってできた高さ約六メートル、幅約二・五メートル、深さ約一メートルほどの窪みがあり、その前面には真っ白な丸石を敷き詰めた約一〇メートル四方の拝み所がある。この窪みが窟という名称の由来とみられる。社殿はなく、おそらく拝み所正面の窪み（窟・洞穴）を神体にみたてたものと推察される。神社祭祀の淵源を考えるうえで興味ある祭場だ。

◉黄泉国は妣の国

民俗学者の野本寛一《のもとかんいち》氏によれば、熊野地方には新宮市神倉山《かみくらやま》のゴトビキ岩を男に、花の窟を女に見立てる風が潜在するという。地元の人々が、花の窟を「産立《うぶたて》の窟《いわや》」「オメコ岩」などと呼ぶのも、この窪みを女陰と見たからであり、花の窟が元来は多産・豊饒の祭祀場であったことをうかがわせる。多産・豊饒は、生命力の漲《みなぎ》りを示し、この地が大八島国や多数の神々を生んだ偉大なる妣神《ははがみ》イザナミの葬地、魂祭《たままつ》りの場と比定されるにふさわしい。人々は洞穴をあらたな生命を生み出す女陰の象徴とみる一方で、イザナミが赴いた黄泉（他界）への入口、すなわち黄泉比良坂とみていた。それは黄泉国が「生命の根源の国」「妣の国」と認識されていたことを明示する。

「花の窟」という名が、花の時節には花を供え飾るという書紀の記述に由来することは誰しも気がつく。花の窟では毎年二月二日と一〇月二日に「御綱掛《おつなか》け」と呼ばれる神事がおこなわれる。岩壁の頂きからふもとまで太綱を張り渡し、その綱に縄梯子《なわばしご》の形状をした縄旗を垂らす神事である。縄旗の下には、二月にはツバキや・ミカンの実、一〇月にはケイトウや菊の花がつけられる。書紀の記述には、この神事の長い伝統をみる思いがする。

他方、野本寛一氏は岬状の地形を「鼻《はな》」や「端《はな》」と呼称することから、海辺に迫《せ》り出した巨大な岩壁（花の窟）が、本来は「端の窟」であったとし、その巨大さゆえに漁民の山当《やまあ》ての目印となったとする。そこに海人の間にそれを神の依《よ》り代《しろ》（磐座《いわくら》）とする信仰が生まれ、イザナミの葬地・魂祭りの場の神話は、かような地域の基層信仰に引き寄せられて成立したという。聞くべき考えである。

前章でみたように、田辺市にある磯間岩陰遺跡は、古墳時代に海蝕洞穴（窟）を葬所とした著名な事例である。田辺湾の周辺海岸には、同様な洞穴葬をおこなったとみられる古墳時代の副葬品を出土する海蝕洞穴がいくつかあったが、現在ではそのほとんどが失われてしまい、かろうじて磯間岩陰遺跡が国指定史跡として保存がはかられているにすぎない。和歌山県新宮市三輪崎にある鈴島では海蝕洞穴に死体を運んだという伝承が語られる。安房《あわ》地域や三浦半島の事例をあわせ考えると、古代には紀伊半島沿岸の各地に、海蝕洞穴を利用した洞穴葬がひろくみられたことであろう。

3　神が誕生する洞穴

◉加賀の潜戸

ふたたび出雲地方の洞穴に話をもどそう。猪目洞穴がその口を開く島根半島の沿岸部は、複雑に入り組んだ急峻な断崖地形がつづき、そのさまを風土記は「壁峙崔嵬《きしさか》し」（秋鹿郡《あいかのこおり》）と表現する。その険しさがよくうかがえる。猪目から東へ約三五キロ、松江市の北に潜戸鼻《くけどはな》と呼ばれる日本海へ突出した岬がある。奈良時代にはこの岬を「加賀《かか》の神埼《かんざき》」と呼んでいた。『出雲国風土記』嶋根郡条には「加賀の神埼　即ち窟あり。高さ一十丈ばかり、周《めぐ》り五百二歩ばかりなり。東と西と北とに通ふ」とある。今も潜戸鼻の断崖に口をみせる巨大な洞穴「加賀の潜戸《くけど》」がそれである（図13）。高さ約三〇メートル、幅約二〇メートル、延長約二〇〇メートルのこの巨大な海

図13　加賀の潜戸

蝕洞穴は、風土記の記述どおり三方に口を開けている。

風土記はつづけて次のような加賀の神埼についての伝承を載せる（口語訳）。

「（加賀の神埼の洞穴は）いわゆる佐太大神《さだのおおかみ》がお生まれになった処である。大神がお生まれになろうとした時に、弓矢がなくなった。その時、御祖カミムスビ（神魂命）の御子のキサカヒメ（枳佐加比賣命）は、『私の御子が麻須羅神《ますらがみ》の御子でいらっしゃるならば、亡くなった弓矢よ現れよ』と祈願された。その時、獣の角で造った弓が水のまにまに流れてきたが、その弓を手にとって『この弓はわが弓ではない』と仰せられて、その弓を投げ捨ててしまわれた。また金の弓矢が流れ出てきた。すなわちこれを待ち執《と》って、『暗い洞穴であることよ』と仰せられて、洞穴を射通されました。すなわち御祖キサカヒメの社は、この洞穴に鎮座しておられる」

さらにキサカヒメが金の弓で洞穴を射通した際、

洞穴が光り輝いたので、この地を加加《かか》（加賀の古名）と呼んだという地名起源譚を語ることも忘れない。

すなわち、風土記が語るところは、キサカヒメが金の弓矢で暗黒の洞穴を射通し、洞穴の壁に穴をあけ、差し込んだ光のなかに佐太大神が生まれたというのである。金の弓矢が単に金属製（おそらく鉄製）なのか、それとも黄金製を示すのかは明確ではないが、洞穴が光り輝いたというからには、後者のほうが神話として、より完成度が高いといえよう。

奈良県桜井市にある古式前方後円墳のメスリ山古墳には、鉄製の弓と矢が副葬され、弓には鉄の弦がかかり、矢は鏃《やじり》から矢羽《やばね》にいたるまで鉄製であった。また『常陸国風土記』には、香島之宮（鹿島神宮）への奉幣品のなかに「鉄弓《かなゆみ》二張《ふたはり》・鉄箭《かなや》二具《ふたよろい》」がみえる。これらの事例は、金属製（金）の弓矢が祭祀の道具であったことを示している。

『古事記』神武天皇段に次のような話が語られる。三島の湟咋《みぞくい》の娘セヤダタラヒメを見初《みそ》めた三輪のオオモノヌシは丹塗《にぬ》り矢と化して溝を流れ下り、ヒメの陰《ほと》を突いた。驚いたヒメは、その矢を床の辺に置いたところ麗《うるわ》しい男になり、その男とヒメのあいだに生まれたのが神武天皇の大后イスケヨリヒメであるという。また『山城国風土記』逸文にも、丹塗り矢となった火雷神《ほのいかづちのかみ》が、川遊びするタマヨリヒメのもとへと流れ、ヒメがその矢を床の辺に挿しおいたところ、やがてヒメは男の子を産み、その子が賀茂別雷《かものわけいかづち》命であるという話がある。いずれも神が丹塗り矢となり、やがて子供が産まれるという同じタイプの神話である。

加賀の神埼で黄金の矢になったのも「雄々しい神」という名をもつ麻須羅神であったと認められる。ならばその矢が射通された洞穴はまさに佐太大神の母神キサカヒメの胎内にほかならない。だからこそ、その洞穴にキサカヒメが祀られるのである。

潜戸《くけど》という呼称は、麻須羅神の変じた黄金の矢が洞穴をくぐり抜けたことから生まれたとも推考できる。現在は新潜戸と呼ばれるこの洞穴がかつて神潜戸と呼ばれたのも、風土記にあるように、洞穴内にキサカヒメの社が祀られ、さらに佐太大神誕生の地であるからである。「神埼」という地名のいわれもまたそこにあることはいうまでもない。さらに潜戸が女神の胎内（陰）とみなされていたことは確かだろう。

◉死と復活の洞穴

「加賀の潜戸」。この巨大な海蝕洞穴に、麻須羅神の子、佐太大神は誕生した。その母神はキサカヒメであった。この神名はキサカ＋ヒメではなく、キサカヒ＋メである。キサカヒとはキサガイ、すなわち赤貝のことで、大神の母は赤貝の精であった。『古事記』によれば、ヤガミヒメがオオアナムチの妻になろうとしたため、ヤガミヒメを妻にしようとしていた神々は赤イノシシと偽って真っ赤に焼けた石を山上から落とし、それをオオアナムチに捕らえさせて、彼を焼き殺してしまった。そこでカミムスビの神はキサガイ（赤貝）ヒメとウムガイ（蛤）ヒメを遣わして、赤貝の汁をしぼり、それを蛤の貝に受けて母《おも》の乳汁《ちしる》としてオオアナムチの体に塗ったところ、彼は麗しい男神として蘇ったという。再生・復活の母神キサカヒメを祀る新潜戸は、生命の誕生・復活の洞穴であった。

新潜戸から三〇〇メートルほど離れてもうひとつの巨大な海蝕洞穴がある。高さ一〇メートル、奥行き五〇メートルの洞穴は旧潜戸と呼ばれ、その内部は小石を積み上げた石塚が重なり合うように並び立つ、地蔵和讃の世界、賽《さい》の河原である。この地方では、死んだ子供の魂は旧潜戸に赴くといわれ、

図14　佐太神社

夜中には洞内に子供の泣き声が響きわたるという。そこはまさに黄泉比良坂である。

加賀の潜戸とは、新潜戸と旧潜戸をあわせ言う。前者は生命の誕生・復活の洞穴、後者は死者の魂が赴く洞穴である。旧潜戸から他界へと旅立った魂は、洞穴を潜って新潜戸から再生すると観想されていたのではなかろうか。

●佐太神社の「龍蛇様」

風土記は加賀の古名が加加であり、それはキサカヒメが金の弓矢で窟を射通したところ、洞穴が「光かか（加加）やいた」ことに由来するという。すなわち佐太大神の誕生にかかわる地名であることを象徴的に説いている。佐太大神とは『延喜式』神名帳にみえる出雲国秋鹿郡《あいかのこおり》の筆頭社「佐陀神社」に祀られる神であり、『出雲国風土記』秋鹿郡条に「神名火山《かんなびやま》（中略）謂はゆる佐太大神の社は、即ち彼の山下なり」と記すように、現在も秋鹿郡の神名火山である朝日山（海抜三四二メートル）の東麓に鎮座する佐太神社（図14）がそれである。したがって佐太神社は地主神《じしゅがみ》である佐太大神を祀る社《やしろ》であるはずだが、近世初頭にはその祭神の名は忘れられ、東面して並立する三殿（正殿・北殿・南殿）の大社造り建築を本殿として、それぞれに、イザナキ・イザナミ・アマテラス・スサノオなど、記紀の神々が祀られるようになった。しかし明治時代以降、それら諸神に加え、佐太御子大神《さだのみこのおおかみ》という神名で、地主神の祀りを復活した。

さて佐太神社では一一月二〇日から二五日まで神在祭があり、これにあわせて近傍の漁民達は毎年一一月のころ、暖流に乗って出雲近海にやってくるセグロウミヘビを捕らえ、これを「龍蛇様」と呼んで神社へ奉納する。捕らえられた「龍蛇様」はトグロを巻いた姿にしつらえられて、神在祭の期間、人々は社殿前に設けられたお仮屋でこれを参拝する。出雲地方では佐太神社のほか、出雲大社・日御碕《ひのみさき》神社・美保神社などの古社でもウミヘビを祀っている。出雲の漁民にとって「龍蛇様」は龍宮の使いとされ、冬の到来とともに南海からやってくる来訪神であった。セグロウミヘビがトグロを巻いた姿で奉納されるのは、霊力ある動物として古来信仰されてきた蛇の属性に共通したものを感じとったがゆえであろう。

吉野裕子《よしのひろこ》氏は大蛇の古語のひとつに「カカ」があるという（吉野裕子『蛇』法政大学出版局、一九七九年）。佐太大神が生まれた潜戸は「加賀の神埼」にあり、神亀三（七二六）年以前は「加賀」という地名を「加加」と表記したと風土記は注記する。しかも「加賀」の地名は現在にいたるまで「カカ」とよむ。古代人は奥深く延びる巨大な洞穴がもつ景観から大蛇を連想し、その冬眠や脱皮の生態に生命の再生を重ねあわせるとともに、新旧ふたつの潜戸に神の死と再生をみてとったのであろう。

井戸が垂直軸の洞穴であることはさきに述べた。五世紀に編纂された『後漢書』の東夷伝は、朝鮮半島の付け根の東北部に割拠した沃沮《よくそ》という民族の老人の話を載せている。「海の中に女ばかりの国

図15　巨大な洞穴内の鵜戸神宮社殿

がある。その国に神の井戸があって、これを覗くと子供が生まれるという」と。ここにも洞穴からの生命の誕生が語られる。洞穴が胎内に見立てられていたことは間違いない。

◉他界へ渡る鳥

神の誕生を語る洞穴として、「鵜戸《うど》の窟」もよく知られている。宮崎県日南市、日向灘にのぞんで断崖がつらなる奇勝の地に口をあける大きな海蝕洞穴のひとつで、洞穴の内に鵜戸神宮の社殿がある（図15）。洞穴の前に立つと、眼下に黒潮の荒波がかたち造ったさまざまな奇岩が並ぶ。陽光のもと、にぶく輝くその滑らかでつややかな岩肌が印象的である。社名のウドとはウツ（空・虚）につながる言葉で、洞穴やほら穴などをさす地名として各地にみえる。ウド（鵜戸）神宮は海蝕洞穴を神の座として祀る社にほかならない。加賀の新潜戸がキサカヒメの鎮まる洞穴であったのと同じである。

鵜戸神宮の主祭神はウガヤフキアエズ（鵜葺草葺不合）である。記紀が載せる日向神話によれば、山幸彦（ヒコホホデミ）が兄の海幸彦（ホデリ、ホノスソリ）の釣針を海神《わたつみ》の宮に探し求めたおり、海神の娘トヨタマヒメと結ばれる。やがてトヨタマヒメは天つ神の御子を海原で生むわけにはいかないと、渚に鵜の羽で葺いた産屋を建て、御子を生もうとするが、鵜の羽を葺きおわらないうちに御子が誕生する、そこで御子をヒコナギサタケウガヤフキアエズと名づけたという。

山口県下関市豊北町《ほうほくちょう》の土井ヶ浜《どいがはま》遺跡は日本海に面する砂丘上に営まれた、弥生時代前期〜中期初頭の集団墓地である。その第一次調査のおり、女性の人骨の位置から川鵜の骨が出土した。埋葬にあたって川鵜を胸に抱かせたとみられる。

古代、人々は他界と現世の間を、鵜が魂をいざなって渡り往くと考えた。茫漠とひろがる海原に面して大きく口を開く海蝕洞ウドの窟は生命の誕生・再生の場とされ、そこに鵜の羽を葺いた産屋に生をうけた神（ウガヤフキアエズ）の伝承が重なり合ったところに、鵜戸神宮の創祀があったのであろう。

4　内陸の洞穴葬

◉鳥羽山洞穴

これまで海に臨む海蝕洞穴を葬送の場とした古墳時代の葬法と、そこにみる当時の人々の他界観について考えてきた。しかし古墳時代の洞穴葬は、沿岸部にのみあるのではない。海から遠く離れた内陸部にも、わずかながらみいだすことができる。洞穴は沿岸部に限って分布するわけではない。むしろそれ以上に内陸山間部にあるわけで、私はそうした洞穴にいまだ十分な調査の手がとどいていないだけだと思っている。

長野県東部、霧ヶ峰や白樺高原を水源として千曲川に流れ込む依田《よだ》川に面する断崖に、大きく口をあけた鳥羽山《とばやま》洞穴（長野県上田市）がある（図16）。幅二五メートル、奥行き一五メートル、開口部の高さは一〇メートル近い。鬱蒼《うっそう》と茂る雑木に隠れ、対岸からの見通しはよくない。

図16　鳥羽山洞穴

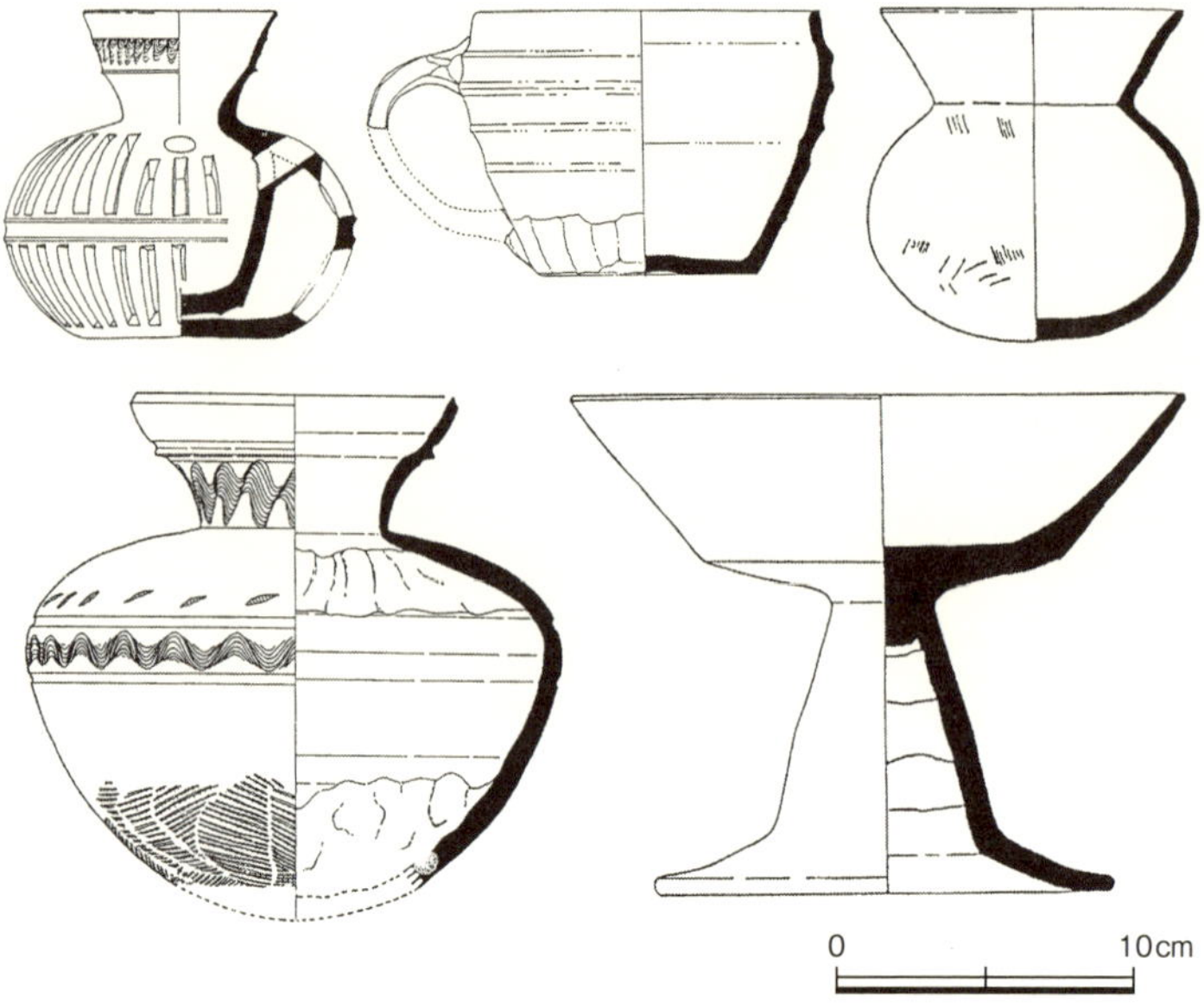

図17　鳥羽山洞穴に副葬された土器（右側二つが土師器、他は須恵器）

一九六六年（昭和四一）当時、丸子実業高校の教諭であった関孝一《せきこういち》氏に発見されたこの洞穴遺跡では、三年にわたる発掘調査によって、古墳時代の洞穴葬が内陸山間部にも存在した事実が明らかとなった。

洞穴内は、ひらたい河原石の石敷が奥に向かって高く五段に築かれた葬送の場であった。最奥部一帯は白骨累々という状況で、遺骸のうえに遺骸を次々と積み重ねたさまがうかがわれる。中段から下には多量の白骨に、焼けた人骨が混じり、木炭を含む灰層が認められた。

◉他界を山中に見た人々

かような人骨の出土状況から、鳥羽山洞穴では遺骸をそのまま曝《さら》して骨化を待つ風葬がおこなわれ、さらに二次的に骨を焼く葬送行為が存在したと推察された。船形の木棺を洞穴に積み上げる大寺山洞穴の事例や、火葬行為が認められた三浦半島の洞穴葬との関連が考えられそうである。

さらに十数本の鉄剣や鉄鏃、轡《くつわ》や鏡板《かがみいた》などの馬具、石釧《いしくしろ》・銅釧《どうくしろ》や多種類の玉類などの装身具という数々の遺物が、五～六世紀初頭の土師器や古式須恵器（図17）とともに副葬されていた。なかでも鉄剣や馬具・石釧などの遺物は古墳に副葬される品であり、鳥羽山洞穴を葬送の場とした集団が、古墳を築くことができた人々だったことを示している。しかし彼らは古墳を築かずに洞穴を集団の葬所とした。それは大寺山洞穴や五松山《ごしょうざん》洞穴をはじめとする海蝕洞穴での葬送事例につながる葬法である。長野県には鳥羽山洞穴のほかにも、古墳時代の洞穴葬の存在が推定される箇所がいくつか指摘されている。鳥羽山洞穴を山間部における特異な葬法として理解するべきではない。

海蝕洞穴を葬所とする人々が他界を海の彼方に見たのに対して、鳥羽山洞穴を葬所とした人々は、洞穴が口を開ける山中、または川の源に他界を観念したのであろう。いずれにせよ彼らの日常生活で理解される地理的領域をこえた彼方に、他界が観念されていたことは間違いなかろう。

5 「籠もり」の神話

天の岩屋隠れ神話

この章の最後にもうひとつ洞穴の神話を語らなければならない。いわゆる天《あめ》の石屋《いわや》隠《がく》れの神話である。

スサノオはかねて太陽神アマテラスの耕作する田の畦《あぜ》を壊し、溝を埋め、新嘗《にいなめ》に食事をする御殿に屎《くそ》を撒き散らし、横暴の限りをつくす。そのうえ逆さに剝《は》いだ斑点のある馬（まだらをもった動物は聖なる存在と考えられていた）の皮を、神の衣服を織る神聖な機織り場の屋根から落とし込むにいたり、怒ったアマテラスは天の石屋の中にこもってしまった。高天原《たかまのはら》も、また地上である葦原中国《あしはらのなかつくに》も暗闇になった。

そこで八百万《やおよろず》の神々は天の安《やす》の河原に集い、オモイカネの計画により、常世《とこよ》の長鳴鳥《ながなきどり》を集め鳴かせ、鏡や勾玉などの祭具をつくり、鹿の肩甲骨を用いて占ったうえで設けた祭場で、アメノウズメが太陽神再生の呪的儀礼をおこなう。すなわち「アメノウズメは天の香山《かぐやま》の日影蔓《ひかげのかづら》を襷《たすき》にし、真拆蔓《まさきのかづら》を鬘《かづら》として、天の香山の小竹の葉を束ね持ち、天の石屋の前に槽《うけ》を伏せて、それを踏み鳴らし、神懸りして、胸乳《むなち》をかき出し、裳《も》の紐を陰《ほと》に押し垂れる」（『古事記』口語訳）という所作をした。

槽を伏せて、それを踏み鳴らすのは、その動作と音によって萎《な》えた魂をゆり動かす魂振《たまふ》りの儀礼であるとともに、アメノウズメがトランス状態になるために必要な所作であった。

さらにつづく胸や陰を露出させる行為は、生命の誕生と増殖を導く感染呪術であり、なかでも新しい命の誕生にかかわる陰《ほと》を露呈することは、それがもつ圧倒的な生命力によって邪霊退散を狙った行為にほかならない。よって高天原全体に力が漲《みなぎ》り、八百万の神々の笑いがなお一層の生命力の増殖を導き、やがてアマテラスは天の石屋戸を開けて再びその姿を現し、高天原と葦原中国に光りが蘇った。

◉洞穴に籠もる神

これは太陽神の衰微と復活の神話であり、その背後に太陽の再生を期待する儀礼（芸能）が存在することは確かである。著しく衰えた太陽の力を蘇らせる目的をもつ祭儀、それは春の来訪を期待する冬至の祭りである。

またこの神話で、アマテラスが隠れた天の石屋を『日本書紀』では「天の石窟」と表記する。それが洞穴とみなされている点に留意する必要がある。衰退に向かう太陽神は洞穴へと赴き、蘇った太陽は洞穴から窟の戸を開いて誕生する。キサカヒメが金の矢を暗闇の洞穴に射通し、光りとともに佐太大神が生まれたという加賀の潜戸の物語は、天の石屋隠れの神話の後段の部分に共通する内容をもつことに注意したい。佐太大神もまた太陽神なのである。ならば出雲にも、太陽神（佐太大神）が他界への口である旧潜戸から洞穴を潜って新潜戸に復活するという「出雲の石屋隠れの神話」があったことを推察させる。

私たちは従来この太陽神復活の物語を「天の石屋隠れの神話」と呼んできた。しかし記紀はともに石屋（窟）に「こ（籠）もる」といい、けっして「隠れる」とはいっていないのである。

寺社に参籠することを「籠もる」という。またヤマトタケルや景行天皇が歌った思国歌《くにしのびうた》に「たたなづく青垣山ごもれる大和しうるわし」とみえる。神仏をはじめ生命力あふれる存在に包み込まれ、護《まも》られてある状況を「籠もる」という。ただ単に外界との関係を断ち、姿を見せない「隠れる」という言葉を使用していないのである。「籠もる」という行為を経て太陽神が復活する。「籠もる」行為には、「籠もる」場を包む生命力ある存在から霊力の感染を受け、己が命を増殖させる期待が込められている。天の石屋に「籠もる」ことによって、萎《な》えた太陽は力を増殖させて再び姿を現すのである。したがってその物語は「天の石屋隠れ」ではなく、「天の石屋籠もり」なのである。加賀の潜戸における「くぐ（潜）る」行為にも、「籠もる」に通じる意が内包されているのではないか。

「籠もる」という行為は霊力あるものに包まれた外界から見えない空間に身をおくことであり、やがては更新された新たな存在として、もとの世界への復活が予定される。その空間はウドやウツ・ウトと呼称され、入口のほかに外界との連絡手段のない構造で、生命の増殖をもたらす場と考えられた。それには洞窟のような自然地形も含まれた。

◉「むろ」の力

むろ（室）もまたそうした空間であった。さきにも触れたが、オオアナムチは根の堅州国から黄泉比良坂を経てこの世に戻ってくるにあたり、蛇の室、ムカデと蜂の室での試練を克服し、またネズミから教えられた地中の穴（室）に籠もることで火難から救われた後、スサノオの大室《おおむろ》から王権の象徴を得て、黄泉比良坂に至る。常に新たな室においてその生命力を増殖し、より強い霊力をもった存在となり、やがてオオクニヌシ（大国主）となる神話が語られる。

この神話において、大原野で火がせまってきた際、オオアナムチは、現れたネズミに「内はほらほら、外はすぶすぶ」という言葉で地中の穴（室）を教えられる。「ほらほら」の「ほら」は「洞」のことである。蛇や、ムカデと蜂の室も、さらにスサノオの大室も「ほら（洞）」である。『古事記』では、オオアナムチを「大穴牟遅」と表記する。ムチ（牟遅）とは「貴い存在」とか「霊」や「魂」を指す言葉である。するとオオアナムチという名は、「大いなる穴の霊（神）」ということになる。すなわちオオクニヌシとなるための霊力をはじめ、王権の象徴である大刀や弓矢・琴をオオアナムチに付与したむろ（室）＝ほら（洞）＝穴を讃えた名前なのである。『古事記』がオオアナムチを「大穴牟遅」と表記するのもうなずける。

むろという地名がある。紀伊国牟婁郡《むろのこおり》。現在の和歌山県田辺市・新宮市・東牟婁郡・西牟婁郡にあたる県南部一帯で、熊野の山野を含む広大な地域をさす。なかでも磯間岩陰遺跡のある田辺市から白浜町にかけての地域が古代牟婁郡の中心、牟婁郷にあたり、田辺湾は室の江（『万葉集』）とか、牟婁の津（『日本書紀』）と呼ばれた。白浜にある名勝三段壁に近い湯崎温泉は『続日本紀』に「牟婁の温湯《ゆ》」とみえ、古代貴族たちの病気療養の地となり、斉明・持統・文武の諸天皇もこの地に行幸している。湯治もまた籠もりである。それは衰退し、病んだ心身を活性化させる、再生・復活の行為にほかならない。牟婁（室）という地名は、そこが籠もりの地であることから生まれたものと理解される。その地に、磯間岩陰遺跡をはじめとする、古墳時代の洞穴葬が見受けられるのも興味深い。

おおきくみた古代牟婁の地域には、多産・豊饒の祭祀場であり、妣神イザナミの葬地として信仰を集めた「花の窟」がある。また日向より東征に乗り出したワカミケヌ（若御毛沼命）は、登美のナガスネヒコとの戦いの後、熊野の地に上陸し、高倉下《たかくらじ》が献上した神剣布都御魂《ふつのみたま》の霊力と八咫烏《やたがらす》の導きで大和に入り、カムヤマトイワレヒコという名をもつ大王家の始祖王となる。この東征説話でも熊野のある牟婁の地が、王者として誕生する人物にさまざまな霊力を与える地として語られる。

オオアナムチが籠もった「むろ」は黄泉比良坂の向こうの根の堅州国（黄泉国）にあった。彼は幾度も「むろ」に籠もることで、より大いなる霊力を身につけてこの世へ戻りオオクニヌシとなる。「天の石屋籠もり」の神話で、アマテラスが籠もった窟も、根の堅州国、すなわち「生命の根源の世界」にあると観念されていたのであろう。黄泉国へ至る入口（坂・境界）としての洞穴と、黄泉国にあって、そこに籠もることにより新たな命（霊力）を獲得する洞穴。古代人は洞穴にふたとおりの意味を重ねていた。

第三章

他界への旅立ち

1 産土のこころ

洞穴を葬所とする古代の葬送民俗と、その背後にある他界観について、古代学の視点から考えてきたが、いますこし海辺の洞穴葬に焦点をあてて、読者とともに常世《とこよ》の波の寄せる渚を彷徨《ほうこう》することとしたい。

◉うぶすな

「産土《うぶすな》」という言葉がある。「人の生まれた土地」とか、「本居となる地」の意とされる。

民俗学者の谷川健一氏は、福井県の敦賀湾に面した常宮《じょうぐう》という海村で、河端亀次郎という一九〇四年（明治三七）生まれの古老から、この地域の産小屋《うぶごや》について次のような話を聞いた。

河端家の屋敷内にあった産小屋は畳を敷かず、まず海のきれいな砂を敷き、その上に藁《わら》をおき、次に粗いムシロを重ね、いちばん表面に藺草《いぐさ》のゴザを敷くという。そして産婦が入れかわると、新しい

図18　若狭、須ノ浦の海岸　渚に建つ舟小屋、福井県小浜市、1968年夏。

砂を海岸から採ってきて、敷き藁と一緒に取り替えた。

谷川氏は老人に聞いた。

「その砂をなんと呼ぶのですか」

彼は一言、「ウブスナ」と答えた。

この折の衝撃を谷川氏は次のように語る。

「私はすっかりおどろいた。産土神ということばからあいまいな観念しか引き出し得ていなかった私は、それが一挙に剝《は》ぎとられ、老人の答えによって、観念の中核がむき出しになるという体験をした」（谷川健一『常世論』平凡社、一九八三年）と。

「ウブスナ」とは「産屋の砂」のことだった。新しい命はまさに「産砂＝うぶすな」の上に誕生するのである。

わたつみの国

若狭において谷川氏が採集したうぶすなの民俗は、海神《わたつみ》の娘トヨタマヒメが山幸彦ホホデミの子を生むために、わたつみの世界からこの世の渚に至り、そこに造った産屋でウガヤフキアエズ（鵜葺草葺不合命）を生んだ後、わたつみの世界へと戻って行ったという、渚での神の誕生譚を彷彿《ほうふつ》させる。

ウガヤフキアエズは母の妹、タマヨリヒメとの間に、イツセ（五瀬命）、イナヒ（稲氷命）、ミケヌ（御毛沼命）、ワカミケヌ（若御毛沼命）という四人の男を得る。ワカミケヌは後のカムヤマトイワレヒコ、すなわち神武天皇である。長兄のイツセはワカミケヌ（イワレヒコ）との東征の途上、矢にあたり男《お》の水門《みなと》に命を落とし、紀の国の竈山《かまやま》に葬られる。残る二人の兄弟もまたたくまに姿を隠す。『古事記』はそれを「御毛沼命は、波の穂《ほ》を跳《ふ》みて、常世の国に渡りまし、稲氷命は、妣《はは》の国として、海原に入りましき」と書く。

このミケヌについての前段部分は、「波の穂より、天の羅摩《かがみ》の船に乗りて、鵝《ひむし》の皮を内剝《うつは》ぎに剝ぎて衣服《みけし》にし」（波のうえを蔓芋の莢《さや》を割った船に乗り、丸剝ぎにした蛾の皮を衣服にして）渡り来ったスクナヒコナが、オオアナムチとともに国を作り堅めたのち、常世の国に渡っていったという『古事記』の記述を思いださせる。常世は「波の穂」の彼方にあるとみられており、スクナヒコナはその世界から現れ、再び常世の国へと還っていった。

またイナヒが往った「妣の国」とはタマヨリヒメの原郷わたつみの国であり、彼はそこへ還っていった。それを『古事記』は「海原に入りましき」と語る。そこは海の底だけをいうのではなく、ひろく海全体をさしているとみるべきだろう。その世界はミケヌの往った常世の国と同じとみられる。スサノオは民族の妣神イザナミの赴いた黄泉国を「妣《はは》の国」「根《ね》の堅州国《かたすくに》」とよび、そこに往きたいと哭《な》きわめいた。「根の堅州国」とは「生命の根源の国」であり、文字どおり妣の国である。「常世の国」「妣の国」「根の堅州国」はいずれもが他界をさす言葉であり、それは海彼《かいひ》に観想されていたことがうかがえる。

海神の娘トヨタマヒメは渚（波限）にウガヤフキアエズを生んだ。またスクナヒコナが天の羅摩の船に乗って示現したのは出雲の美保の岬であった。海辺は「妣の国」につながる場所である。

◉渚の産屋

うぶすなの民俗に関する谷川健一氏の麗文は、民族の原郷に分け入るかのような懐かしさで私のこころを充溢《じゅういつ》させるとともに、第一章に概述した紀州田辺の海蝕洞穴、磯間岩陰遺跡の調査事例を想起させた。すなわち浅い洞穴の最奥部に設けられた五号石室（五世紀後半）では、アジサシを胸に抱いて葬られた六歳くらいの少年が、海岸からもってきた小粒の礫を敷いた床に横たえられていたことである。

産屋に敷かれた渚の砂、ウガヤフキアエズが生まれた渚の産屋、そして少年の遺骸を納めた小石室の床に敷かれた渚の砂礫。海彼に向かう渚は、妣の国とつながった場所である。魂の蘇りを念じてアジサシを抱き、渚の小礫の床に横たえられた少年のこころは常世に遊んでいることであろう。

磯間岩陰遺跡では、五号石室から約八メートル離れた壁面に沿って設けられた六号石室（五世紀後半）でも、同様に海岸の小礫を敷きつめていた。さらに洞穴のほぼ中央、五、六号石室と同じ時期に造られた三号石室の床面には、約五センチの厚みにぎっしりとサンゴや貝殻が敷きつめられていた。第一章で明らかにしたように、古代人にとって海蝕洞穴が海の彼方にある他界への入口であり、生命の誕生と旅立ちの場であったことをあわせ考えたとき、この石室に葬られた亡き人の魂が、サンゴや貝の世界、すなわち海中《わたなか》へいざなわれると思考されていたことを物語ってはいまいか。

2　貝の床・サンゴの床

◉古墳の墓室にもみられる貝の床

貝殻の床（貝床《かいしょう》）に遺骸や棺を横たえる習慣は、安房《あわ》地域の北につながる総《ふさ》地域（上総《かずさ》・下総《しもうさ》）の六〜七世紀の横穴式石室や横穴に多数（約五〇基）確認されている。なかには七世紀前半の上総地方最大の古墳で、同時期の大王陵である山田高塚古墳（推古天皇陵）と同規模の駄《だ》ノ塚《づか》古墳（一辺六〇メートルの方墳）のような首長墓も含まれる。

さらに貝床をもつ石室や横穴は、千葉県下のみならず東京都北区の赤羽台《あかばねだい》三号墳や赤羽台横穴群、さらに神奈川県中郡大磯町の庄《しょう》ケ《が》久保《くぼ》二号横穴などにも認められる（**図19**）。

これらの古墳にみられる貝床の様子は、玄室の床全面に貝殻を敷きつめる事例もあるが、多くは遺骸が安置される部分に限って敷かれる。敷かれていた貝殻はハマグリやカキが多いが、ほかにツメタガイ・サルボウ・アサリ・アカガイ・ウチムラサキ・テングニシ・アカニシ・キセルガイ・サクラガイ・バイガイなど多種で、二枚貝のほか巻き貝もふくまれている。床に貝殻を敷くにあたって、ある特定の貝殻を選択して敷く事例もいくつか認められるが、大半の石室や横穴では複数種の貝殻が混じり合っており、貝の種類はさほど留意されなかったようである。また、こうした貝床を設ける古墳の分布は半島の内陸部にまで及んでおり、古墳を造った集団が海に生業の場をもとめていたと考えるのは難しい。駄ノ塚古墳のような巨大古墳ではなおさら、被葬者の職掌と関連させるには無理がある。人々のこころにある他界観念に由来すると考えるべきであろう。

さらに千葉県富津《ふっつ》市の大満《だいまん》横穴群では四基の横穴に貝床が認められたが、そのうちの一基（I群二号横穴）には、玄室の天井に船の線刻画が描かれていた。古墳壁画については次の章で詳しく述べるが、大寺山洞穴をはじめとする船棺《ふなかん》の事例につながる他界観をつよく感じさせる。

◉サンゴの床

貝床の古代民俗は房総地域を中心とした関東地方にかぎらない。熊本県・福岡県・佐賀県の八代海から有明海の沿岸地域にも十数例の報告がある。これらの地域では石棺の床や木棺を安置する部位にだけ貝殻が敷かれる。また熊本県下の宇土《うと》・天草地域では貝殻のほかに、紅藻類サンゴモの細片を敷く事例も散見される。サンゴモは石灰藻《せっかいそう》とも呼ばれ、水中から吸収した炭酸カルシウムを体内に蓄積し、熱帯地域ではサンゴ礁の造成にも関与する。乾くともろく、その死骸は灰白色を呈するサンゴ質の細片となり、生息地に近い海岸に打ち上げられたのを棺の床に敷くために採取したとみられる。天草諸島の維《い》和島《わじま》の北端にある千崎《せんざき》一一号墳の箱式石棺では、サンゴモに混じってサンゴの細片が床に敷かれており、人骨はその中に埋まったような状態であったという。

図19　赤羽台6号横穴の貝床

なおサンゴのかけらを石棺の床に敷く早

い事例では、弥生時代前期末~中期初頭に並行する時期に営まれた沖縄県読谷村《よみたんそん》の海岸砂丘に立地する木綿原《もめんばる》遺跡の二基の箱式石棺がある。黒潮でつながった文化の流れがそこにある。

◉亀の甲羅

奥津城《おくつき》の床に敷く素材は貝やサンゴモ・サンゴだけではない。伊豆半島の北、静岡県田方郡函南《かんなみ》町にある大横穴群の柏谷百穴《かしやのひゃっけつ》では、数基の横穴に亀の甲羅が敷かれていた。なかでもD一一号横穴では、玄室の奥壁寄りのほぼ半分の範囲に亀甲が敷きつめられており、そこから二本の鉄鏃が出土した。七世紀の資料と推定される。

律令国家が成立すると、伊豆国は対馬の上県《かみつあがた》・下県《しもつあがた》、壱岐《いき》とともに中央の神祇官に所属する卜部《うらべ》を出仕させるよう規定されていた。これを四国卜部と総称する。彼らは毎年六月と一二月に天皇の身上の吉凶を占ったり、六月と一二月の大祓《おおはらえ》などにかかわった。そして神祇官の卜占《ぼくせん》には亀甲がもちいられた。

従来、柏谷百穴出土の亀甲については、この伊豆卜部との関連で理解されてきた。すなわち亀卜《きぼく》を職掌とした人物がそこに葬られているというのである。

しかし、これまでの史料によると、伊豆国における卜部（占部）の分布は、伊豆諸島（伊豆国に属していた）を中心に半島の南部に限られ、しかも彼らを率いたのは伊豆島直《いずのしまのあたい》という伊豆諸島に拠点を置いたと推定される豪族であった。したがって柏谷百穴出土の亀甲を伊豆卜部の職掌にかかわる資料として、その被葬者を考えるのは難しい。むしろ貝やサンゴモ・サンゴなどと同様に、妣の国に属するものがもつ呪力への願いをそこに認めるべきであろう。磯間岩陰遺跡の一画から発掘された、再葬による人骨を納めたとみられる一辺六〇センチほどの土壙《どこう》の蓋に、三枚の海亀の甲羅が使用されていた例につながる資料であろう。

柏谷百穴は総数五〇〇基ほどの大横穴群である。亀甲を玄室に敷いていたのはそのうちの二基にすぎず、きわめて希有な事例であることは間違いない。また房総地域で貝床をもつ約五〇基という古墳の数もまた、その地域の後期古墳の発掘調査総数からみればごく少数である。サンゴモやサンゴの床をもつ事例においても同様である。

海の彼方の他界

こうした事例は従来、後期古墳に通有の施設ではなく、むしろ例外的なものとしてほとんど評価されることはなかった。しかし、貝殻をはじめ、サンゴやサンゴモの床をもつ古墳は、千葉県を中心とする関東地方の一部と、熊本県・福岡県・佐賀県の有明海から八代海沿岸地域のほかに、富山県や山口県にもわずかながら確認される点、さらに磯間岩陰遺跡三号石室の例などをあわせ考えると、けっして地域的に限られた特殊な葬法とみることはできない。それらは古代人のこころの奥底深くに横たわる他界観が地域を異にして頭をもたげ、象徴的な姿をとって現出したものと積極的に理解するべきであろう。

貝やサンゴモ、またサンゴの床は、私たちの遠い祖先が魂の行方を海の彼方にみたあらわれである。それらの事例は後期古墳の全体からみればきわめて限られた資料ではあるが、その石室や横穴の床に往時の他界観がうかがえるなら、大半の古墳に採用される偏平で丸みのある円礫を用いた床についても同じ観点から考える余地が生まれる。

従来、ごく一般にみられる円礫を敷いた床については玄室内の排水の必要から施される施設という程度にしか理解されてはこなかった。磯間岩陰遺跡五号・六号石室に敷かれた海岸の美しい小礫、若狭の産屋での「うぶすな」の民俗、ウガヤフキアエズの誕生やスクナヒコナの出現と黄泉への旅立ちの神話、等々。渚はこの世にあってもっとも妣《はは》の国（他界）に近い場所であり、こうした渚を舞台にした文化複合に、古代人のこころの奥底をみる思いがする。遺骸を横たえる空間に敷かれた円礫群も、磯間岩陰遺跡の例に同じく、妣の国につながる渚の砂礫を象徴したものにほかならない。そこに棺を置き、遺骸を横たえるのは他界へと魂を船出させる行為と理解できる。

兄（海幸）の釣り針を求めて海辺をさまよっていた山幸ヒコホホデミは、そこで出会った塩土老翁《しおつつのおじ》の作った無目籠《まなしかたま》（目の細かな籠）に入り、海のなかへと導かれ、可怜小汀《うましおばま》（美しい小さな渚）を経て海神の宮を訪れる。海神の宮、すなわち妣の国＝他界にも渚が観想される。古代人は、此界と他界を海を隔てた渚でつながっているとみていた。渚にみたてた円礫を敷き、そこに死者を横たえた横穴式石室こそ無目籠ではないのか。

◉貝の呪力

房総地方の貝床に使用された貝のなかでハマグリがもっとも多く、またアカガイも確認されることは、死んだオオアナムチがキサガヒ（赤貝）ヒメとウムガヒ（蛤）ヒメによって麗《うるわ》しい壮夫《おとこ》に蘇ったという『古事記』の神話を思い出させる。ここでも、妣の国（わたつみの世界）に属するものには再生を促す呪力があると信じられていたことが確認される。

弥生時代に並行する時期の沖縄地方では、貝を石棺に入れる事例が増加しつつある。木綿原遺跡の五号石棺では、遺骸を取り囲むように拳《こぶし》大のシャコガイやクモガイが並べられ、額にも一枚のシャコガイの殻がのせられていた。さらに一号石棺でもサラサバテイという巻き貝が額にのせられ、足先をシャコガイの殻でおおっていた。さらに宜野湾《ぎのわん》市の安座間原《あざまばる》遺跡では頭部を左右からヒレジャコとオオシラナミというシャコガイの一種の貝殻で包むようにした人骨が出土している。

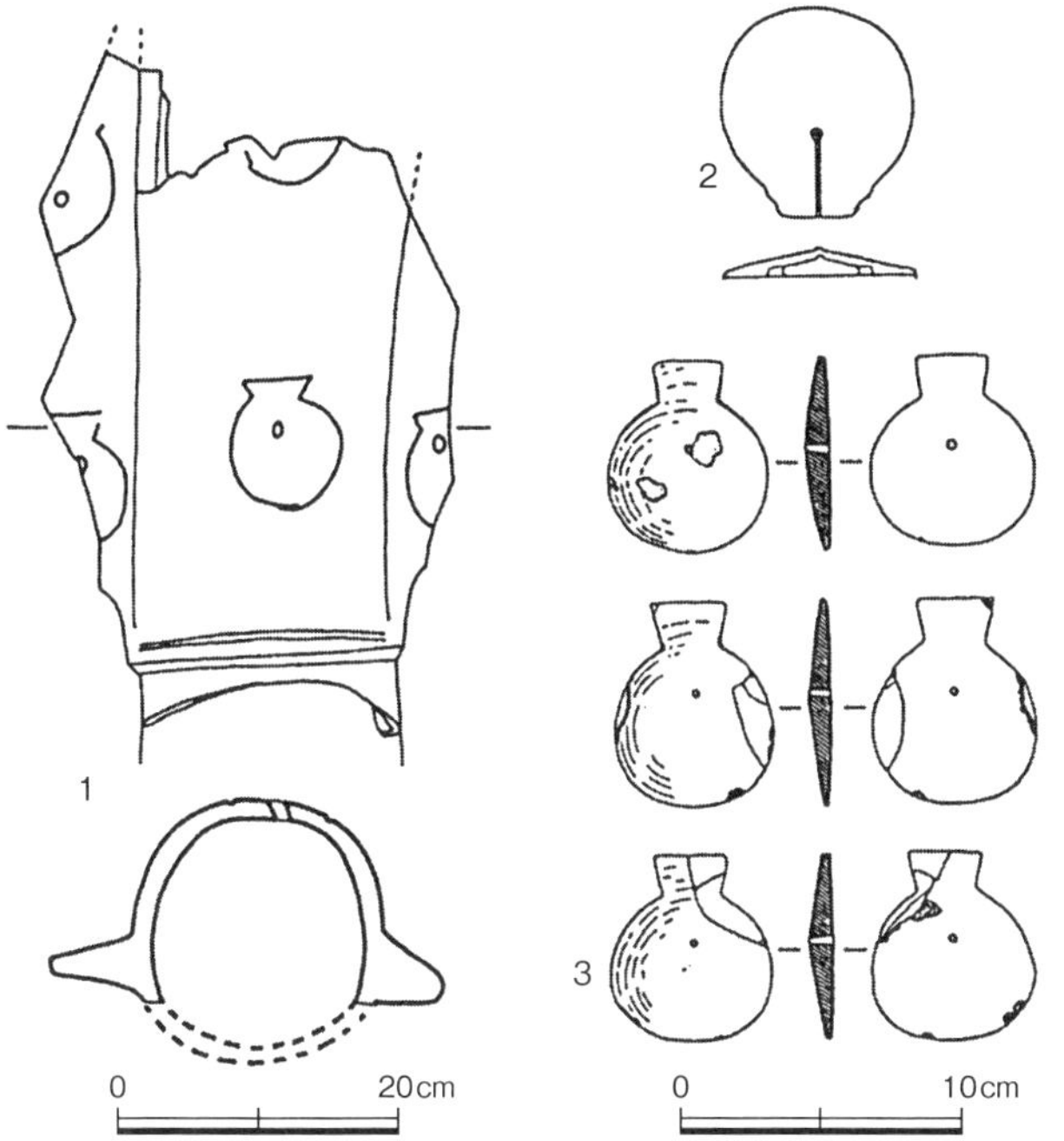

1. 纒向遺跡の埴輪　2. 佐紀陵山古墳の石製品
3. 三池平古墳の石製品

図 20　ホタテ貝をあらわした考古資料

これらの南西諸島の事例は、貝が邪霊から死者を守護する呪力をもつと考えられていたことを容易に語ってくれる。現在もこの地方では、貝がもつ邪霊を払う呪力に期待して、シャコガイやスイジガイ・クモガイなどを門口に置いたり、吊るす習慣がみられる。民俗の基層に潜《ひそ》む貝の霊力へのおもいがこころに迫る。

有明海に面した佐賀県鹿島市の竜宿浦《やのうら》の箱式石棺では、頭部近くからマガキが検出され、さらに日本海側の京都府京丹後市大宮町の左坂《ささか》横穴からはアワビが、さらに同町の大田鼻《おおたばな》二九号横穴からはホタテガイの殻が発掘されている。また日本海に浮かぶ隠岐諸島の知夫里島《ちぶり》にある御崎横穴群のひとつからも大型のアワビの殻が出土した。アワビはその内面に発する怪しく鈍い輝きが魔除《まよ》けとされ、現在でもしばしば民家の軒先に吊るされるのを目にする。またホタテガイを模した石製品が佐紀《さき》陵山《みささぎやま》古墳（伝日葉酢媛《ひばすひめ》陵古墳、奈良市）や三池平《みいけだいら》古墳（静岡県静岡市）から出土し、実際にその石製品を吊り下げた楯を写したとみられる形象埴輪が纒向《まきむく》遺跡（奈良県桜井市）から出土している（図20）。おそらくさきのアワビと同じ呪的効果が期待されたのであろう。南西諸島からの大きな文化の流れがそこに垣間見える。

3　船形木棺の発掘史

大寺山洞穴や雨崎洞穴に船形木棺が納められていたことは第一章で紹介したが、このタイプの木棺の採用は、洞穴葬という葬法にのみ限られるわけではない。古墳に埋納される棺のなかにも船形木棺があり、やがてその形態は石棺に写され、船形石棺が出現する。もとより、木棺を墳丘に埋納するわけであるから、棺は腐朽してその姿を留めていない。古墳での、船形木棺発掘の歴史と、それが学界で認知されるにいたる過程を紹介しよう。

◉ゴンドラ形の木棺

一九二九年（昭和四）の暮れ、当時帝室博物館鑑査官として博物館資料の収集にあたっていた後藤《ごとう》守一《しゅいち》氏は、群馬県伊勢崎市赤堀今井町の丘陵上、一面の桑畑のなかにある古墳の発掘を実施した。そ

図21　赤堀茶臼山古墳

の古墳は赤堀茶臼山《あかぼりちゃうすやま》古墳と呼ばれる全長約六〇メートル、後円部の直径が約四〇メートルの、前方部が短いホタテガイ形の平面をした前方後円墳である（図21）。

その後円部の墳頂平坦面からは、八つの家形埴輪《はにわ》をはじめ椅子形・翳《さしば》形・衣笠《きぬがさ》形・甲冑《かっちゅう》形など、五世紀中葉の多様な形象埴輪が出土し、この古墳の名を考古学史上に留めることになった。それら形象埴輪の意義についてはいずれ本篇の後段で詳しく触れることとして、ここで問題にしたいのは、墳丘に埋納されていた木棺の形状についてである。

後円部には、大小ふたつの木棺が並んで納められていた。しかし棺は腐朽して遺《のこ》ってはいなかった。ただ木棺はいずれも防湿・防腐を目的とした木炭で厚く包まれていたおかげで、その木炭層を丁寧に発掘することで、木棺の形態を知ることができた。木炭槨《もくたんかく》と呼ばれる遺構である。

大きな一号木棺は全長六・六メートル、中央部分の幅一・四五メートルの大きさで、その両端は細くなりながら、それぞれの先端を高く反《そ》りあがらせた、ゴンドラ型の船の形状をしていた。ただ後藤氏はこの遺構について、木炭を使用して墳丘内に船形の施設を造り、そこに遺骸を葬ったと理解して、

「木炭船」と呼んだ。しかしこれが腐朽した木棺の痕跡であることは、つづいて紹介する船形木棺の調査例から明らかである。

遺構の解釈はともかく、後藤氏は船形をした埋葬のための施設の存在から、これを顕著な舟葬《しゅうそう》の事例とした。なお後藤氏はもうひとつの木炭槨についてくわしい報告をしていないが、これも「木炭船」と呼んでいることから、一号木棺と同様、ゴンドラ形をした船形木棺であったと理解される。

赤堀茶臼山古墳の調査以後、しばらくの間、類似遺構の発掘はなく、その二例目は一九六八年（昭和四三）になって、埼玉県行田《ぎょうだ》市の埼玉稲荷山《さきたまいなりやま》古墳でようやく発掘された。

◉埼玉稲荷山古墳

一九七八年（昭和五三）の考古学界は高松塚壁画古墳の発掘以来の大発見にわいた。埼玉稲荷山古墳からその一〇年まえの発掘調査で出土していた鉄剣に、雄略天皇をさす「獲加多支鹵（ワカタケル）大王」という人名を含む一一五文字からなる金象嵌《ぞうがん》の銘文の存在が、鉄剣に対する錆どめなどの保存処理の過程で明らかになったからである。

稲荷山古墳は全長一二〇メートルの前方後円墳である（図22）。その周辺には全長一三五メートルの二子山《ふたごやま》古墳をはじめとする七基の前方後円墳や直径一〇五メートルの巨大円墳、丸墓山《まるはかやま》古墳などの首長墓群があり、さきたま古墳群と呼ばれ、史跡公園「さきたま風土記の丘」として整備公開されている。この古墳群は六世紀代を中心に築造がつづけられており、稲荷山古墳はそのなかではもっとも初期の、五世紀後葉に築造された古墳である。金象嵌銘の発見以後、稲荷山古墳とその鉄剣は多くの日本史の教科書に登場することになる。

図22　埼玉稲荷山古墳

発掘調査では、稲荷山古墳の後円部からふたつの埋葬施設が検出された。ひとつは木棺を土壙《どこう》内に埋納する際に棺を薄い粘土や粘土混じりの土でおおった形式の施設であり、すでに盗掘を受けていて、挂甲《けいこう》や馬具・鉄刀・鉄鏃などの破片が出土したにすぎなかった。

もう一方の埋葬施設は良好な遺存状態で発掘された。礫《れき》槨《かく》と呼ばれるもので、銘文をもつ鉄剣をはじめ、画文帯神獣鏡や刀・剣・鉾《ほこ》・鏃《やじり》などの鉄製武器のほか、挂甲や馬具などの副葬品とともに、被葬者が身につけた状態で発掘された龍の文様をあしらった金銅製の帯金具一式といった豊富な遺物が出土した。これら礫槨出土の遺物は一括して国宝に指定されている。しかしこの鉄剣を出土した埋葬施設の特徴に注目した研究者はいなかった。以下、すこし丁寧にその埋葬施設の構造をながめてみたい。

ふたつの船形木棺

それは被葬者を納めた木棺を墳丘に埋納するにあたって、拳大から乳児の頭大の円礫を用いて棺を包みこんだものである。この埋葬施設は円礫で木棺を直接包むことはせず、礫槨と木棺のあいだに防湿や棺の防腐を目的として、木炭を最大三センチ前後の厚さに薄くめぐらせていた。木炭で木棺を包む手法は、前の赤堀茶臼山古墳の例に共通している。したがって正確にはこの被葬者の棺は、木炭と礫の二重の槨によって保護されていたことになる。

そこに遺された木棺の痕跡は、ほぼ南々西に舳先《へさき》を向け、中程の横断面は浅いU字形をしたあきらかに丸木舟の形態を呈していた。その規模は全長五・七メートル、中央部付近の最大幅一・二メートルで、棺の身の高さは約四〇センチ程度あり、舳先はなだらかな曲線を描いて立ち上がる。また艫《とも》の部分も棺の底が艫に向かって徐々にあがってゆく。稲荷山古墳の埋葬施設はその複製が墳丘の上に公開展示されており、その棺が丸木舟の形態をしていたことが容易に理解できる（図23・24左）。

礫槨や粘土槨、また木炭槨などの「槨」と呼ばれる施設は、木棺を保護するために、それぞれの素材を用いて棺を包み込んだもので、多くは木棺の腐朽とともにその蓋をおおっていた礫や粘土、また木炭が内部へ落ち込むが、棺の下半部（身）を包む各素材は棺が完全に腐朽してもその外形は土層に痕跡として遺る。したがって稲荷山古墳においても、礫槨に遺された船形の凹《へこ》みは、すなわち木棺の身の外形にほかならないはずである。

一九八〇年（昭和五五）に刊行された発掘調査報告書はこの埋葬施設について、「舟形の周囲を画するように、主体部の輪郭が現われ、その形態から全体の形は、所謂舟形礫槨と称するものである」（埼玉県教育委員会『埼玉稲荷山古墳』）と述べ、その詳細を説明するにも「舳先」や「艫」という船の構造に関する用語をもって説明している。そこからは報告者が礫槨に包まれた木棺が船形であることを認めているようにみうけられる。報告者は、棺の中程から舳先に向かって礫槨の「両側の幅が狭くなり、槨床面が立ち上がりを始める」と記述する。ところが、艫寄りのちょうど槨の床面が艫にむかって高くなってゆく部位に、副葬遺物の配置がみられないことから、礫槨の中程の横断面がU字形をなして底面の縦断面が水平な部分の痕跡のみが木棺にあたるとして、割竹形《わりだけがた》木棺と呼ばれる形式の木棺であると結論づける。そして船形の全長は五・七メートルを測るが、舳先と艫の部分を木棺と考えず、本来の木棺は約三・七メートルとかなり短いものとされた。

図 23　埼玉稲荷山古墳の船形礫槨

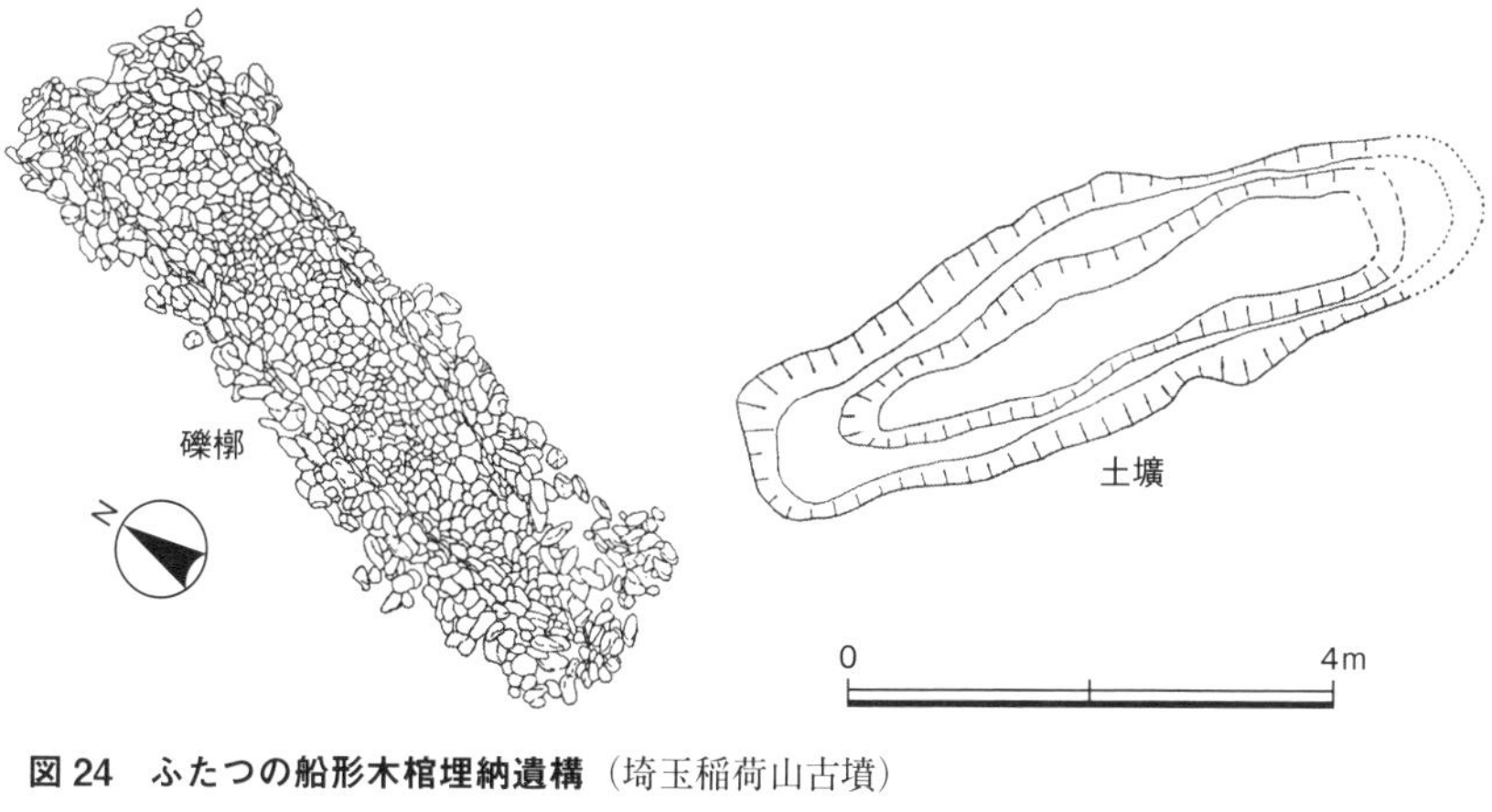

図 24　ふたつの船形木棺埋納遺構（埼玉稲荷山古墳）

割竹形木棺とは、古墳時代の前・中期に箱形木棺と並んで普及する木棺で、高野槇《こうやまき》などの巨木の幹を切り出して半截《はんさい》し、その内側を刳り抜き、棺の蓋と身としたもので、小口部分には板をはめ込む場合が多い。したがってそのようにして製作された木棺は、原木の根に近い方がやや幅広になるものの、ほぼ円筒形をなし、全長が六〜七メートルに及ぶ長大な事例もある。稲荷山古墳の報告者は、その埋葬施設を考えるにあたって、中央部分の横断面の形態のみを重視して割竹形木棺と判断したようで、舳先寄りと艫寄りの槨に遺された痕跡については具体的に考察されることはなかった。艫寄りには馬具・鉄鏃をはじめ斧・ヤリガンナなどの鉄製工具が副葬されており、また舳先寄りにも鞍や鐙《あぶみ》などの馬具が副葬されていた。これらの遺物は木棺の外に置かれたことになる。では礫槨に遺された艫や舳先のような痕跡はいかに理解すればよいのか、報告者は説明していない。発掘では、報告者のいう割竹形木棺の小口の痕跡が確認されたわけではない。礫槨に遺された凹み全体を木棺の痕跡と判断するのが穏当であろう。まさに丸木舟の形態をした船形木棺がそこに埋納されていたことは間違いない。

次にあらためてもうひとつの埋葬施設に眼を向けてみたい。

それは木棺を墳丘に納置するに際して、木棺よりやや大きい土壙《どこう》を掘り、その底部にさらに木棺を安置する土壙を掘るという二段土壙と呼ばれる遺構で、二段目の土壙に木棺の身の痕跡が認められる（**図24右**）。この埋葬施設については、盗掘によって一部が破壊されていたこともあって、豊富な副葬品を出土した礫槨に隠れて、まったく留意されていない。しかし埋葬施設の実測図をよく見ると、それが船形の平面形をした、いわゆる船形木棺である可能性が十分に考えられるのである。木棺の全長は五メートル前後、最大幅一・一メートルの大きさで、礫槨内の船形木棺よりやや小型である。この船形木棺は礫槨のそれとあい前後して埋納されたことが副葬品の年代観からうかがえるが、その舳先は北西に向けられている。両者は約三メートル隔ててその舳先を近づけて埋められているが、互いの埋納位置が意識されることはなかったらしい。

稲荷山古墳には、赤堀茶臼山古墳と同様、ふたつの船形木棺が埋葬されていた。

再認識される「舟葬」

稲荷山古墳出土の鉄剣から金象嵌の銘文が発見された数年後、一九八一年（昭和五六）から翌年にかけて、静岡県の中程に位置する藤枝市にある若王子《にゃくおうじ》古墳群で船形木棺の存在を明らかにする重要な発掘調査が、同市教育委員会によって実施された。

若王子古墳群は、大井川左岸にひろがる志太《しだ》平野の北縁にある細長い丘陵の脊梁《せきりょう》部に小古墳が隣接して連鎖状に築造された群集墳である。五世紀代を中心とした一三基の木棺直葬墳と、六世紀中頃以降の横穴式石室を埋葬施設とする六基の古墳など、計三三基からなる。古墳群のある丘陵一帯は市街地に隣接しており、発掘調査を実施した後、市民公園として整備されている。

木棺直葬墳の大半は箱形や割竹形の木棺を埋納していたが、一二号墳と一九号墳についてはかなり状況が異なっていた。

その発掘調査の様子を、調査者であった磯部《いそべ》武男《たけお》氏の文章（「古代日本の舟葬について（上）」『信濃』第三五巻第一二号、一九八三年）を借りつつ述べると、以下のようであった。

木棺直葬墳のなかで「遺存状況のもっとも良好な部類に含まれる若王子一二号墳と一九号墳の主体部については、木棺そのものは遺存していないが」、木質が黒褐色の有機質土に置き換わっていた。有機質土がすなわち元の木棺の姿なのである。この状況は私たちが住居跡の調査で、柱や垂木の痕跡

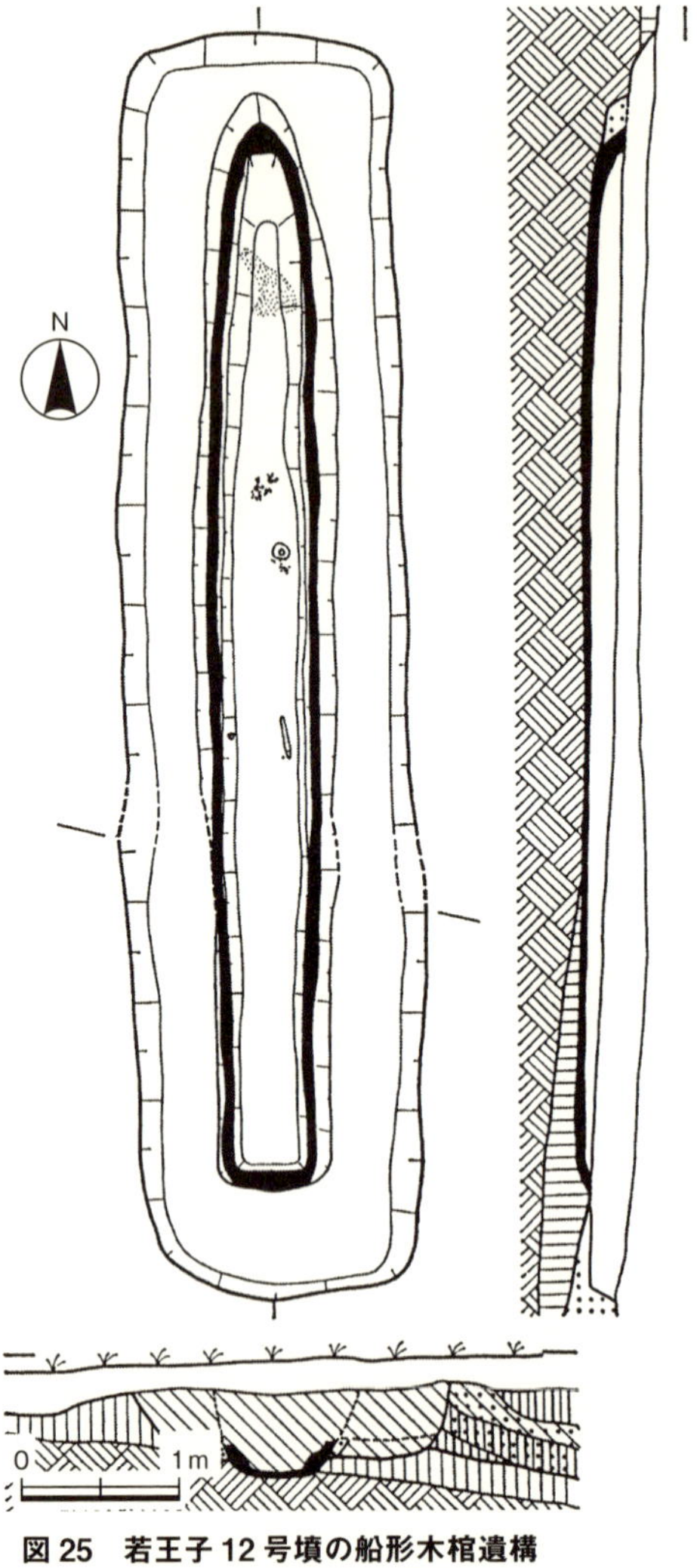

図25　若王子12号墳の船形木棺遺構

を発掘する際などにもしばしば経験することである。両古墳の木棺の形は、その「平面形は細長く、横断面は半円形をなし一見割竹形にみえるのに対し、棺端部の小口板は認められず、純粋な刳抜棺《くりぬきかん》でしかもその一端が舟のように尖るものであった。（中略）我々も初めて出合った例なので当初はあり得べからざるものと考えていた」が、「再三にわたる平面、断面等遺構の検討の結果、これを舟形の棺として認めざるを得なくなった」。

若王子一二号墳は南北約一八メートル、東西約一一メートルの長方形の墳丘をもち、検出された船形木棺の規模は、外法《そとのり》で全長六・四七メートル、中央部での幅六九センチ、内法《うちのり》については長さ六・一メートル、中央部での幅は五九センチであった（図25・26）。そして「棺平面形において、北端部の

図 26　復元された若王子 12 号墳の船形木棺

外面は∧形に尖らせて舳とするが、それに対応する内面側では⌒形を呈しており、さらに横断面が半円形をなすことから、刳舟としての丸木舟と」判断された。副葬品は緑色の凝灰岩《ぎょうかいがん》製の車輪石（釧）、鉄剣、鉄鏃、勾玉、ガラス玉などで、それらの出土状況から、被葬者の遺骸は舳先側を頭にして、北枕に納められていたことがわかる。

なお一九号墳は一二号墳の北に接して築造されており、南北一〇メートル、東西一二メートルの長方形墳で、一二号墳よりやや小型の船形木棺が検出されている。一九号墳の副葬品は大刀・鉄鉾・櫛・勾玉などである。年代は一二号墳が五世紀初頭で若王子古墳群中最古、一九号墳は五世紀中葉と考えられる。

磯部氏はこの報告文のなかで、上述した埼玉稲荷山古墳や若王子古墳群のほかに、静岡県下で三例の船形木棺遺構の存在を明らかにした。彼はその後、「舟葬考」という論文を一九八九年に発表した。そこでは若王子一二・一九号墳で確認された船形木棺の事例を基礎として、古代日本において船形の木棺を用いた「舟葬《しゅうそう》」という墓制が存在したことを指摘した。また、ひろく民族学や神話学の研究成果を渉猟《しょうりょう》して、我国の舟葬が海人《あま》族に特有の文化で、その淵源がベトナム北部を中心とする青銅器時代から初期鉄器時代のドンソン文化にあることを説いた。しかし舟葬についての磯部氏の基礎的かつ学際的な研究は、発掘調査例がいまだきわめて少ないという事情もあってか、考古学界ではあまり関心がもたれなかった。

◉弥生の船形木棺

第一章で紹介した大寺山洞穴の事例を含め、従来判明している船形木棺の最古の例は、五世紀初頭の若王子一二号墳であった。ところが、一九九四年（平成六）、京都府北部の丹後半島の付け根にある京丹後市峰山《みねやま》町で、国道改良工事の際に発見され、発掘調査がなされた弥生時代終末期の墓において、複数の船形木棺を埋納した事実が明らかになった。

金谷《かなや》一号墓（**図27**）と呼称されたこの弥生時代の墳丘をもった墓は、竹野《たけの》川の支流、鱒留《ますどめ》川が形成した細長い谷状の平野を一望する丘陵南斜面に立地する。斜面が南に小さく突出した部分を削り出して墳丘とした、一辺約一五メートル、高さ約二メートルの方形墳墓である。墳丘の上面は東西九メートル・南北一〇メートルの大きさで平坦になっており、そこに八基の木棺が埋納され、また墳丘の南側から西側の裾《すそ》には、さらに八基の木棺とひとつの土器棺が列状に並んで埋納されていた。合計一六基もの木棺が、ひとつの墳丘墓とその周辺に納められていたのである。

墳丘上の中央やや西寄りには、木棺を納めるためのひときわ大きな長方形の掘り込みがあった。そこに納められた木棺を一号木棺と呼ぶ（図28）。この木棺は墳丘上に埋納された木棺群のなかで、ほかの木棺の掘り込みとの重複関係から、最初に埋納されたことが明らかである。しかも一号木棺の掘り込み上端の各辺は、方形墳丘の各辺と平行しており、そもそもこの一号木棺に納められた人物を葬ることを第一目的として、金谷一号墓が造成されたことがわかる。したがって残る一五基の木棺とひとつの土器棺に葬られた人々は、一号木棺の人物となんらかの関係、たとえば血縁や主従の関係によって結びついていたものと考えられる。そして、埋葬位置が墳丘の上段と裾に二分されるのは、その有機的関係の内にも、明確な差が存在したことを示している。このように金谷一号墓は、弥生時代末期の集団関係を研究するうえに格好の素材を提供している。

さて、いま私が非常な興味をおぼえるのは、一六基の木棺のうち六基にのぼる船形木棺が確認された点である。

金谷一号墓に埋納された木棺は、すべてが朽ちてしまい、木質はまったく遺存してはいなかった。しかし木棺が腐朽するにつれ、分解消滅する木質に代わって、木棺を埋納する際の裏込めや、上をおおった土に含まれる黄褐色の細かな砂が徐々に置き換わり、その細かな砂を丁寧に発掘することで、木棺の形態を知ることができたのである。若王子一二号墳や一九号墳と同様の調査法である。その結果、墳丘の中心に埋納された一号木棺をはじめ、六基の木棺が船形であることがわかった。

もっとも典型的な船形をした木棺は、一号と六号である。前者は全長三・九メートル、幅〇・八メートルで、舳先は南に向けられている。また艫の部分はやや丸みをもち、横断面は丸太を刳り抜いたように半円形をなしている。内刳り《うちぐ》の深さは四〇センチまで確認された。埼玉稲荷山古墳や若王子古墳群の例と較べて、かなり長さの短い船形木棺である。発掘調査の現地説明会で実際に一号木棺の

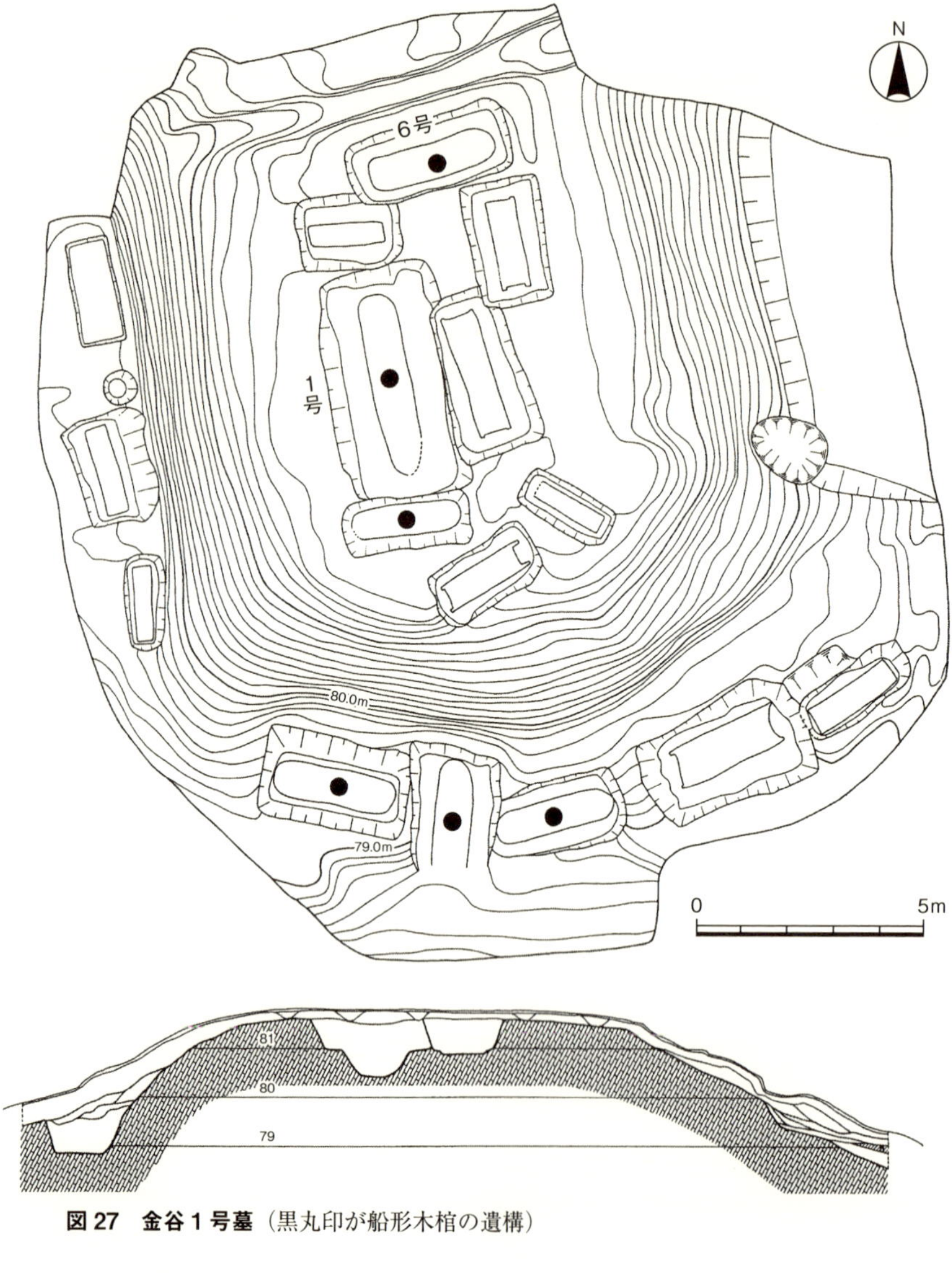

図 27　金谷 1 号墓（黒丸印が船形木棺の遺構）

図 28　金谷 1 号墓の船形木棺遺構（1 号木棺遺構）

遺構を見た印象は、この木棺が実際に丸木舟として十分使用できるということであった。おそらく実用の丸木舟を転用したか、木棺をまったく同じ形に作ったのであろう。棺内からの副葬品の出土はなかったが、棺底の舳先に近い部分に、魔よけの意味で被葬者の頭部付近に塗布したとみられる赤色顔料（水銀朱か）が認められた。被葬者は頭を舳先側において木棺に納められたとみられる。

六号船形木棺は一号木棺の北側に、東西方向で埋納されており、東に舳先を向け、全長二・八メートル、幅〇・七メートルと、やや小型であった。この木棺には鉄剣とヤリガンナが副葬されていた。

典型的な船形木棺は一号と六号の二つであるが、ほかにその可能性がある棺が四基ある。いずれも一木を刳り抜いて作った全長二・五メートル前後の木棺で、両小口はともに上からみて丸く仕上げられ、底部も先端に向かって丸みをもってせり上がる形態をとり、舳先と艫の区別がない。これも丸木舟の一形態であり、船形木棺とみることができる。

ただしこの形態をとる木製品には、古来、水や酒、また牛馬の飼葉《かいば》などをいれる目的で、一木を刳り抜いた「ふね（槽）」と呼ばれる容器があり、舳先と艫の区別のない丸木舟と判別が困難である。しかし金谷一号墓では、一号木棺や六号木棺のように、あきらかに丸木舟の形態をした事例が存在する。したがって墓を同じくする人々のあいだに共通した葬送への観念が存在するという理解から、それらも丸木舟として作られたものと考えるのが自然であり、槽とは考えないでおきたい。

なお古墳時代の刳抜き式の木棺や、その形態を石に写した石棺のなかには、箱形をしたものや、側面や小口に持ち運びに便利なように、突起を作り出した事例がある（特に石棺に多い）。考古学者は、これらの形態の木棺や石棺まで船形木棺・船形石棺と呼称している。これはあきらかに間違いであり、「槽形木棺・槽形石棺」と呼ぶべきである。考古学の用語にはしばしばこうした間違った命名法によった例があり、当該考古資料に誤解を与える場合がある。自省しなければならない。

金谷一号墓で発掘された、のこる一〇基の木棺は、板を箱形に組み合わせた、弥生時代に通有の木棺であった。したがって一六基中、六基の木棺が船形であったことになる。この墳墓で、ただひとつの土器棺の身と蓋に使用された壺や高坏《たかつき》また木棺埋納後に、その上に供献されたとみられる土器が示す年代から、弥生時代末期と年代が推定された。この墳墓の発掘によって、弥生時代に船形木棺が出現したことがあきらかになったのである。

なお大阪市平野区の加美《かみ》遺跡では、多数の弥生時代の木棺が遺存していたが、そのうち金谷一号墓と同時代の木棺三基が、実用の準構造船の部材（舷側板）を切断して、組合わせ式木棺の部材に使用されていた。猪目洞穴で発掘された木棺と同様の使用例である。これまで発掘された弥生時代の木棺には、ほかの用材を転用した事例はほとんどないにもかかわらず、ことさらに船の部材を使用したのは、船形木棺を使用することと同様の意味をみいだしていたからと考えられる。古代にあって、もっとも遠くまでゆくことのできる乗り物である船によって、霊魂がはるかな他界へと運ばれるように念じる、古代人のこころが胸に強くせまってくる。

4　舟葬論争

◉最初の船形木棺

我国の古代における丸木舟や丸木舟の形態をした棺、すなわち船形木棺を用いた「舟葬」の存在は、赤堀茶臼山古墳から大寺山洞穴に至る調査によって、もはや確かになったといえる。しかし考古学における舟葬の問題は、赤堀茶臼山古墳の発掘成果によって、戦前から広く学界に認知されていたわけではなかった。舟葬についての研究史を簡単に振り返っておきたい。

この問題について初めて言及したのは、明治から大正にかけて大阪地方で発掘をおこなった大道弘《おおみちひろ》雄《お》氏である。彼は一九一二年（大正元）、最大の前方後円墳である大山《だいせん》古墳（伝仁徳天皇陵・大阪府堺市）の東に隣接した、塚廻《つかまわり》古墳（直径三五メートルの円墳）の発掘調査報告（「大仙陵畔の大発見（上・下）」『考古学雑誌』第二巻第一二号・第三巻第一号）のなかで、「この古墳には石槨も石棺もなく上方も底方も全く同質の粘土のみで（中略）多分木質は杉らしい刳抜《くりぬ》いた独木船めくものが横《よこたわ》つて」いたと述べた。木棺を粘土でくるんだ、現在では粘土槨と呼ばれる施設であった。

大道氏はつづけて「兎に角も刳抜いた一種の独木船で、我が邦で古墳中からかかる木船が発掘せられたのは全くこれを以て嚆矢とする」と述べたことから、学界の注目をあつめることとなった。これが船形木棺の存在が世に問われた最初と言われる。

しかし彼は同じ報告のなかで、「今度発見した木船は半分以上は腐蝕して居るので船の両端即ち舳と艫とに当る処は何《ど》んな形状であったかは丸で判らぬ」と述べており、それゆえに「独木船めくもの」という曖昧な表現になったのである。前・中期古墳に特有の、丸太を刳り抜いた長大な木棺のなかほどが残存していたらしいが、その両端部分はすでに腐朽によって失われていた。大道氏はこれを丸木舟の形状をした棺と推定し、舟葬の風が存在したことを唱えた。

その後、一九二九年（昭和四）に赤堀茶臼山古墳を発掘した後藤守一氏は、その報告書『上野国佐波郡赤堀村今井茶臼山古墳』（帝室博物館、一九三三年）のなかで、さきにみたゴンドラ形の船の形をとる木炭槨の存在を指摘し、これを「舟葬の著しい例」という表現で注目した。

同じ頃、後藤氏は大正時代初期に西都原《さいとばる》第一六九号墳（宮崎県西都市。近年、第一七〇号墳であったことが判明した）から出土した形象埴輪の破片中に船形埴輪があることをみいだし、その報告を一九三五年（昭和一〇）の『考古学雑誌』第二五巻八・九号に発表した。彼は赤堀茶臼山古墳の事例を引き、さらに世界の考古・民族例に舟葬を求め、古代人が船の棺を用いたこと、船形埴輪は死者の霊魂が黄泉国《よみのくに》へと導かれるようにと墳丘上に置かれたものであり、そこに舟葬のあらわれがあることを説く。そして「今後発掘の精細に行はれて行く間には、舟そのものを用ゐたこともあるといふ事実に接するかも知れない」と述べ、大寺山洞穴からの多量の船形木棺の発掘を予見した。

これよりさき、考古学の分野において舟葬が唱えられはじめた一九一七年（大正六）、神話研究の分野では、米田庄太郎《よねだしょうたろう》氏が記紀神話に見える天の鳥船について論じ、それが「霊魂を太陽に随うて彼岸に運ぶ、またはこれを太陽或は天に運ぶ鳥形の船」であるとし（「天鳥船」『芸文』八―一一・一三）、古墳から発掘される船形木棺にその根拠のひとつを求めた。

このように舟葬論が展開されるなかで、伊東信雄《いとうのぶお》と小林行雄《こばやしゆきお》の両氏はこれを批判する論文を発表した。

◉否定される舟葬説

特に一九四四年（昭和一九）に発表された小林氏の「日本古代の舟葬説について」（『西宮』第三号、のち「舟葬説批判」と改題、『古墳文化論考』平凡社、一九七六年）は、塚廻古墳の報告をはじめとするそれまで舟葬とされてきた諸例が、割竹形木棺を納めた粘土槨などの形状を見誤ったものであることを説き、「日本の古代には舟葬の風習が一般的であったと考えていたものが、実は、あるいは薄弱な根拠にたつものであったり、あるいは架空の上にたって、多くの考証を加えたことが、簡単に世人のうけいれるところとなって、のちに注意にのぼった粘土槨を、それこそ舟の形であると盲信する下地となり、舟そのものを棺の代用に使った例の発見を、将来に期待するまでにいたったのである」（傍線は筆者）と論断して、後藤氏を批判したのである。

当時、京都帝国大学文学部考古学研究室の助手であった小林氏は、その前年に、『大和唐古弥生式遺跡の研究』（京都帝国大学考古学研究報告第一六冊）を世に問い、弥生文化研究の基礎をつくりあげた。戦後になると、彼の研究は古墳文化へとむかい、一九四九年（昭和二四）の「黄泉戸喫《よもつへぐい》」をはじめとして、学史にのこる論文を矢継ぎ早に発表していった。そうした小林氏の活発な研究もあって、後藤氏サイドからの小林論文に対する反論はみられなかった。

戦後、後藤氏は明治大学教授となり、多数の俊英を輩出する明大考古学を創りあげる。一九五四年（昭和二九）一〇月、日本考古学協会第一四回総会研究発表が京都大学人文科学研究所で開催された。当時、後藤教授のもと、助手であった大塚初重《おおつかはつしげ》氏（後、明治大学名誉教授）は、「舟形石棺に関する二・三の問題」と題する発表のなかで舟葬説を支持し、小林氏等から猛烈な反論をうけ、演壇上で立ち往生することとなった。学会終了後、意気消沈して会場をあとにする大塚氏を出口で迎えたのは、意外にも彼の発表を徹底的に批判した小林氏であった。小林氏は大塚氏が舟葬説を支持しなければならなかった立場を理解して、彼を連れて祇園の飲み屋をはしごし、慰めたという。

以後、考古学の分野で「舟葬」を論じる研究者はまったく姿を消し、それ以降は、主に神話学の分野からの積極的な発言がつづくようになる。

◉神話学や民族学からの提言

大塚氏が日本考古学協会で舟葬について発表した同じ年、さきの米田庄太郎氏の「天鳥船」を受け継いで、神話学者の松本信広《まつもとのぶひろ》氏が「古代伝承に表れた車と船」（『日本民俗学』四、一九五四年）を書いた。そのなかで彼は太陽の運行が船によってなされるという太陽船の信仰と、舟葬観念が密接に関連すること、そしてその淵源が東南アジアの海洋文化にあることを説いた。

松本氏につづいて松前健《まつまえけん》氏は、ひろく諸外国に太陽船の神話・伝承・信仰を渉猟し、「太陽の船の信仰は、主として巨石古墳、舟葬、死者祭儀、冥府などと多く結びついていることは注目すべき点である。恐らく太陽の日毎の大地からの出没の現象を、地下の冥府を通って旅するのだと考え、（中略）死者の魂が海洋を越えて他界に往くという、水辺民族に特有な信仰習俗と結びついた」（『日本神話の新研究』南雲堂桜楓社、一九六〇年）とした。そして、古墳絵画にみられる太陽船の図像の背景に、海洋を越えて霊が彼岸の世界に行くという舟葬観念があることを論じたのである。

さらに大林太良《おおばやしたりょう》氏も一九六五年に著した『葬制の起源』（角川書店）で、松前氏の研究につづいた。

このように民族学や神話学など、考古学以外の研究分野では、世界的な視点にたった研究によって、わが国古代における舟葬の存在が論じられるようになる。その一方で、ひとり考古学のみが、古代葬制における舟葬の問題に長く沈黙していた。一九六八年に埼玉稲荷山古墳の発掘で、船形の礫槨が発掘された時も、その形状に格別の注意がはらわれた様子はない。古代墓制の研究を大きなテーマとする考古学が、ほかの学問領域からの、こうした発言にまったく無関心であったことは深刻に反省しなければならない。

一九八三年、「舟葬」が再び考古学の土俵にのぼる。大塚氏の発表以来、実に三〇年近い時間の流れがある。それは先に紹介した、静岡県藤枝市の若王子一二号・一九号墳の埋葬施設を紹介した磯部武男氏の「古代日本の舟葬について（上）」という論文であった。磯部氏はその後「舟葬考」（『藤枝市郷土博物館年報・紀要』一、一九八九年）を発表して、古代のわが国に舟葬の観念が存在したことを積極的に説いた。しかしほかの考古学研究者からの反応はまったくみられなかった。こうした状況のなか、私は『埴輪と絵画の古代学』（白水社、一九九二年）を著し、古墳壁画や船形埴輪などの、船をモチーフにした古代造形や洞穴葬の検討から、磯部氏の業績に注目して舟葬説に賛意を表した。

大寺山洞穴の船形木棺を顕著な例として、もはや舟葬の風がわが国古代にあったことは疑いない。こうした舟葬についての学史を基礎に、古代人のこころに潜む他界観念を考古資料のなかに求めてゆこう。

第四章

古墳壁画の世界

1　古墳壁画と高井田横穴群

◉共通する壁画の主題

六、七世紀の後期古墳では、石を積み上げて構築した横穴式石室や、堅牢な地層の崖面に墓室を掘り込んだ横穴が主要な埋葬施設である。それらのなかには、墓室壁面をキャンバスにして、赤・緑・白・青などさまざまな顔料を用いた絵画や、鋭利な金属などを使用して表現された線刻画、さらにはレリーフによって、具象的な図柄や記号様の図文を表現するものがある。それらの古墳は装飾古墳とか壁画古墳と総称され、その図像・図文を古墳壁画と呼ぶ。

壁画古墳の分布は北海道を除いたほぼ全国にわたるが、とくに九州本島や、東北地方南部から関東地方にいたる太平洋側などの地域に顕著である。

古墳壁画のモチーフは多様である。まず、盾《たて》や靫《ゆぎ》・弓矢・鞆《とも》・刀剣などの武器・武具類、馬や鳥、太陽のもとを航行する船、船や馬に乗る人、狩猟したり、大の字に立ちはだかる人物といった具象的なもの。それから同心円文や連続三角文、直弧文《ちょっこもん》、渦巻文、蕨手文《わらびてもん》、双脚輪状文《そうきゃくりんじょうもん》などの記号的・抽象的な図文等々がある。

しかし壁画に表現された主題は、せまりくる邪霊から墓室を守護するためのものであったり、被葬者が他界へと旅する情景であったり、また被葬者が他界において狩猟する情景など、きわめて限定されている。ここでいう「被葬者」とは、それぞれの古墳に葬られた特定の人物をさすのではなく、ひろく古墳に葬られている人々一般を言っている。古墳壁画が語る主題は、個人や地域を越えて共通し、限定された創作意志をうかがうことができる。

◉高井田横穴群

本章では、まず大阪府柏原市《かしわら》の高井田《たかいだ》横穴群にある、「人物の窟《いわや》」と呼ばれる横穴墓の壁面に描かれた著名な線刻壁画を分析するところから、古墳壁画にこめられた古代人のこころの宇宙に分け入ることにしよう。

高井田横穴群は奈良県との府県境に近い大和川北岸にあって、現在はJR関西本線高井田駅のすぐ北に、遺跡公園として主要部分が保存公開されている。公園内には市立歴史資料館があり、出土資料や壁画写真のパネルなどが展示されていて、横穴群の理解を助けてくれる。

この横穴群は生駒《いこま》山脈が大和川に落ち込む南斜面、凝灰岩質砂岩の崖面に掘り込まれた総数二〇〇基以上からなる大規模なもので、六世紀中葉から七世紀初頭にかけて造られている。現在、そのうちの約三〇基に線刻による壁画が確認され、「人物の窟」もそのうちの一基である。これらの壁画については和光大学古墳壁画研究会による『高井田横穴群線刻画』（一九七八年）にまとめられ、古代の精神や思想・社会生活を考察するうえに大きな資料を提供している。

「人物の窟」は一九一七（大正六）年一〇月に発見された横穴である。翌年、東京帝室博物館歴史部次長であった高橋健自《たかはしけんじ》氏が調査をおこない、そこに多数の人物像が描かれていたことから、「人物の窟」の名がつけられ、高井田横穴群を代表する壁画横穴としてひろく知られるようになった。

この横穴は棺を納置する玄室《げんしつ》と、入口にあたる羨道《せんどう》、そして玄室と羨道を結ぶ通路（玄室前道）からなるごく一般的な横穴である。玄室の天井は緩やかなカーブをえがいて、中央部が四壁の上端よりやや高くなっている。玄室の全長は二・八メートル、幅二・四メートル、中央部分の高さ一・六メートル、玄室前道の幅一・三メートル、長さ一・〇五メートル。その規模は、横穴群のなかで目立つものではない。

「人物の窟」の壁画は玄室や羨道など、壁面の五箇所に描かれる。なかでも玄室前道の右壁（奥から羨道をみた際の左右をいう）に描かれた人物群像（図29）は、ほかの壁面の絵画がやや鮮明さに欠けるなかで、具象的かつ動的な表現技法において、多くの古墳壁画のなかでも群を抜く秀作である。「人物の窟」という名称の機縁となった絵画として知られている。

この人物群像は六人の立像と、そのうちの一人が乗った船を操る二人の計八人から構成される。立像のうち、画面中央部分の上と下に配された二人と、右上のゴンドラ形の船に乗った人物は、鋭い線で丁寧に描写されている。それにくらべて、画面の左寄りに描かれた二人と、ゴンドラ形の船の下に位置する人物は、いずれも腰のあたりから上の部分の輪郭を表現するにとどまっており、未完成の図像とみられる。それら未完の人物像は、さきの人物像に較べて線がやや太く、姿もひとまわり大きく

図 29 「人物の窟」の壁画 1（玄室前道右壁）

描かれ、上半身の輪郭をいわゆるなで肩にするなどの相違が認められる。表現法を異にする二種の人物群像は作者や描かれた時期の差を物語っているのであろう。その場合、壁画の中央から右上にかけて配されたさきの図像のほうが、まずはじめに描かれたことはたしかであろう。これから検討してゆくのは、その人物群像についてである。

なお壁画の人物像との比較に、しばしば人物埴輪を事例としてあげることになる。それは人物埴輪が高井田横穴群の形成時期とほぼ同時期に盛んに製作されたことと、両者がともに葬送にかかわる造形美術であり、とくに埴輪が立体表現をとることなどの理由で、比較検討資料として最適と考えるからである。

◉「人物の窟」壁画を解く

まず中央上段の男性像（以下、人物Aと呼ぶ）からみてゆこう。頭上に二等辺三角形をした背の高い帽子のようなものを付けた丸顔の人物である。服装は丈の長い上着とズボン状の袴《はかま》からなる。大きくくびれた腰には、幅の広い大帯《おおおび》をつけている。正装した古代人の姿である。

大帯は、藤ノ木《ふじのき》古墳（奈良県斑鳩町）や綿貫観音山《わたぬきかんのんやま》古墳（群馬県高崎市）から実物の副葬品が出土している。後者の大帯は長さ一〇五センチ、幅九・四センチの金銅製で、二〇個の鈴を銀製の鎖で吊りさげた豪華な品である。人物埴輪では、おなじ綿貫観音山古墳の石室の前に置かれていた、趺座《あぐら》をかき柏手《かしわで》をうつ男子像や、塚廻《つかまわ》り三号墳（群馬県太田市）出土の、椅子《いす》に座り玉纒大刀《たまきのたち》を所持して威儀を正す男性像などに、その着装が表現される。

人物埴輪の検討から、趺座をかいたり、椅子にすわる人物像は、いずれも首長やそれに準じる地位

図30　大帯を着装する首長とその妃（綿貫観音山古墳出土の人物埴輪）

にある人物を表現したことが明らかで、大帯はそうした高位の人物が儀礼の際に着用する付属衣料であった（図30）。それは大帯を着用した人物を描く「人物の窟」の被葬者像にまで敷衍できよう。

なお人物Aの袴は膝のあたりを、いわゆる足《あ》結《ゆい》の紐で結び締め、腰から大腿部を大きく弛《ゆる》ませている。また足元は、先端が大きく反りあがり、靴を履いているさまをあらわす。

人物Aは体の左側に棹《さお》を掲げている。背の丈に近い長さをもつこの物体の上端には、上に開いた円弧とその中に山形がある。また棹の片側には三つの山をなす曲線が描かれる。注意したいのは、キャンバス右上に位置するゴンドラ形の船に乗る男性（以下、人物Bと呼ぶ）も同様の棹を体の左側に掲げていることである。ただその棹には交差するように左右にくねって伸びる曲線が描かれ、長い布帛状の旗が船上の風に大きくたなびく様が表現されたものと理解できる。そこに船の航行する情景が活写される。そういえば人物Bの装束が人物Aにきわめて似かよっていることに気が付く。明らかに違うのは人物Bが掲げる棹の先端が円形であることぐらいである。地上に立つ人物Aと、船上の人物Bは同じ男性を表現したとみるべきだろう。

人物Bが乗るゴンドラ形の船は、舳先《へさき》と艫《とも》のそれぞれに小さく描かれた人物によって操られる。向かって右側の人物は、同様の三角形の帽状にみえる品を頭に着け、手に持つ長い棹の先には錨か舵が表現されている。一方、左側の人物は大きな櫂《かい》をこいでいる。しかしその頭はほかの人物像のように三角形状のものを着けず、よくみると蓬髪《ほうはつ》（乱れたままの髪）の状態をあらわしている。壁画のなかで、この人物だけが蓬髪に表現されるには理由がある。

「魏志倭人伝」は次のような記事を載せる。

「倭人が海を渡って中国へ至る長い航海をする際には、いつも持衰《じさい》と呼ばれる人を乗せるという。その者は髪を梳《くしけず》らず、しらみを取らず、衣服は垢《あか》に汚れたままで、肉を食べず、婦人を近づけず、喪《も》に服している者のようにすることを強《し》いられる。もしその航海が無事であれば、召し使いや財物を与え、一方、旅の途上で病気が生じたり、災害に遇えば、持衰が慎《つつし》まなかったからという理由で、人々は彼を殺そうとする」

弥生人は航行中に迫りくる種々の危険を避けるため、船に持衰という者を乗せていた。そして彼は喪に服する人のようにふるまわなければならなかったという。こうした航海の安全を祈念する持衰の風習は後世まで残存したようで、鎌倉時代初頭の絵巻『北野天神縁起』にも、大宰府へと西下する菅《すが》原道真《わらのみちざね》を乗せた船の舳先に、海に向かってひたすら祈りを捧げるそれとみえる白装束の人物が描かれる。

「人物の窟」に描かれるゴンドラ形の船を操る蓬髪の人物像は、この持衰の姿を彷彿させる。

また志田諄一《しだじゅんいち》氏の研究によると、古代において、死者の霊魂や祖霊が示現する際には、蓬髪や裸体の人間の姿をとると考えられていたという。そうだとすれば、蓬髪の人物が操《あやつ》る船の性格を考えるうえで重要な意味をもつ。それについては、のちに掘り下げて考えてみることにしよう。

なお蓬髪の人物らが操る船は丸木舟ではない。丸木舟で、船の前後を高くすることは、原木の形状に制約されて不可能だからである。したがってここに描かれた舳先と艫を大きくせりあがらせたゴンドラ形の船は、丸木舟の舷側に、さらに複数の板を張り合わせて造られた準構造船と呼ばれる種類の船であることがわかる。船の大型化が可能となり、外洋を航行することもできるようになる。

持衰を乗せた壁画の船は、遠い航海に向かうことを語るかのようである。

◉袖振りの呪術

「人物の窟」の壁画を理解する鍵は、描かれた人物群のなかでもっとも動的な所作をする壁画中央下の人物（以下、人物Cと呼ぶ）にある。

この人物Cが、服装のうえでさきの人物Aや人物Bと大きく相違するのは、その下半身に纏《まと》っているロングスカート状の衣類である。これは高松塚古墳（奈良県高市郡明日香村）の壁画にみられる女性像と同じ衣類で、裳《も》と呼ばれる。裳は『万葉集』に「赤裳裾引《あかもすそひ》き」とか「玉裳裾引《たまもすそひ》き」などと、裾を引きずるように着用されていたさまが慣用句として散見されるように、足はみえず、歩く際につま先が多少のぞく程度である。裳には縦方向に何本もの線が引かれるが、別の布を縫いつないで襞《ひだ》をつけた様子を表している。こうした裳の表現は綿貫観音山古墳（群馬県高崎市）や塩谷《しおたに》五号墳（京都府船井郡京丹波町）などの人物埴輪に共通している。なお彼女は細い腰紐を締めており、大帯は男性が着用する衣料だったことを示している。

この女性の姿を特徴づけるのは、大きく両腕を振る動作である。右腕は斜め上方へと大きく振り上げ、左腕は下方へと下げる動作の途中にあるらしく、腕が弧状をなしている。この両腕の動きをひときわ増幅させてみせるのが、両腕を大きく包む袖の表現である。幅広の筒袖は、袖口の方がなお広く描かれ、腕を振る動作によって風をはらんだ袖が大きくなびく。そのダイナミックな表現技法は見事である。袖口にのぞく手の平は大きくひろげられ、なおさらその動作を大きく見せている。

この線刻壁画の描かれたキャンバスが奥津城《おくつき》の壁面であるという点に思いをめぐらせたとき、その絵画に描かれた人物群像が、ただ船に乗り旅立つ男性を送る情景とは考えられない。そのようなテーマを墓室に描く必然性が認められないからである。

女性がとる動作は『万葉集』にみえる「袖振り」の所作にあたる。この壁画の構図からみて、その袖振りが、上述した人物Aと人物Bの男性像を対象とした所作であることは明らか。古代人は天高く飛翔する鳥のはばたきに生命力のみなぎりと躍動を感じとり、同様の所作（袖振り）をすることに、生命力の活性化や再生への祈りを込めた。「袖振り」はきわめて呪術的な儀礼である。

「袖振り」を歌う万葉歌のなかで、私の心に訴えかけてやまないのが「柿本朝臣人麻呂、妻の死《みまか》りし後、泣血哀慟《なきかなし》みて作れる歌」という作歌の機縁を語る、次の歌である。

天飛ぶや　軽《かる》の路《みち》は　吾妹子《わぎもこ》が　里にしあれば　ねもころに　見まく欲しけど　やまず行かば
人目を多み　数多《まね》く行かば　人知りぬべみ　さねかづら　後もあはむと　大船の　思ひたのみて

玉かきる　岩垣淵の　隠《こも》りのみ　恋ひつつあるに　渡る日の　暮れぬるがごと　照る月の　雲隠るごと　沖つ藻の　なびきし妹は　もみち葉の　過ぎていにきと　玉づさの　使の言へば　あづさ弓　声《おと》に聞きて　言はむすべ　せむすべ知らに　声《おと》のみを　聞きてあり得ねば　わが恋ふる　千重の一重も　慰むる　情《こころ》もありやと　吾妹子が　やまず出で見し　軽の市に　わが立ち聞けば　玉だすき　畝火《うねび》の山に　なく鳥の　音《こゑ》も聞えず　玉ほこの　道行く人も　一人だに　似てし行かねば　すべをなみ　妹が名よびて　袖ぞ振りつる　（巻第二―二〇七）

人麻呂が、軽の地に住む、愛しい隠《こも》り妻の死をいたく悲しんで作ったこの歌の後半部には、妻へのなみなみならぬ思慕の念を読み取ることができる。彼は「妻がいつも歩をすすめていた軽の市に立っても、その懐かしくいとしい声を聴くこともできず、また道行く人のなかに一人として似た姿をみつけることができなかった」のである。そこには妻の死を悲しむだけでなく、いま一度彼女に遇いたいという人麻呂の願いが強く感じとれる。そして「すべをなみ　妹が名よびて　袖ぞ振りつる」（もうどうにも耐え切れず、あなたの名を呼んで袖を振ったことである）と歌いおさめる。この場面での「袖振り」は、妻の死を認め、彼女の他界への旅立ちを送るというよりも、妻に再会したいという人麻呂の願望のほとばしりにほかならず、招魂《しょうこん》の目的をもって実修される所作であったと理解される。「袖振り」のこうした呪的性格に注目して再度この壁画をみたとき、人麻呂の万葉歌とは男女の関係は逆転するものの、船に乗って去り行く人物Bに対して、大きく袖を振る女性の心をうかがい知ることができる。

2 「人物の窟」壁画のこころ

◉壁画が語る他界観

被葬者とみられる人物Bを乗せた船は、持衰を乗せて何処まで旅行くのであろうか。前章において、古代のわが国に舟葬の他界観念が存在したことを実例をあげて述べた。もはや多言を用いる必要はあるまい。この壁画は船に乗って他界へといざなわれる被葬者の霊魂に対して、招魂の願いを込めて袖を振る儀礼の情景が描かれていると理解される。舟葬の他界観が絵画のうえで表現されているのである。実際に袖振りが葬送儀礼のなかで実修された可能性もあろう。

さらに人物Cの姿から、この考察を裏付けたい。私が彼女の装束で注目するのは、前頭部に着ける二等辺三角形の品に関してである。一見したところ、この品は帽子か、前立《まえたて》という冠の正面の装飾のように見える。人物埴輪を概観すると、帽子には様々な形態があり、身分によって相違があるものの、大半の男性埴輪がこれを被《かぶ》っている。また冠を着用する人物埴輪は、椅子に座ったり、趺座《あぐら》を組んだり、さらには両脚まで形象した立像に限られ、いずれも高位の階層に属する男性を表現する。一方、女性の人物埴輪は「つぶし島田」と呼ばれる大きな髷《まげ》を露呈させるのを常とし、冠や帽子などの被り物を着けない。ではこの女性が頭に着けるものは何であろうか。

同じ品はゴンドラを操る、一方の人物の頭上にもみえる。他方の人物が持衰のような性格をもつことは前述した。彼ら、船を操る二人の人物は、船の中央に立つ人物Bの従者であり、主人よりはるかに小さく描かれる。すると頭上の三角形の品は、性別や社会的な階層を越えた、普段とは異なる非日常的な場で身につけるものであることがわかる。「非日常的な場」とは葬送儀礼の場にほかならず、船に乗り他界へといざなわれる被葬者と、彼にむかい招魂の袖振りをする女性がそこにある。

ではこの三角形の品は何か。おそらく葬儀などに際して、死者や近親者、また葬列に加わる人々が額に着ける、葬冠《そうかん》とか額烏帽子《ぬかえぼし》・紙冠と呼ばれる三角形の白布であろう。

三角形の図形は鱗文《うろこもん》とも呼ばれ、龍蛇の象徴となる図文で、それを身につけるのは魔除けの意味がある。そういえば山倉一号墳（千葉県市原市、**図31**）や、酒巻一四号墳（埼玉県行田市）、舟塚一号墳（茨城県那珂郡東海村）、神谷作《かみやさく》一〇一号墳（福島県いわき市）などから出土した男性の人物埴輪も、葬冠とみられる三角形の品を前頭部につけている。なかでも後二者はその全面を魔除けの赤い連続三角文で充塡している。茨城県潮来《いたこ》市の大生《おう》原《はら》古墳群からは、かつて白く塗った葬冠をつけた人物埴輪の出土が報じられたこともある。あきらかに白布の葬冠である。

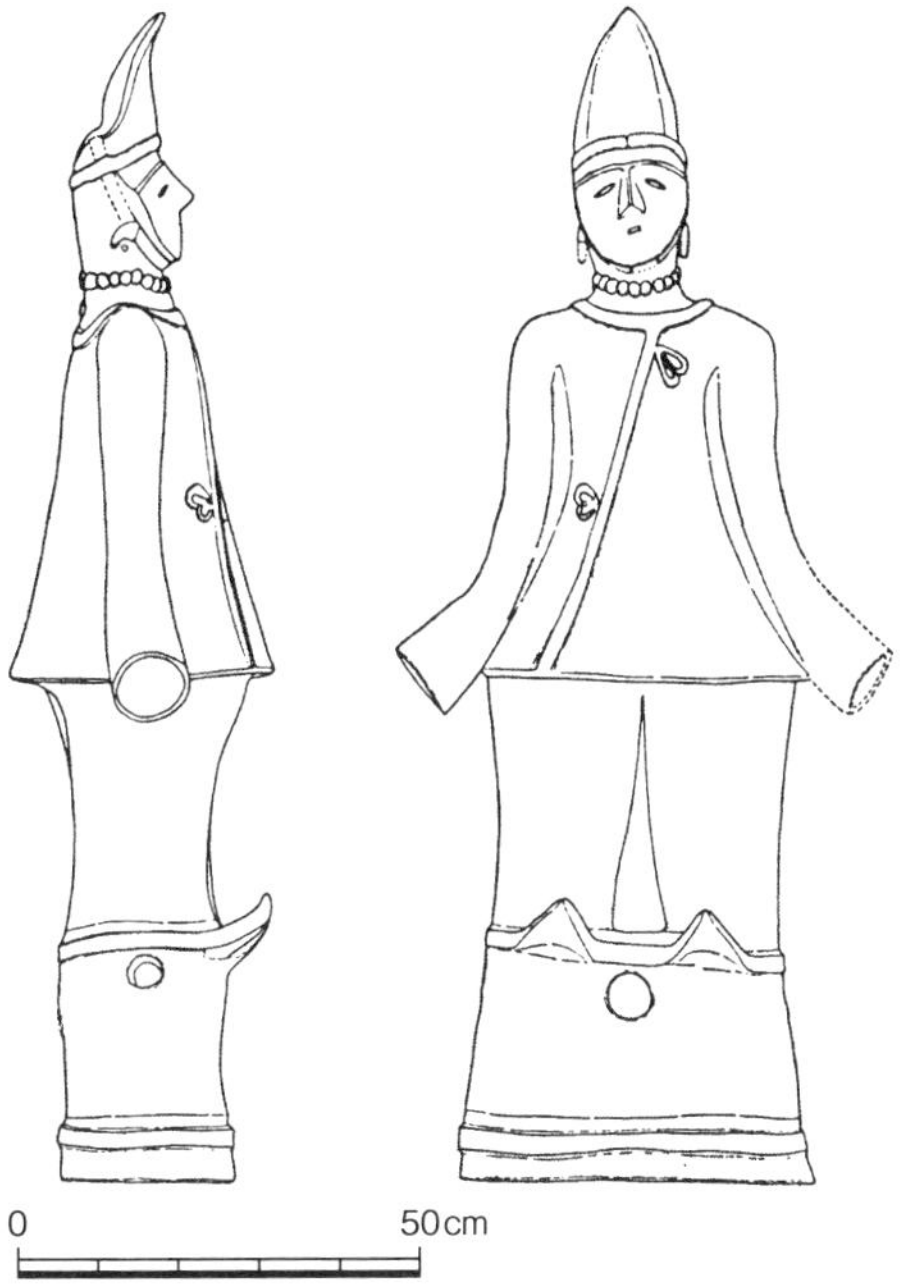

図31　葬冠を着けた人物埴輪（山倉１号墳）

人物Cの袖振りの対象が、人物Aと人物Bであることは壁画が明瞭に語っている。さきに両者がまったく同じ装束をし、体の左側に長い旗をとりつけた棹を掲げる点までが共通することから、両者は同じ男性を表現したものとみた。それは被葬者に該当する人物像である。人物Aはこれから船に乗ろうとする彼であり、人物Bは持衰を乗せた船に乗り、はるか彼方の他界へと向う同一人の姿を表す。船上、彼の掲げる旗は風を受けて大きくたなびき、船出したことを物語る。そして手前には彼の招魂を念じて袖振りをする女性がいる。

驚くべきことに、ひとつの絵画のなかに同じ人物を繰り返し描き、時間の経過や物語りの展開を表すこの壁画の表現法は、七世紀後半の製作とされる玉虫厨子（法隆寺、国宝）の須弥座《しゅみざ》腰板側面に描かれた密陀絵《みつだえ》、または漆絵といわれる「捨身飼虎本生図《しゃしんしこほんじょうず》」と「施身聞偈本生図《せしんもんげほんじょうず》」につながるものである。「人物の窟」の壁画はそれらより前に描かれた、わが国の古代絵画史上注目される資料なのである。

なお、同一の男性である人物Aと人物Bの表現に、ただ一箇所違う点がある。それは、それぞれが体の左に掲げる棹の先端部分である。再度比較しておくと、人物Aでは上に開いた円弧とその中に山形があり、人物Bでは円形が描かれる。一体、このそれぞれの図形は何を示すのか。私は次のように解く。

船上にある人物Bが掲げる棹の先にある円形は太陽をあらわし、船に乗る前段階の人物Aの棹の先の図形は月を描いたのではないか。すなわち人物Aが乗る船は、冥界へと死者の魂を導いて天空をゆく「太陽の船」を表現したものである。また月とみられる図形は命の萎えた月の姿を表し、それはまさにこれから他界へと旅立つ男性の霊魂の象徴にほかならない。

◉壁画は被葬者の事績をあらわすのではない

「人物の窟」の壁画について、私の考えを披瀝《ひれき》したが、それでは従来はどのように理解されてきたのか、その解釈を簡単に紹介しておこう。

まずこの絵画を世に紹介した高橋健自氏は、人物Ａ・Ｂ・Ｃをともに武装した男性とみて、次のような理解を試みている。

まず人物Ｂが船に乗ってこちらへと近づき、人物Ａは彼が上陸したさまを描き、さらに人物Ｃは無事上陸できて歓喜している様子を表現したものとみた。そしてこのテーマについて、あるいは神武天皇が九州から東上し、河内国の草香邑《くさかのむら》にある白肩《しらかた》之《の》津《つ》に上陸した場面が描かれたのではと推察する。草香邑は現在の東大阪市日下《くさか》町一帯にあたり、高井田の北約一三キロの生駒山西麓にあたる。

ひとつの画面のなかに時間の経過を表現したという、この絵画の技法上の特徴をとらえている点は評価できる。しかし人物ＣをＡやＢと同じく男性とする点、またそれら三人の人物を武人とするのは誤りである。さらに絵画のテーマを神武東征の一場面にみようとしたのは、高橋氏がその報告を発表したのが一九一九年（大正八）という時代背景と、その伝承地（草香邑）が同じ生駒山脈のふもとであったとしても、無理な解釈と言わざるをえない。神武東征を史実として、その一場面を墓室の壁面に描くというのは、その被葬者が東征に従った人物ということになる。それは年代的にも、まったく無理な解釈である。

それとも、現在の画家が歴史伝承をテーマに絵画を描くように、この横穴壁画が遠い過去の神武東征に題材をとって描かれたというのであろうか。被葬者の祖先の功績を顕彰しようとしたのか、また偉大な功績をあげた人物の系譜に連なる人が、この横穴の被葬者だとでも言うのだろうか。高橋氏は被葬者の出自や位階、功績などを石や金属に刻んだり書いたりする墓誌と同様の性格をみようとしたのか。

さきに舟葬論を否定した小林行雄氏は、戦後、古墳壁画を集成した好書『装飾古墳』（平凡社、一九六四年）を編集する。彼はそのなかで自ら高井田横穴群の解説を担当し、この壁画に関する高橋氏の説を紹介したうえで、「もし想像をたくましくすることが許されるならば、むしろ任那《みまな》遠征の体験を表現したものとみることも、この地方にとってふさわしいであろう」と述べる。小林氏はこの壁画のテーマを、武人（被葬者）が船に乗り朝鮮半島へと旅立つ情景だというのである。高橋氏と同様に、被葬者の生前の功績を称えるためというのが、この壁画を描いた目的とみる。

古墳壁画は「人物の窟」だけではない。

もしも古墳壁画を、高橋・小林両氏のように理解するならば、各地の古墳壁画は、その被葬者の数だけさまざまな事績を描いていることになる。

しかし全国にのこる古墳壁画を概観すると、そこに描かれた主題は本章の冒頭に述べたようにきわめて限られたものであり、けっしてそれぞれの被葬者個人の生前の功績を称えたものではない。しかもそこが墓室空間という限定された場であることを考慮すれば、古墳壁画が喪葬《そうそう》にかかわるきわめて宗教的・精神的な造形物であるという原点に立ち返り、それらの壁画に共通する造形意志をみいだす必要がある。さきに述べた「人物の窟」に古代人の他界観をみる私の理解は、かような立場に基づいた結論である。

3　天翔る霊船

◉霊魂を運ぶ船

「人物の窟《いわや》」壁画の主題は、霊魂が船で他界へ渡りゆくところにあった。

同じ「人物の窟」で、これまで詳しく分析を加えてきた玄室前道右壁と向き合う左壁にも、ゴンドラ形の船が描かれる（図32）。舳艫《じくろ》にはそれぞれ櫂《かい》を漕《こ》ぐ人物がいる。右壁には他界への船に乗る人物が描かれていたが、ここには見られない。そのかわり船の中央には、大きく盛り上がった弧線が数本、重なるように引かれ、荷を表現するらしい。

船の下の位置には男性像が大きく描かれる。右壁の人物AやBと同じ衣服を身につけるものの、やや簡略に表現され、帯や葬冠などの表現はない。ただ目を引くのは両腕が一本線で大きく弧状に描かれ、さきの人物Cと同じ袖振りの所作をとるさまを連想させる点である。ならば袖を振られる対象である船は、この壁画が墓室空間に描かれる点を考慮すると、やはり霊魂を運ぶ喪船といえる。しかし右壁とは違い、船上には霊魂を象徴する人物像はなく、荷物を表現したらしい盛り上がる円弧がある。私は、この船上に描かれた荷物状の表現が、遺骸を布などにくるんだ状態を表し、それはすなわち霊魂を象徴したものとみている。

同じ高井田横穴群の第Ⅱ支群一二号横穴にも船の線刻画がある（図33下）。一本マストの船は舳先《へさき》が大きくせり上がり、艫《とも》の人物は長い櫓を操っている。舳先寄りに、もう一人が描かれる。この人物は両腕をあげて踊るような姿にみえる。どうやら袖振りをしているらしい。さらにマストの下には四角い図形がある。おそらく棺か霊屋《たまや》を表しているのであろう。船は海洋を航行しているらしく、連続する三角波の上に浮かぶ船体がみえる。

九州地方の古墳壁画にも船のモチーフは多い。福岡県筑紫野市の五郎山《ごろうやま》古墳は玄室が前室と後室の二室からなる、いわゆる複室構造の大型横穴式石室である。壁画は後室にあって、奥壁と、奥壁に接する両側の側壁最奥部の石材に認められる。

図 32 「人物の窟」の壁画 2（玄室前道左壁）

両側壁の壁画はいずれも船が主題で、右壁に一隻（**図33上**）、左壁では上下の位置に二隻が赤と黒で描かれる。船はいずれも同型で、そりあがる舳艫の内側に波除《なみよ》け板をとり付けた外洋船である。左壁上段の船と右壁の船は、船尾に櫓や舵を操る台があり、船がともに奥壁の方向へと航行するさまがうかがえる。左右壁、三隻の船上には長方形の図形が描かれている。棺を描いたものとみて相違あるまい。霊船である。

　船上の棺は、右壁では黒、左壁は赤と、対照的な色づかいをしている。右壁の船の周囲には、星をあらわす多数の小さな黒点が船をおおうように描かれる。左壁の船にもいくつかの星がある。棺を乗せて空を翔《かけ》る霊船。行き先は、もちろん他界である。

　五郎山古墳の奥壁には、最下段の巨石と二段目中央の大きな石をキャンバスに、多数のモチーフからなる壁画が赤・黒・緑で描かれる（**図34**）。

　奥壁の絵画、中央最下段には側壁に描かれたものと同じ船がある。船上にあった棺とおぼしき長方形の図形はない。被葬者の霊魂は他界にたどり着いたのである。ならばその船をおおうように描かれる、多数のモチーフからなる情景は、他界とそこに生きる被葬者の姿をあらわしたものと推察がつく。

まず船の真上から右に、中央部分がややくびれた四角い大きな図形が三つ見える。その上端には矢の先端が並ぶ。矢を収納する靫《ゆぎ》と呼ばれる武具である。靫の間には弓と、巴形《ともえがた》の図形がある。巴形の図形は弓弦《ゆづる》が左手首や釧《くしろ》にあたるのを防ぐ鞆《とも》と呼ぶ防具で、弓弦を弾いた時、弦が勢いよく鞆にあたって生じる威勢のよい高い音色が邪霊を祓《はら》うと考えられた。これらの武具はまわりの人物や動物より、はるかに大きく表現され、冥界を守護することを強調する。

図 33　天翔る霊船（上：五郎山古墳、下：高井田横穴群第Ⅱ支群 12 号横穴）

靫の周囲には太陽をあらわす同心円文と星をあらわす黒点がある。他界が天空にあるとみられていたのであろう。

奥壁の壁画には多数の人物と動物が登場する。馬上や地上で矢を射る人々、馬上で盾を構える人、両腕を挙げて袖振りをする人、捧げ物をするかのような姿態をとる女性等々さまざまな人物。また矢を受けて血を流す猪をはじめ、人物が弓を向ける先には大小の動物がいる。どうも狩猟の情景を描いているらしい。

『日本書紀』によれば、大王はしばしば五月と九月に、決められた猟場で狩猟をする儀礼をおこなっていた。たとえば、応神《おうじん》天皇は一三年九月と二二年九月に、淡路島で狩猟をおこない、履中《りちゅう》天皇や允恭《いんぎょう》天皇もそれぞれ一度、同所で九月の狩猟をおこなっている。狩猟は、大王が野山の霊威と接触し、その精霊である動物を狩ることによって、その霊威をわがものとし、そこに王権の永続性と繁栄を願う予祝儀礼である。狩猟は、古代首長にとって重要な王権儀礼のひとつなのである。五郎山古墳奥壁の壁画は、被葬者が他界で首長として生きてゆくことを、祈念することが主題であった。

そういう視点から、あらめて奥壁の壁画を見ると、上段中央の目立つ位置に青にちかい緑で描かれた不整方形の図形がある。ちょうど馬に乗り、矢を放たんとする人物の真上にあって、旗を表現したようにみうけられる。

『万葉集』に次の歌がみえる。

人魂のさ青なる君がただひとりあへりし雨夜の葉非左し思ほゆ　（巻第十六―三八八九）

「葉非左」の意味は不明ながら、恋しい人の青い色をした人魂と出会った雨夜をなつかしむ歌である。人魂・霊魂は青色をしていると古代人は認識していた。

青旗の木幡《こはた》の上を通ふとは目には見れども直《ただ》に逢はぬかも　（巻第二―一四八）

天智《てんじ》天皇の崩御に際し、皇后倭姫《やまとひめ》が作った歌である。木幡とは山背《やましろ》国の宇治にある地名。そこには近江《おうみ》方面から大和《やまと》へむかう衢《ちまた》がある。「近江大津京から、懐かしい飛鳥に向かって還り往くあなた

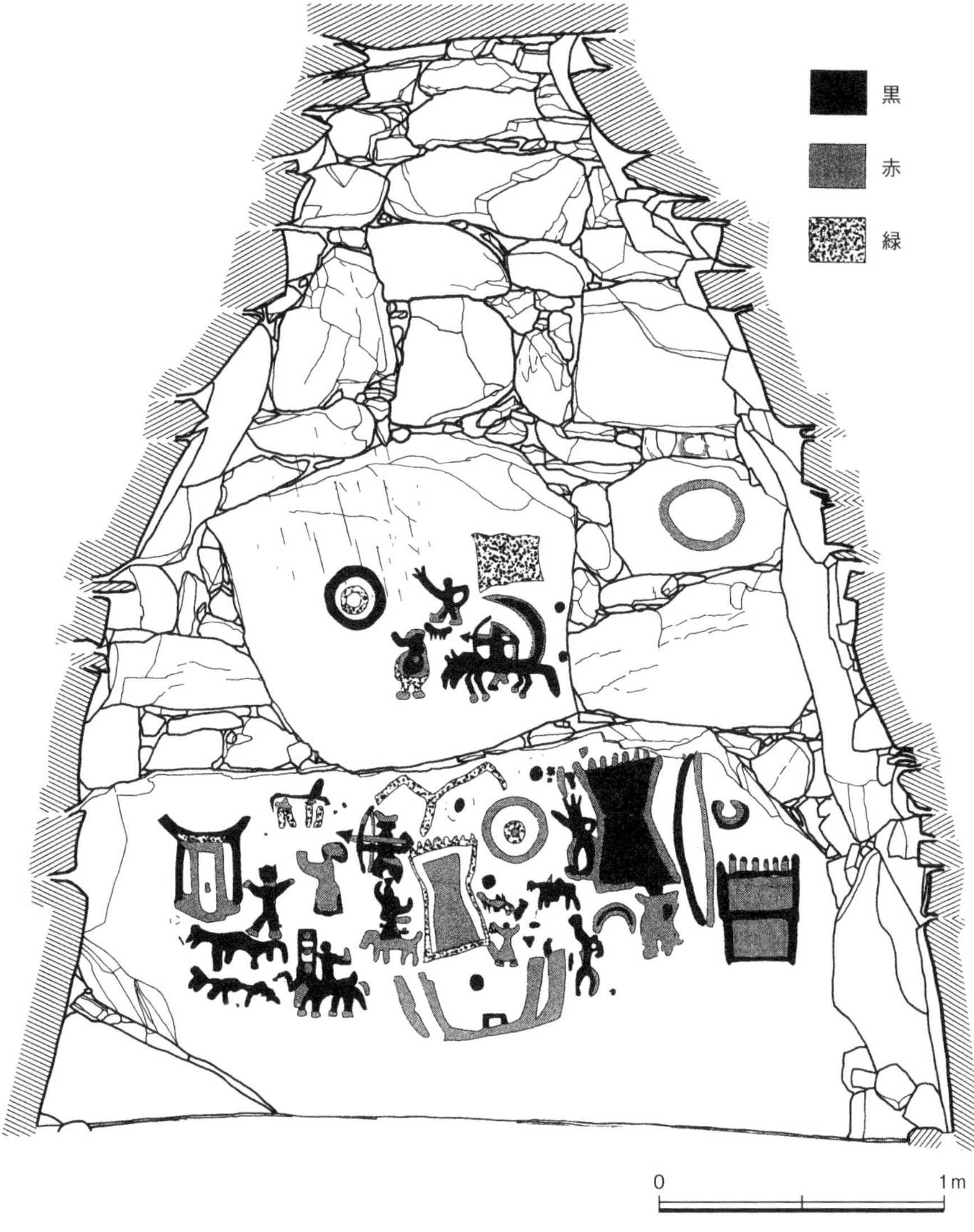

図 34　五郎山古墳奥壁の壁画

（天智）の魂が木幡の衢を往くのが見えるけれども、現世の人として直接お逢いすることができないのは悲しいことだ」という歌意をもつ挽歌《ばんか》だ。「青旗の木幡」は、『万葉集』本文では「青旗乃木旗」とみえ、「旗」を重ねることによってなおいっそう、旗の動きにこめられた霊魂の動きがダイナミックに歌いこまれる。しかも「青旗」としたところに、古代人の霊魂観の一端がうかがえる。

古代の青という色が、いわゆるブルーに限定された色彩かどうかは、さらなる考察が必要であるが、壁画にみる青緑の不整方形は、馬上の人物が被葬者であり、彼が無事に他界へとたどり着いたのを、風になびく青旗に象徴させたのであろう。

◉天翔る船

五郎山古墳のほかにも、珍敷塚《めずらしづか》古墳（福岡県うきは市）や鳥船塚《とりふねづか》古墳（同上）、また弁慶《べんけい》ガ穴《あな》古墳（熊本県山鹿市）など、壁画の主なモチーフに船が用いられる例は多い。珍敷塚や鳥船塚などがあるうきは市吉井町は、筑後川の中流域に位置している。西流して有明海にそそぐ筑後川の流域は、上流の大分県玖珠《くす》郡玖珠町や日田市から、下流の福岡県久留米市にかけて、全国でも壁画古墳が集中的に分布する地域として知られる。なかで中流域左岸のうきは市には著名な壁画古墳が集中し、さきのふたつの古墳のほかにも、日ノ岡古墳や重定《しげさだ》古墳・塚花塚《つかはなづか》古墳などがよく知られている。

珍敷塚古墳は奥壁と左壁の最下段を残すにすぎないが、奥壁の幅二メートル、高さ一メートルの巨岩全面をキャンバスにして青と赤の顔料で描かれた壁画（**図35**）は、現地保存のための覆屋《おおいや》が建設され、ガラス越しではあるが現在もかなり明瞭に観察できる。その壁画を見ると、まず中央に大きく描かれた三つの靫《ゆぎ》が目を引く。かなりデフォルメが進んでいるが、上縁部に四〜五本の矢が見える。壁

図 35　珍敷塚古墳奥壁の壁画

画の描く世界を邪霊から護る目的がありありとうかがえる。

画面左寄りには太陽を表す赤い大きな円文を中心とした同心円の下に、右手の方向へ進むゴンドラ形の丹塗《にぬ》りの船が見える。いわゆる太陽の船である。船上、舳先近くにマストがあり、艫側に櫓をこぐ人がいる。反りあがる舳先には、一羽の鳥が水先案内をするかのように、前方を向いてとまる。

他方、画面右寄りにはヒキガエル二態（上面観と正面観）が描かれ、上に盾を持った人がいる。古代中国の神話で、ヒキガエルは月の精であるという。壁画の右端、ヒキガエルの前に赤と青で描かれた同心円文こそが月と理解される。

右の画面に、月とそこに棲《す》むヒキガエルが配置されたのなら、左画面、船の上にある大きな同心円文は太陽にほかならない。すると、その下を航行する船の舳先にとまる鳥は、中国の古代神話に出てくる太陽の象徴としての三足の烏《からす》を描いた可能性が高くなる。

太陽と烏といえば、神武東征説話のひとこまを思い出す。イワレヒコ（後の神武天皇）は東征の途上、熊野から大和へ至る山中で路に迷うが、太陽神アマテラスが遣わした八咫烏《やたがらす》の導きによって宇陀《うだ》に至り、やがて大和国中《やまとくんなか》を平定した。この太陽神と烏にかかわる記紀の説話は、我国の古代神話に中国の神話が色濃く影響していることを物語る。

画面の下には、並行する幅広の赤線二本と青線一本、赤と青の線に挟まれた無地の空間と計四本の線がある。あたかも川をあらわしているようだ。赤色の線に挟まれて青色の線と、無地の帯状の部分があり、両者には赤い小さな点が列をなしている。画面の左に太陽、右に月、ならばこの列点は星であり、列点を抱く流れは天の河（天漢）にほかならない。ここにも天翔《あまかけ》る霊船が描かれる。

もうひとつ、珍敷塚古墳の壁画を特徴づけるモチーフが、画面の中央、靫の間から立ち上がり大きく左右に枝分かれして、その先端に渦巻きをもつ図文である。それは従来、その形状から蕨手文《わらびてもん》と呼ばれてきた。洋の東西を問わず、渦巻文は、万物を呑みこみ、永遠の収縮（死）をつづける一方で、万物を吐き出し、永遠の拡張（生）をつづける図形でもある。言い換えれば、限りない旋回の図形、永遠を象徴する図文である。ならば、先端に大きな渦巻きをもつ蕨手文におおわれ、日月によって常に明るく照らされた珍敷塚の古墳壁画が描く世界は、無限の世界、すなわち常世《とこよ》と理解される。

さらにこの壁画の蕨手文をよく見ると、赤い色で輪郭を描き、蕨《わらび》の茎《くき》にあたる部分には同じ色で小さな列点がつけられ、列点は渦巻きの部分から天の河にまでつづいている。この列点も星を描いているとみるべきだろう。後漢の許慎《きょしん》が著した『説文解字《せつもんかいじ》』に、星について「万物の精、上りて列星と為る」とある。ほぼ同じ内容は、わが国最初の分類体百科辞典である『倭名類聚鈔《わみょうるいじゅしょう》』（平安時代、九三〇年代に編纂）にも「説文に云う」として、「万物の精、上りて生まれる所なり」と記載されている。すなわちすべての霊魂は星になるという。

あらためて壁画を見ると、天の河の青色の帯に描かれた星は、左側から蕨手紋の真下までしか描かれていない。蕨手の茎の中をくだってきた星は、やがて天の河の数多《あまた》の星のひとつになるという『説文解字』の説くところが壁画に描かれる。

珍敷塚古墳の壁画は、大きな三つの靫や蕨手文などのモチーフに、わが国古墳壁画の独自性を示す一方、日月星辰のモチーフに古代中国神話の影響を色濃くうかがわせている。

◉常世へ渡る船

珍敷塚の古墳壁画に関するこれまでの分析を踏まえて、再び五郎山古墳の壁画を見ると、画面中央にある靫の上に青色で描かれた奇妙な図形があることに気づく。やや太めの縦線が、左右に枝分かれしてそれぞれが山形をなすこの図形が本来は蕨手文であったことは、珍敷塚古墳の蕨手文から容易に理解されよう。しかも五郎山古墳でも蕨手文のすぐ横に太陽とみられる同心円文があり、また蕨手の一方の山形のなかにひとつの星が見える。よく見ると、星は蕨手の下にある靫の右横にもひとつ、さらにその下に描かれた船上にもひとつある。もはやこの船に棺はなく、被葬者の霊魂は常世へとたどり着いたことは前述した。さきの『説文解字』を参考とすれば、被葬者の精（霊魂）は船上の星となり、蕨手の渦巻きの先から太陽輝く天空の星となって放たれるさまが表現されるのであろう。蕨手文の右上にひとつの星がある。常世に放たれた新しい生＝精であろう。

珍敷塚古墳の南、なだらかに高度を増す耳納《みのう》丘陵には、約一五〇メートル程の間隔でさらに三基の

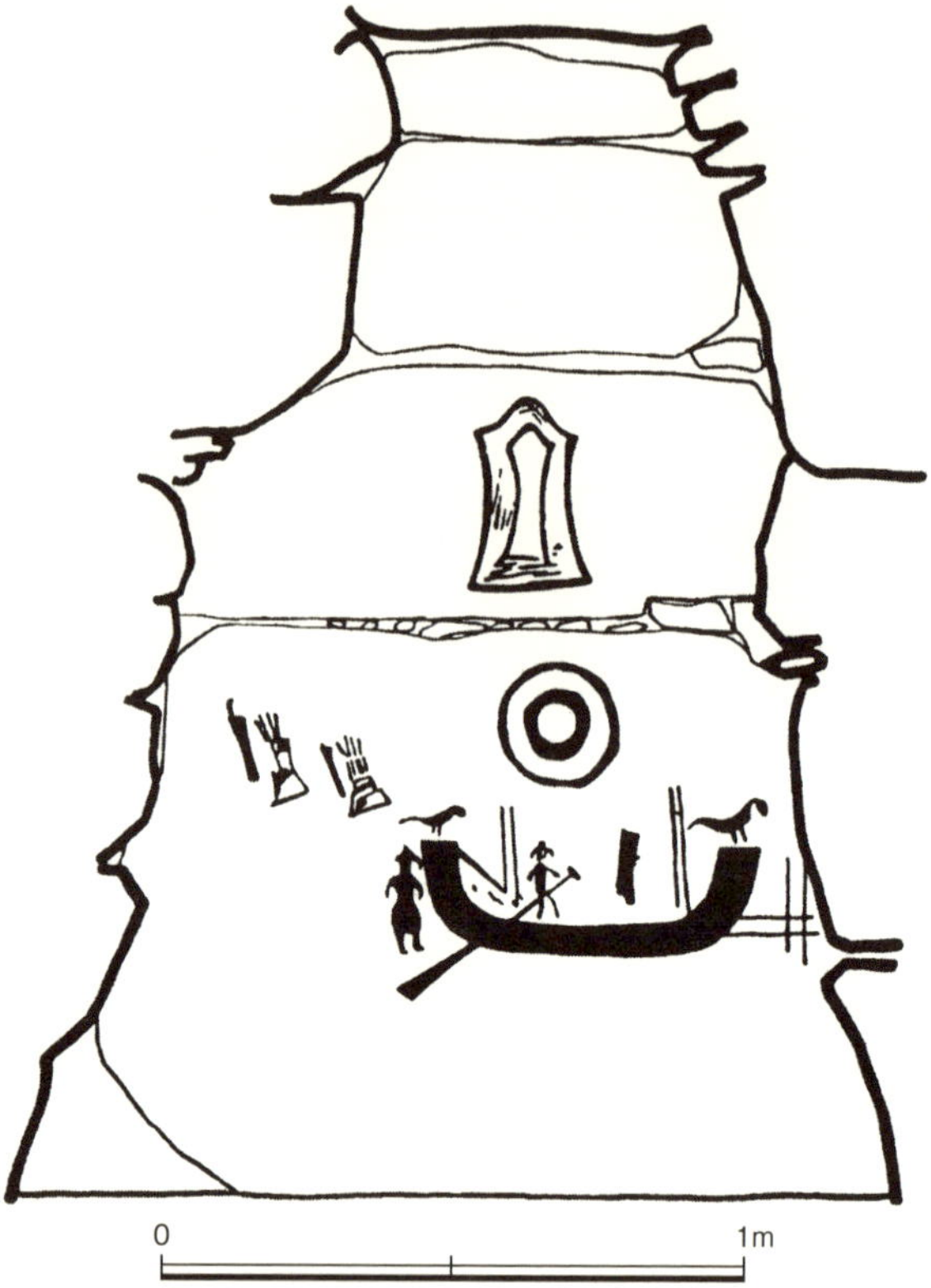

図36　鳥船塚古墳奥壁の壁画

壁画古墳がほぼ一直線に並んでいる。北から原《はる》古墳・鳥船塚古墳・古畑《ふるはた》古墳である。いずれも六世紀後半の築造と推定される。このように壁画古墳が集中する例はまれで、屋《や》形《かた》古墳群の名で国指定史跡となっている。

原古墳は壁画のある奥壁が石室から運び出され、墳丘のすぐ側に建てられた木造の覆屋内に保存されている。また鳥船塚古墳は墳丘・石室ともに破壊され、かろうじて壁画の描かれた奥壁の下二段の石が覆屋内に保存されている。両者とも公開されていない。

両古墳とも、その奥壁にはゴンドラ形の霊船が大きく描かれ、壁画の主題であることがわかる。原古墳では、船の上段に四つ、艫近くにひとつ、靫が大きく描かれ、靫に護られた船は櫓または櫂を漕ぐ人に操られる。船上の中央部分がやや不鮮明で、馬が描かれているという見解もある。舳先の上には同心円文があり、太陽の船であることをあらわす。

鳥船塚古墳では靫のかわりに盾が最上段の位置を占め、下段に太陽の船がある（図36）。船の左上には二組の靫と大刀がみえる。船上には櫓を漕ぐ人と、二本のマストがあり、大きくせり上がる舳先と艫には船の行く先を向く鳥が一羽ずつとまる。艫の近くに人物が一人。これから霊船に乗ろうとする被葬者の姿であろう。この壁画に登場する人物は、いずれもその頭部が三角形に描かれている。「人物の窟」でみた葬冠と同じ表現ではないか。

図37　藤ノ木古墳出土の金銅製冠（矢印が天鳥船）

靫や盾に守護されて、日月輝く常世へ天を翔る被葬者の霊魂（精）を乗せた船。それが珍敷塚・原・鳥船塚の屋形古墳群を構成する三基の古墳壁画に共通する主題である。その一枚の壁画にこめられた主題は、被葬者の霊魂が船に乗り無事に他界へといざなわれる情景であり、高井田横穴群の「人物の窟」や五郎山古墳など、多くの古墳壁画の基層に流れる造形意志であることが、ご理解いただけたのではないかと思う。

なお珍敷塚古墳や鳥船塚古墳の壁画にみる鳥がとまる霊船のモチーフは、藤ノ木古墳（奈良県生駒郡斑鳩町）の家形石棺から出土した、豪華な副葬品の数々のなかにあった金銅製冠にもみえる（図37）。この冠は幅広の帯の上縁部に、左右一対で幾重にも逆巻《さかま》き絡《から》み合うような波を表現した立ち飾りがあり、波の上には鳥を乗せるゴンドラ形の船がそれぞれ五個ずつ配されている。冠の随所には花弁と鳥の形をした歩揺《ほよう》が一〇〇個近く取り付けられ、豪華さを一層ひきたてる。

この冠は全長四〇センチ近い金銅製の履《くつ》とともに出土している。この巨大な履は底板にいたるまで亀甲繋文《きっこうつなぎもん》がタガネで打ち出され多数の歩揺が取り付けられる。もちろん実用品ではなく、葬送に際して死者の身に着けるか添えられた品である。おそらく古墳壁画にみえる鳥を乗せたゴンドラ形の船の装飾をつけた冠もまた、履と同じく葬送用装束のひとつであったと考えて間違いないであろう。

◉船形の屍床

熊本県北部の菊池川流域は、彩色や線刻、レリーフなど、多様な表現技法を用いた壁画や装飾をもつ横穴式石室や横穴の集中地帯として知られる。一九九二年（平成四）には、その中程にある山鹿市に、県立の装飾古墳館が設立され、壁画保存のため見学が困難な古墳壁画を、レプリカや映像などで見ることができる施設として人気がある。装飾古墳館に隣接して、遺跡公園に整備された大型前方後円墳の岩原双子塚《いわばるふたごづか》古墳や、壁画や装飾をもつ横穴を含む岩原《いわばる》横穴群があり、散策をお勧めしたい。

菊池川の河口近くにある玉名《たまな》市は、各所にみられる阿蘇凝灰岩の露頭に墓室を掘り込んだ横穴が多い地域で、七箇所の横穴群、計三六基もの横穴に彩色画やレリーフを認めることができる。

菊池川流域を含め、熊本県の横穴には、屍床《ししょう》と呼ぶ遺骸や木棺を納置するためのベッド状施設が造り付けられる例が多い。それらの大半は玄室の奥壁と左右の側壁に接して、合計三つの屍床がコの字形に配置される。合葬や追葬を考慮していたことがわかる。各屍床の通路に面した側には、わずかな高まりをもった敷居《しきい》状の仕切りが岩層を削り出して造られる。

玉名市の温泉街から、菊池川の支流繁根木《はねぎ》川に沿って北上すると、石貫《いしぬき》という地域に、アーチ形の羨門《せんもん》を二〜三段に掘り込んだりっぱな大型横穴群がある。穴観音《あなかんのん》横穴群とナギノ横穴群である。前者は五基から構成されるのに対して、後者は四七基という大きな横穴群である。

前者の穴観音横穴群は、数は少ないながら、そのいずれもがコの字形の屍床配置をもつ大型横穴で、一号〜三号横穴には赤や白の顔料による装飾がほどこされている。二号横穴は、中に入ると、正面奥に設けられた屍床の壁面に龕《がん》状の掘り込みがある。そこには半肉彫りの千手観音像があって、この横穴が穴観音と呼ばれる由縁となった。さらに奥の屍床には手前に大きく張り出した庇《ひさし》があって、寺院建築の軒先らしい表現がある。私は七世紀代に横穴が掘削された当初から、この千手観音が彫られていた可能性が高いと考えている。

この二号横穴では、玄室中央の通路を挟んで、両側壁に添うように削り出された二基の屍床の仕切りが、明瞭なゴンドラ形の船の形に浮き彫りされ、しかも赤く塗られていた。さらに二号横穴の東に隣接する三号横穴（**図38**）では、奥の屍床をも含めて、すべての屍床の仕切りがゴンドラ形に半肉彫りされ、それぞれに赤彩がほどこされていた。

赤く塗られたゴンドラ形の屍床に木棺を納めると、そこに丹塗《にぬ》りの霊船が現出する。五郎山古墳の壁画にみる霊船のモデルがそこにある。壁画として描くだけでなく、実際に棺を船に乗せたのである。

熊本県立装飾古墳館に隣接する遺跡公園には、六つの小グループからなる総数百三十余基の岩原横穴群がある。この横穴群でも、多くの屍床仕切りがゴンドラ形に造り出されている。第Ⅰ群一四号横穴でもコの字形にゴンドラ形仕切りをもった屍床が配置されるが、奥と左側の屍床の仕切りには、片

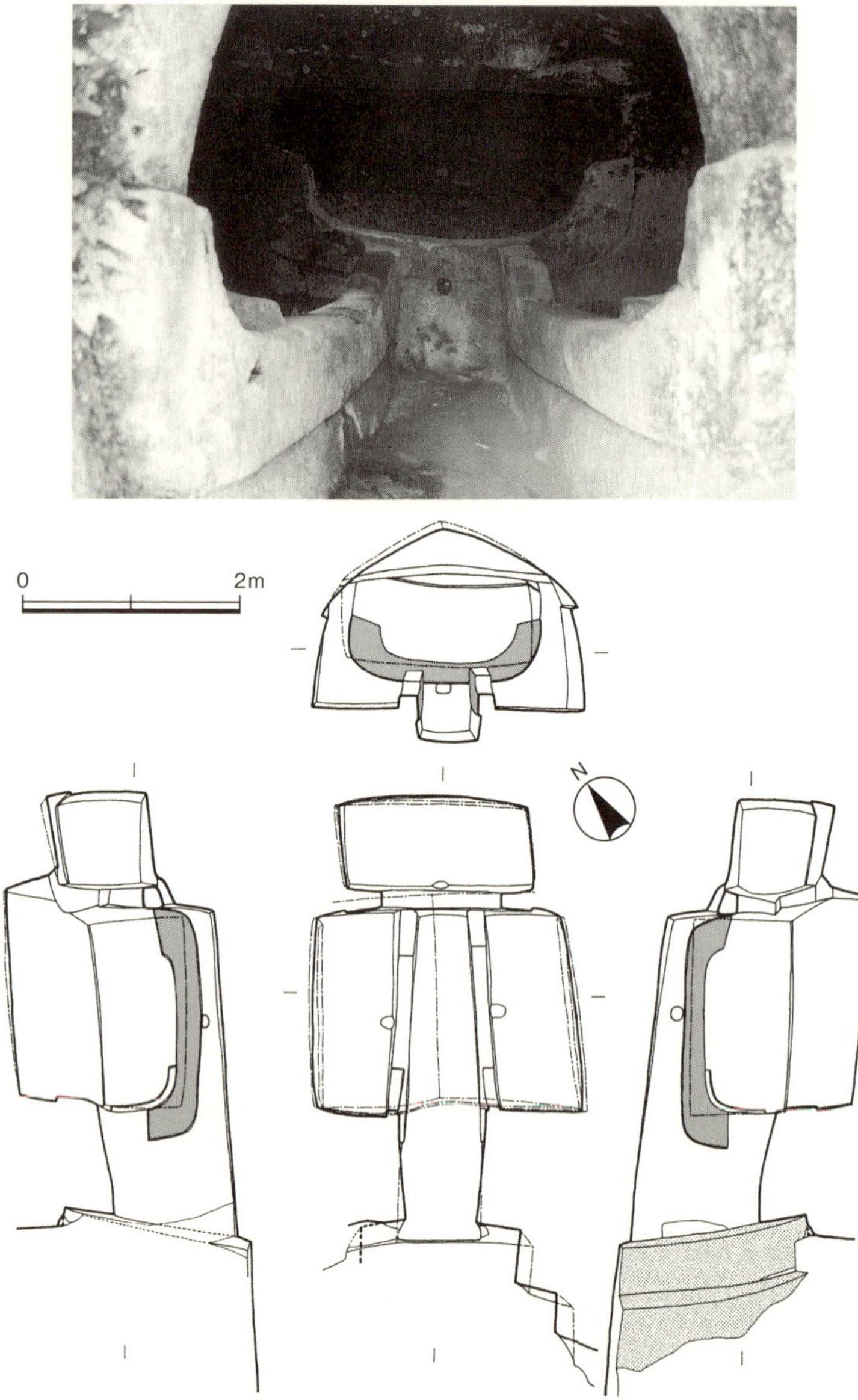

図 38　船形の屍床をもつ横穴（石貫穴観音 3 号横穴）

方に寄ってふたつのこぶのような突起が削り出されるロー　ロック（rowlocks）とみられる。珍敷塚・原・鳥船塚の古墳壁画の霊船はいずれも艫に近く、櫓櫂を操る人が描かれていた。ゴンドラ形の屍床に棺を納めた後、霊船が無事に常世へと航行してゆけるよう、ローロックには櫂の実物が掛けられたことは間違いなかろう（図86）。櫂を漕ぐときの支点となるローロッ

もうひとつ私が注目する横穴がある。岩原横穴群から東へ五〇〇メートルばかり離れた丘陵南斜面に位置する桜《さくら》ノ上《うえ》横穴群の第I群一号横穴がそれである。三群二十数基からなる横穴群の最東端にあるこの横穴は、全長が約七メートルの前室をもつ複室構造の大型横穴で、前室に通路を挟んで二基、後室にはコ後字形に三基の、計五つの屍床を造り出している。最奥の屍床は舳艫《じくろ》を大きくせり上げ正面と上縁部分に連続三角文を線刻したりっぱなゴンドラ形に仕切りを削り出している。しかもその三角文は赤と白に交互に塗り分けられていたことが、かすかに残る顔料から明らかになっている。

しかし、なにより私が注目するのは、この屍床の奥壁に二重の同心円文が線刻されていたことである。棺を納置したゴンドラ形の船とその背後にある同心円文。まさに太陽の船ではないか。古墳壁画の世界が立体的に表現されている。

古墳壁画が表現する世界が、ひとつひとつの古墳に葬られた個人の生前の事績を顕彰するものでないことがおわかりいただけたと思う。そこには古代日本人の一般的な他界観があらわされている。

ここで古墳壁画についての理解をすすめようとするにあたって大前提を述べておこう。

横穴式石室や横穴、被葬者の遺骸が横たわる墓室空間は、棺が納められた後、羨道部分で石や板を用いて閉塞される。内部は漆黒の世界となる。私たち現代人は、その壁画やレリーフをあたかも美術品を見るかのように鑑賞し、博物館や資料館で複製された古墳壁画を明るいライトのもとで見る。し

かしこれら古墳壁画は第三者が見るために描かれ、彫られたのではないことに思いをいたすべきである。古墳壁画はあくまで、それが表現された空間に葬られた被葬者のためにある。被葬者は日月星辰の光明のもと、明るい常世に生を得る。被葬者にとって、石室や横穴の内部はけっして光のない世界ではない。

4　霊魂を運ぶ馬

◉乗り主のいない馬

原古墳の壁画には、太陽の船に乗る馬が描かれていたという見解があることを紹介したが、熊本県山鹿市の弁慶ガ穴古墳には、ゴンドラ形の船に左向きの馬が乗り、その真上に太陽をあらわす同心円文、船の下にはふたつの靫を描いた良好な保存状態の壁画がある（図39）。この古墳は、馬を乗せた船のモチーフが四つと、馬に乗る人物のモチーフがひとつ、それぞれが別個の壁面に描かれている。さらに馬が乗る船の図柄のうちふたつには、そのすぐ上の位置に棺を乗せた船が見える。しかも棺には馬と同じ方向を向いた鳥がとまる。さきにみたように、船にとまる鳥は太陽を象徴する鳥の可能性が高く、ここにも太陽の船が観念されていた。ならば棺と馬は同じ属性をもつモチーフと考えられる。

船上の棺は被葬者の霊魂であり、馬もまたそれを象徴する存在であったといえよう。その背景には、馬が霊魂を他界へと運ぶ乗り物と認識されていたことがあった。馬に乗る人物像こそ、それを物語る。

古墳壁画にみる馬のモチーフについては、すでに斎藤忠《さいとうただし》氏が「乗り主のいない馬は死者を運ぶものであり、死者を運ぶ船とともに、恐らく死者の霊魂を送るためのもの」（『壁画古墳の系譜』学生社、一九八九年）と述べている。私は弁慶ガ穴古墳の壁画から、人物を乗せた馬にも同じ意味をみいだせることを指摘したい。

馬と船を描く古墳壁画といえば、竹原《たけはら》古墳（福岡県宮若市）をあげるべきだろう。複室構造の横穴式石室の後室奥壁にある有名な壁画である（図40）。

約一メートル四方の画幅をもつこの壁画は、左右一対の大きく描かれた翳《さしば》と、下段にある連続する蕨手文によって区画されたなかに、いろいろなモチーフが集められる。まず下段にゴンドラ形の船、その上には馬と馬を牽《ひ》く人、その右に上下方向に連なる三角文がある。そして再上段には、前身に棘《とげ》のような突起があり、四肢の先には長く大きな爪をもち、長い舌を出した怪獣が空を駆けるかのように描かれる。この壁画の主題を確認しておこう。

図39　太陽の船と馬（弁慶ガ穴古墳）

この絵画は被葬者の棺を納置した奥室の正面にあたる位置に描かれている。絵画の両端にある大きな翳は貴人《きじん》の象徴とされる器物であり、この絵画が貴人＝被葬者にかかわるものであることを明示する。さらに永遠の生と死の繰り返し、すなわち輪廻《りんね》と永遠の象徴図文である蕨手文が、渦巻き文とともに絵画の下段を埋めるのは、その世界が常世（他界）であることを暗示する。

蕨手文の上には空《から》の船がある。五郎山古墳の壁画を思い出していただきたい。

図40　竹原古墳奥壁の壁画

被葬者の霊魂は常世へたどり着いたのである。船の上に描かれた馬もまた空《から》である。船と同じ状況を語るのであろう。馬の口をとらえる人物が、馬に乗って常世へといざなわれた被葬者の姿と見える。船と馬の右手にある連続した三角文は風に靡《なび》くかのよう。五郎山古墳の壁画にみえる青旗の意味に通じる、霊魂が他界へとたどり着いたことを語る図文と理解される。

では最上段に描かれた怪獣は何であろう。竹原古墳では前室の後壁、すなわち前室から後室を見た際の左右両壁をキャンバスとして、右手に朱雀、左手に玄武の四神図が描かれていることから、この怪獣はかつて斎藤氏が看破《かんぱ》したように、のこるふたつの四神である「青龍と白虎とを合体させた巧みな日本的な表現」（『壁画古墳の系譜』前出）にほかならない。墓室に四神図を描くのは中国から高句麗《こうくり》に多く見られ、わが国でも高松塚古墳やキトラ古墳の壁画にあり、墓室空間が四神に守護された聖域であることを語る。

◉馬具副葬の意味

古墳壁画の白眉《はくび》といえば誰もが王塚《おうづか》古墳（福岡県嘉穂《かほ》郡桂川《けいせん》町）をあげるだろう。複室構造をなす石室の後室の壁面全体と、前室の後室寄りの壁面に華麗な絵画がある。なお後室の奥には被葬者の遺骸を安置する石屋形がある。

王塚古墳の壁画は赤・黒・黄・白・緑の五色を用いたすばらしい作品である。まず後室下段の壁画は盾・靫・大刀の武器と、蕨手文や連続三角文の呪術的文様で、隙間なく埋め尽くされる。上段は天井にいたるまで、赤く塗りこめられ、黄色の珠点で満天の星を表現する。星を描く意味については珍敷塚古墳の壁画で検討した。王塚古墳の後室は、常世へとたどり着き、そこに生を得た被葬者の霊魂が永遠の時を過ごす聖なる空間なのである。横穴式石室をはじめとする古墳時代の墓室は、古代人にとっては常世と認識されていたのであろう。

図 41　王塚古墳の壁画（レプリカ）

常世、すなわち他界である後室への入口にあたる前室の後壁には、入口の両側に、門柱ともいえる一枚石を立て、それぞれに後室の入口に頭を向ける、赤い馬と黒い馬を交互に描く。向

図42　三昧塚古墳出土の金銅製冠

かって右の壁に二頭、左壁に三頭を上下に配置している（図41）。馬上にはそれぞれ小さく人物像が見え、手綱を引いている。馬には、手綱のほか鞍・面繋《おもがい》・尻繋《しりがい》が描かれる。これらの馬は、後室が馬によって導かれる他界であることを示そうとしていると考えられる。

中・後期古墳にしばしばみられる馬具の副葬という行為には、馬を死者の霊魂の乗り物とみたて、馬具を副葬することによって、死者の霊魂が馬を御《ぎょ》して他界へと渡り行くという思想の反映がある。また近年、事例が著しく増加しつつある、葬送にともなう馬の殉殺《じゅんさつ》や殉葬もまた同じ他界観の発露であろう。

さらに特異な例では、三昧塚《さんまいづか》古墳（全長八五メートルの前方後円墳、茨城県行方《なめがた》市）の箱形石棺から、豪華な透かし彫りの文様を全体にあしらった金銅製冠が、被葬者に被せた状態で出土した（図42）。その上縁には八個の馬形飾金具が綴付《とじつ》けられていた。さきに藤ノ木古墳の冠について述べたように、これらの冠は葬送のために死者をかざる装束のひとつであって、馬形の金具は亡き人の霊魂を他界へと導く馬をあらわしているのであろう。

従来の考古学者は馬具の副葬や馬の殉葬を、もっぱら被葬者の職掌や軍事的な意味でしか理解しようとしない。古墳（墓）にかかわる葬送に用いられた資料である点に留意した、精神的・宗教的側面からの検討をまったく怠っている。

第五章

形象埴輪の思想

1 大型古墳にみる形象埴輪の樹立

◉形象埴輪の出現

もうひとつ船にかかわる重要な古墳時代資料がある。船形埴輪《ふながたはにわ》である。埴輪は墳丘上に立てるために製作された造形物であるから、この最大の特質に留意するならば、そこにも古代人の葬送観念の解明につながる手掛かりがみいだせそうである。

船形埴輪については、これまで全国で二七箇所にのぼる古墳や遺跡からの出土が報じられている。大阪府の一五箇所、奈良県の五箇所が集中的に出土する地域であり、そのほかは茨城・栃木・静岡・京都・岡山・香川・宮崎の各県にそれぞれ一箇所が知られる（二〇一〇年の時点では、四八箇所五一例を数える。全国船形埴輪集成表を二二四・二二五ページに掲載）。

船形埴輪は建物、さまざまな器財（武器や武具・椅子・衣笠・翳《さしば》・壺など）、人物、動物など、「形《けい》象埴輪《しょうはにわ》」と総称される土の造形物のひとつである。

形象埴輪は、まず古墳時代前期（四世紀）に建物、衣笠、鶏《にわとり》、武器・武具（盾・靫・甲冑）、壺などの造形として出現する。中期（五世紀）にはいると、それらに船、水鳥、馬が加わり、やや遅れた中期後葉（五世紀後葉）には、さまざまな人物が形象されるようになり、また犬・猪・鹿などの動物が表現されるようになる。

それら形象埴輪のおかげで、長い時間の流れのなかで実物が腐朽して失われてしまったさまざまな器財の形態や装飾を、具体的に知ることができ、また当時の風俗や社会生活の復元が可能になる。たとえば人物埴輪では首長・巫女《みこ》・文人・武人・力士・楽人・鷹飼《たかかい》・農夫・馬引き等々、多様な階層や職掌の存在が知られる。またそれに応じた、それぞれの服装や化粧・髪形・武装の様子などにいたるまで、さまざまな風俗を立体的に目にできるのである。

私は人物埴輪を前にして、時間を失うことがしばしばある。

くりぬかれた目や口、胸をそらせてりりしく威儀《いぎ》をただす姿、腰に帯びた大刀《たち》の柄《つか》に手をやり、相手を威嚇《いかく》する武人の姿、また踊ったり楽器を奏でたり、壺や坏《つき》に入れた水や酒を献上するしぐさ等々、彼らが見せるさまざまな表情や動作は、千数百年の時を超えて愛らしく、私達に訴え、語りかけ、迫りくるものがある。そこには研究対象としての人物埴輪はない。古墳時代に生きた人がたたずんでいる。私にとって、至福の時は形象埴輪の前にある。

筆者の形象埴輪への思い入れはさておき、それらが墳丘上に樹立されるにあたっては、多種多様な形象埴輪のうちのひとつが単独で立てられることはなく、いくつかの形象埴輪が組み合わされる。古墳に樹立された形象埴輪群には、古墳間に共通した配置や組み合わせが認められ、ただ単に墳丘上をにぎやかにして被葬者の魂を慰めたり、多数の人物埴輪を並べて、被葬者の権威を誇示したりするだけの目的ではないことがわかる。船形埴輪もまたそうした形象埴輪のひとつである。船形埴輪がもつ意味についての検討にはいるまえに、まずそうした形象埴輪群の樹立が何をあらわそうとしたものであるかを確認しておかなければならない。

◉宮山古墳の形象埴輪

まず大和地方の大型前方後円墳のひとつで、多くの形象埴輪を出土した宮山《みややま》古墳の事例からみてゆこう（図43）。宮山古墳は大和盆地の西南のはずれ、古代葛城《かつらぎ》地域の中心である奈良県御所《ごせ》市にある。全長約二四〇メートルという五世紀前葉に築造された大王墓級の大型古墳で、字名をとって室大墓《むろのおおはか》とも呼ばれる。当時この地方を本拠に、大王家の外戚として勢力を誇った葛城《かずらき》氏の首長の墓とみられ、奈良から和歌山へ国道二四号線を南下して、近鉄御所《ごせ》駅前をすぎると、ほどなく左手にその巨大な墳丘を望むことができる。

宮山古墳の後円部には二つの竪穴式《たてあなしき》石室が南北に並んで計画的に構築され、一九五〇年（昭和二五）に発掘調査がおこなわれた南側の石室内には、雄大な組合せ式長持形石棺が納められていた。宮山古墳を訪れると、はずされた石室天井石の間からこの石棺を見ることができる。

宮山古墳では、まず石棺を据え、その周囲を囲むように割石を積上げて竪穴式石室を築いた後、六枚の大きな天井石で蓋をし、その上面全体を良質の粘土で覆って、石室を密閉する。次にその上に封土を盛って後円部の墳丘を完成させた後、石室が埋められている位置を明示するように、二重の埴輪列をめぐらせて長方形の区画をつくっている。

この埴輪列の内側、すなわち石室の真上にあたる部分には石を敷き詰めた方形の段が設けられ、その表面は白い小礫でおおわれていたらしい。埋葬施設の位置する範囲を、墳丘のうちでもとくに清浄に保とうとする意志のあらわれであり、そこが聖域であることを明示する行為とみることができる。

内側の埴輪列はほぼ石室の真上を囲むように円筒埴輪を立て並べ、埴輪列のところどころに衣笠《きぬがさ》形埴輪を配置する。衣笠形埴輪は、さまざまな祭儀にのぞむ貴人にさしかけられる傘を造形したもので、すなわちそこが被葬者の眠る場であることを主張している。

一方、外側をめぐる埴輪列は、盾形、靫形と、盾の上に冑を組み合わせて盾をもつ武人を象徴した埴輪、さらには甲冑形の埴輪とから構成されている。これらの武器・武具形埴輪は宮山古墳を代表する遺物としてよく知られた資料である。

とくに靫形埴輪は、その縁端に貴人を象徴する文様のひとつである鰭《ひれ》形の装飾をめぐらせて飾りたて、呪術的な文様である直弧文を施した矢入れの上端には、大きな柳葉《やないば》形の鏃《やじり》がびっしりと並んださまが線刻される。高さ約一五〇センチ近い優品で、形象埴輪の図録には必ず登場する。また盾形埴輪には、その表面を大きな鋸歯《きょしもん》文や連続三角文の一種とみられる幾何学的な図文で埋め尽くした、総高一七〇センチにもなる大型品がある。

これら盾と靫の埴輪は、外側埴輪列の東辺と南辺（西辺は不明）に、その表面を外側に向けて立て並べられていた。高さ一メートルを超え、呪力ある図文を全面にほどこしたこれら武器・武具埴輪が並ぶ光景は、見る者を圧倒せずにおかない。また甲冑形埴輪は埴輪列の北辺にまとまって並べられていた。これら外側埴輪列が立てられていた当時の情景に思いをめぐらすと、そこには武器・武具がもつ威力を最大限に形象し、せまりくる邪霊から被葬者が眠る聖域を守護しようとする、強固な意志が

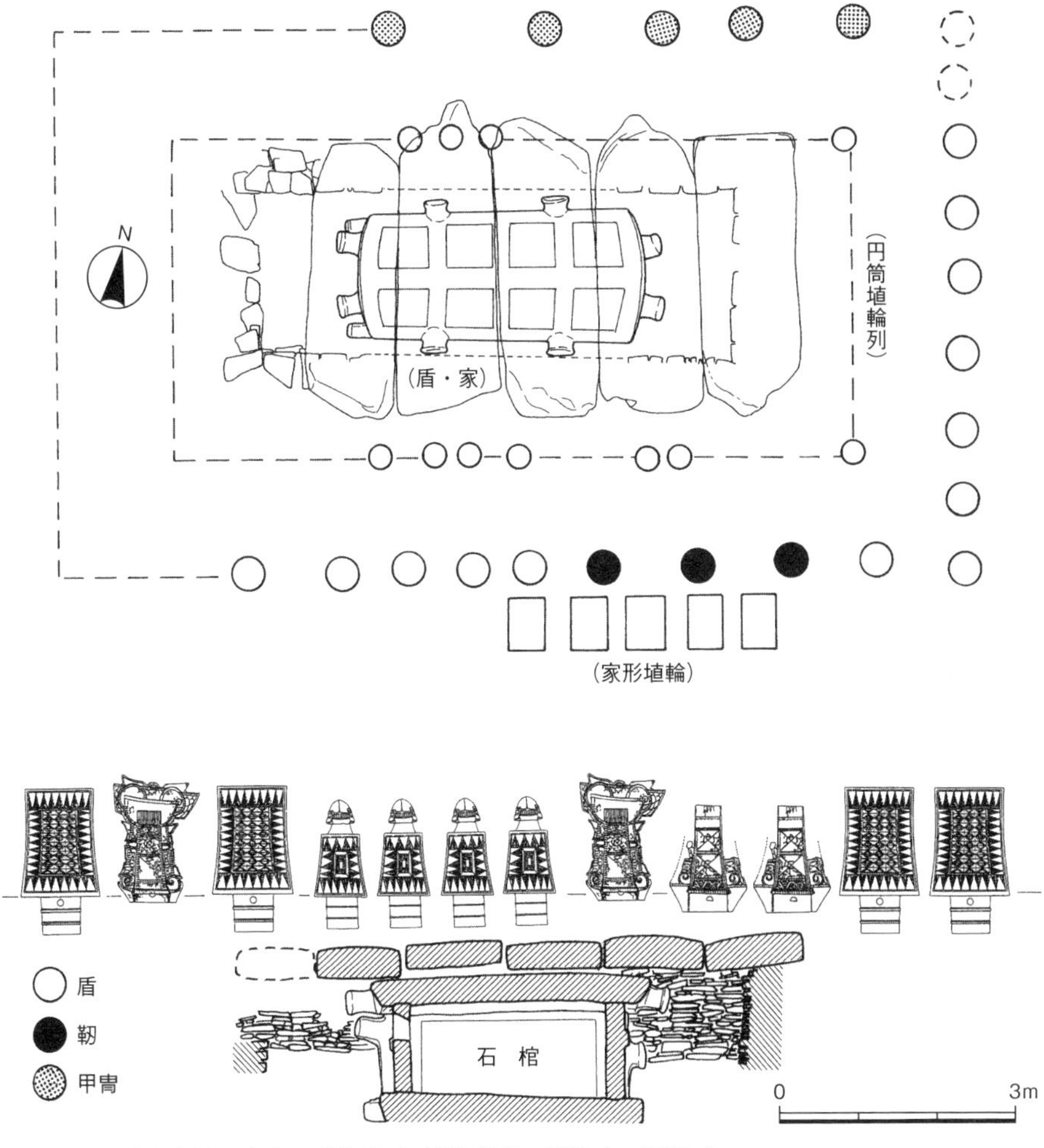

図 43　宮山古墳石室上の埴輪配列（形象埴輪の形態は一部復元）

ひしひしと感じられる。

◉巨大な家形埴輪

二重にめぐる埴輪列によって結界され、白礫を敷き詰めた聖域には数棟からなる建物を形象した、いわゆる家形埴輪が置かれていたことが発掘調査によって明らかになっていた。しかし遺存していた破片が少なかったため、これまでは復元が困難視されてきた。宮山古墳の出土品を展示・収蔵する奈良県立橿原考古学研究所附属博物館では、一九九五年（平成七）秋に特別展「古代葛城の王」を開催するにあたり、発掘後四五年目にして再びこの家形埴輪の復元を試みた。

復元をまえにした再整理で、聖域には少なくとも三棟以上の家形埴輪が置かれていたこと、破片の形状から、いずれの埴輪もかなり大型で装飾に富む豪壮な建物を造形しているらしいことが明らかになってきた。特別展のオープンを目前にして、ようやく一棟が復元できた。期間中に同博物館で開催される講演会の講師を依頼されていたので、学芸員の方からお誘いをうけて展示準備中のところを見学させていただいた。

展示室に足を踏み入れた私の眼に、巨大な家形埴輪が飛び込んできた。高さと棟の長さがともに約一・二メートルもある、奈良県最大の家形埴輪が復元されてそこにあった（**図44**）。大きな入母屋《いりもや》造りの屋根が豪壮さを際立たせる。大棟《おおむね》と呼ばれる屋根の上半分には、妻側に大きな破風《はふ》が取り付けられ、棟木の先端が顔をみせている。大棟は網代《あじろ》で覆われ、上縁には両端がおおきく反りあがった堅魚《かつお》木《ぎ》が五本並び、雄大さを強調する。この建物には壁の表現がみられず、太い角柱が屋根を支える。いわゆる吹き放ち式の開放性の高い建物である。すべての柱の表面には魔除けの直弧文《ちょっこもん》が刻まれ、建物

図 44　復元された巨大な家形埴輪（宮山古墳）

の内が聖なる空間であることを語っている。

墳頂の聖域に並べられていたほかの家形埴輪は部分的にしか復元することができなかったが、破片から貴人を象徴する鰭形の装飾を屋根の随所にとりつけた豪華な建物や、入母屋の屋根の端部にある破風板にも直弧文の装飾を施し、太い中空の円柱をもつ、高床式の建物などを形象した埴輪であることが確認できた。とくに後者は、復元されたさきの家形埴輪よりもさらに大型であったと推察される。

これら聖域に置かれた家形埴輪はいずれも大型、かつ豪壮、しかも壁はなく、吹き放ちの建物である。棟や柱に施された装飾をも考えあわせると、それらは宮山古墳の主が首長として神々を祀ったり、数々の儀礼を執りおこなったりするための建物群を表現したものと推察できる。

◉永遠の「ハレの空間」

さて宮山古墳からは、ほかにも数棟の家形埴輪が出土している。発掘直後に復元され、代表的な家形埴輪として数々の歴史書や美術書に写真が掲載されている、著名な埴輪群である。それらは長方形区画の埴輪列、南辺外側に並べられていたもので、発掘では五棟の存在が確認されている。

そのうち完全に復元された埴輪は三棟ある。一棟は寄棟《よせむね》平屋造りの建物で、入口を一箇所設けるほかはすべて壁となる閉鎖的な構造である。あと二棟は切妻平屋造りの吹き放ち構造の建物か、高床式の屋根倉を形象した埴輪とみられる。これらの埴輪も棟の高さが七〇~九〇センチを測り、一般の家形埴輪のなかでは大型の部類に属する。しかし聖域内に置かれていたさきの大型家形埴輪群は、それらよりもさらにひとまわり大きく、かつ堅魚木や鰭形の屋根飾り、さらには柱や破風板にみえる直弧文などの装飾性に富む点から、格の違いをはっきりと見せつけている。聖域の内部と外側に配置されたそれぞれの家形埴輪群、その相違をどのように理解すればよいのだろうか。

私はかつて、『高殿の古代学—豪族の居館と王権祭儀』（白水社、一九九〇年）を著し、古墳時代の豪族居館の敷地が濠や柵によって方形に区画され、その内部がさらに柵や溝によって二分されること、そして一方は首長による数々の王権祭儀が実修されるマツリゴト（政事・祭事）の空間、すなわち「ハレ（晴）の空間」、他方は首長の日常生活空間、すなわち「ケ（褻）の空間」にあたることを明らかにした。

「ハレの空間」には、居館の中心となる大型建物と、その前にひろがる祭儀のための広場、さらには祭祀《さいし》用の遺構があり、古墳時代の首長にとって、この空間が神を祀り、その託宣によってマツリゴトをおこなう、まさに聖域であることを語っている。また「ケの空間」には、日常の居住のための建物や工房などがある。宮山古墳にみる長方形区画の内と外、二グループの家形埴輪群は、豪族居館にみるこの両極構造を墳丘上に象徴させたものと理解できるのではなかろうか。

なお「ハレの空間」を象徴的に表現した長方形区画の外側埴輪列が、巨大な武器・武具形埴輪をもって構成されるわけは、内側の円筒埴輪列によって結界された聖域＝「ハレの空間」を堅固に守護するためにほかならない。被葬者にとって永遠の「ハレの空間」である墳頂部の聖域は、それによってさまざまな魑魅魍魎《ちみもうりょう》や悪《あ》しき神々の邪霊から護られるものと観念されていたことは確かである。

宮山古墳よりやや先行する、四世紀末〜五世紀初頭に築かれた金蔵山《かなくらやま》古墳（岡山市）は全長一五二メートルの当時では吉備《きび》地域最大の前方後円墳である。後円部の中央とその南寄りにそれぞれ竪穴式石室が構築され、埋葬完了後、各石室の直上には、周縁に板石を積み上げて高さ三〇センチ程の段が築かれる。次にその段の縁に添って円筒埴輪と甲冑・盾形・靫形の形象埴輪が組み合わされて並べられる。

金蔵山古墳の墳頂部にみる段状の施設と埴輪列の状況は、宮山古墳での二重の埴輪列を一重で表現したものであり、そこに同様の聖域空間が創り出されている。しかも中央石室上には二個体以上の家形埴輪が、南石室上にもひとつの家形埴輪が置かれる。なかでも南石室上のそれは、入母屋型の屋根をもった高床構造の建築様式を採り、豪族居館での王権祭儀の中心建物であった高殿を形象したとみられる。ここにも武器・武具形埴輪をめぐらせて堅固に守護された、永遠の「ハレの空間」がある。

2 小さな墳丘、壮麗な埴輪

◉牀を設けた家形埴輪

大阪府八尾《やお》市に位置する美園《みその》古墳は、宮山古墳や金蔵山古墳と同時期に築造された古墳で、精巧かつ壮麗な家形埴輪が出土した古墳として知られる。

その家形埴輪は、入母屋型の屋根と、桁行《けたゆき》二間・梁間《はりま》二間の平面形をもつ高床式の建築様式を採用し、高さと棟の長さがともに約七〇センチという大きさの埴輪である（図45）。まず正面からみて、大棟の妻側が左右に大きく傾斜し（これを「転び」という）、見る者に埴輪をいっそう大きく感じさせる。この大棟の上端と下端は、宮山古墳の形象埴輪にもみられた、貴人にかかわる器財であることを象徴する鰭形の突起で飾られる。

そしてなによりもこの家形埴輪を特徴づけるのは、高床部の四壁、いずれの中央柱にも、外面に盾の写実的な線刻画が見られる点である。ちまたに満ちあふれる邪霊から建物を護ろうとする意志のあ

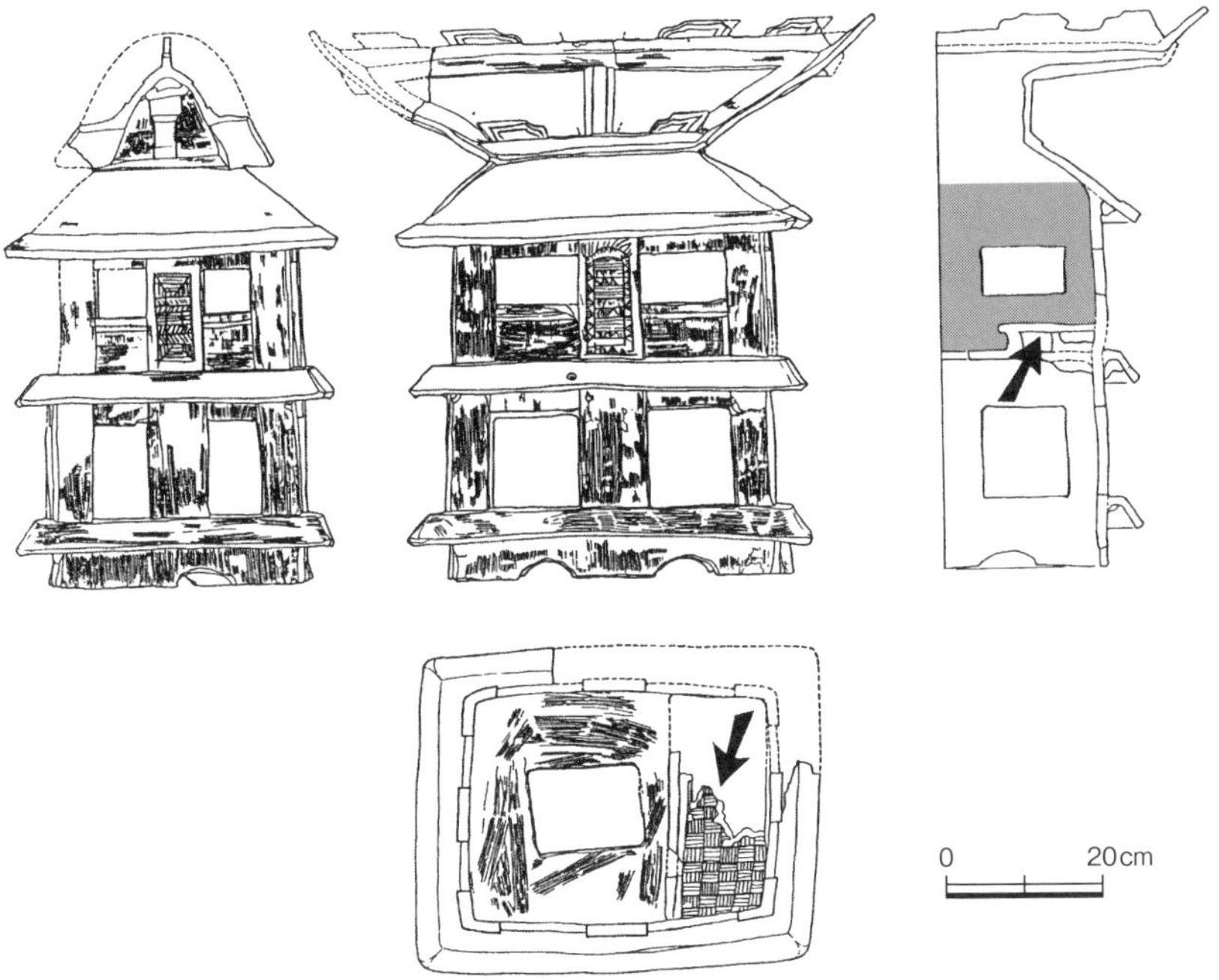

図45　高殿をあらわした家形埴輪（美園古墳出土、矢印が神牀）

らわれであり、それはすなわちこの埴輪に造形された建物の聖性を強調することになる。

さらにその高床部の屋内には、一方の妻側の壁に寄せて、一段高く、ベッド状の施設（牀《とこ》）が造りつけられる。屋内平面の三分の一程を占める牀には約二センチ四方の網代を表現した文様が丁寧に刻まれている。牀がある屋内の壁や床は赤く塗られ、この高床式建物の内部が聖なる空間であることを明示する。床の中央には四角い穴が開けられ、実際の建物では、ここに梯子《はしご》を架けて昇降したと推察される。

また床下部と高床部の境界部分外側をめぐる、小屋根状の施設の一箇所に、小さな穴がうがたれているのも気になる。ここに何かを差し込んだらしい。

この家形埴輪の特質を考えるうえで、

奈良県北葛城郡河合町にある佐味田《さみた》宝塚古墳から出土した家屋文鏡《かおくもんきょう》と呼ばれる銅鏡の鏡背《きょうはい》文様が注目される。四世紀後半のこの鏡には、建築様式を異にする四棟の建物が鋳出されている。それら四棟のうち、鈕《ちゅう》をなかにして相対する入母屋《いりもや》型屋根をもつ高床式建物と屋根を葺きおろした竪穴式建物には、それぞれ衣笠が掲げられ、両者が貴人と密接な関係をもつ建物であることを明示する。ほかの建物のひとつは基壇状の施設のうえに建てられ、いずれの柱間にも両開きの扉があり、これも一般庶民の建物ではない。のこるひとつは切妻屋根の高床倉庫をあらわすとみられる。

したがって家屋文鏡にあらわされた建物群は古墳時代前期の大和における豪族の居館を象徴的にあらわしたものと考えられる。しかも相対して配置された高床式と竪穴式の両建物に衣笠が掲げられるのは、前者が「ハレの空間」にあって、首長がとりおこなう王権祭儀のための建物であり、他方は「ケの空間」にあって、首長の住居として機能した建物で、それぞれが豪族居館の二分された空間を象徴したものであったことをうかがわせる。また残る二棟も、基壇をもつ建物が「ハレの空間」に、他方が「ケの空間」に属するものと理解されよう。

また近年、各地の古墳で、衣笠形や翳《さしば》形、また鳥形など、埴輪と同じ形状の木製品が、埴輪と組み合わされて墳丘に立てられた事例の発掘が増加しつつある。また埴輪にも木や布、また鉄などを材料にした付属品がとりつけられていたことを推察させる痕跡がみられ、墳丘上には土の造形品（埴輪）ばかりが飾られていたわけではないことが明らかになってきた。

さてそこで美園古墳出土家形埴輪の小屋根《こやね》状施設にうがたれた小穴に、木と布で作られたミニチュアの衣笠を差し込んだ姿を思い浮かべてみる（あるいは小穴に通した紐で衣笠の柄を結わえとめたのかもしれない）。すると家屋文鏡の衣笠を掲げる高床式建物とそっくりとなるではないか。さきに美園古墳の家形埴輪が神聖な建物を造形したものとみた。それが「ハレの空間」の中心建物であることを、家屋文鏡が裏付けてくれる。

ならば、その家形埴輪の高床部屋内に造り付けられた牀状の施設は何を示すのだろうか。古代、神意は夢にあらわれると考えられた。崇神《すじん》天皇の世、国中に疫病が大流行し、人々が死に絶えんばかりになったおり、天皇は「神牀《かんどこ》」に臥《が》し、夢のなかで得たオオモノヌシ大神の託宣に従い、オオタタネコを神主となし、御諸山にオオモノヌシを祀ることによって、天下に平安がもたらされたという。

古代の天皇（大王）は、しばしば夢に神託を得るため、高殿と呼ばれた祭殿に設けられた「神牀」に臥した。天皇が夢をみるための牀は、夢に示現《じげん》するために神が降臨する場と考えられていたからこそ、「神牀」と呼ばれたことがわかる。

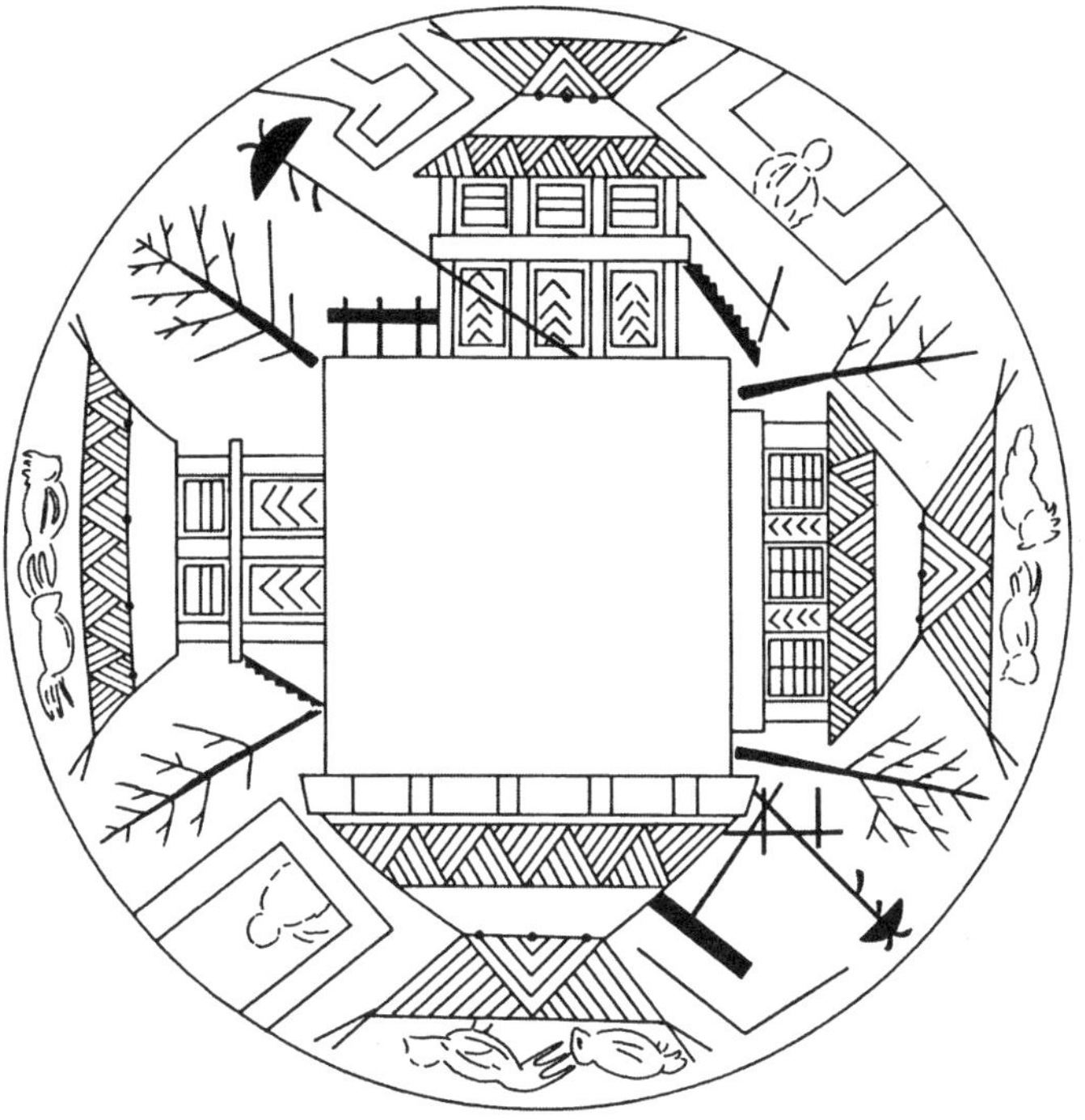

図46　家屋文鏡の家屋図

家屋文鏡の衣笠を掲げた高床式建物の上には雷文《らいもん》のなかに小さな人物像が表現される。雷鳴とともに祭殿に降臨しようとする神の姿であろう。この祭殿こそ「高殿」であって、屋内の「神牀」には首長が臥していることだろう。

四周に盾を掲げて外界から結界し、建物の内外を赤く塗った高床式家形埴輪の屋内に設けられたベッド状施設が「神牀」であることは、もはや明らかであろう。美園古墳の家形埴輪もまた「高殿」を形象したものである。

◉高殿での王権祭儀

『日本書紀』によれば、高殿では次のような祭儀が天皇（大王）によっておこなわれた。

①春先、はるかな山川を望み、その神々に幣を奉って、王権の繁栄と国土の豊饒《ほうじょう》を祈る国見《くにみ》儀礼。

②古来、鹿は土地の精霊であり、神の声を聴く耳をもつ聖獣と考えられており、秋の夜、妻呼ぶ牡鹿の鳴声を聴き、そこに新たな命の芽生えを希求する豊饒儀礼としての鹿鳴聴聞《ろくめいちょうもん》。

③国内統治のうえで神の託宣を得るために、神牀に臥し、夢を見る。

④后と同衾《どうきん》（牀を同じくする）し、天皇が見た夢についてその吉凶をはじめ夢の意味するところを后が解く、いわゆる「夢あわせ」。

⑤収穫の秋、その年の初穂《はつほ》を神に捧げ、また天皇がこれを食する新嘗《にいなめ》の儀礼。

これらに加えて王権の継承儀礼も高殿でおこなわれたと私は考えている。

これら高殿での王権祭儀で、とくに注目されるのは④だけではなく、①②などの祭儀においても、天皇が后とともに祭儀に臨んでいる点である。しかも高殿にみる神牀の存在を考慮すれば、それらの諸祭儀が天皇と后の間で実修される、性的儀礼をともなう秘儀であることを示している。おそらく、高殿での祭儀につづいて群臣や共同体成員による饗宴が催され、天皇に授けられた躍動する新たなるマナ（生命力）が分与されたであろう。

高殿を祭儀の場とするこのような王権祭儀は、それが本来的に稲の予祝や豊饒にかかわる祭りに起源するとみられることからも、大王だけでなく有力な豪族の首長のあいだでもおこなわれていたであろうことは容易に推察される。

古墳時代、豪族居館の「ハレの空間」に建てられた高床式の祭儀用建物、すなわち高殿の例に、鳥取県東伯《とうはく》郡湯梨浜《ゆりはま》町の長瀬高浜《ながせたかはま》遺跡がある。海岸砂丘上に営まれた古墳時代前期の大集落の一画に約六〇メートル四方の柵で囲まれた「ハレの空間」があり、その中央に直径五〇センチを超える巨木を柱とした、四本柱の掘立柱建築遺構が発掘された。しかも梯子《はしご》の支え柱の痕跡が発掘された。そこで家屋文鏡の高殿に架けられた梯子の傾斜角度を参考にこの建物の床の高さを復元すると、地表から約六メートルの床高となる。これに高床部の壁高、および屋根の高さを加えると、一〇メートルを超える棟高をもつ高床式建物が建つことになる。この建物遺構の周辺からは小銅鐸や径三・七センチの小銅鏡などの祭祀に用いられた遺物が出土し、この高床式建物が祭儀用建物＝高殿であったことを裏付けている。

また美園古墳出土例と同型の、高殿を形象した高床式家形埴輪が兵庫県姫路市の人見塚《ひとみづか》古墳や大阪市平野区の塚ノ本《つかのもと》古墳など各地から出土している。さらに、家屋文鏡にも高殿が鋳出されるなど、考古学の立場からも、各地の豪族居館に高殿の存在が想定される。

七世紀以後の史料であるが、『万葉集』の東歌《あずまうた》に、

誰ぞこの屋《や》の戸押《お》そぶる新嘗に吾背《わがせ》を遣《や》りて斎《いわ》ふこの戸を　（巻第十四―三四六〇）

という、東国の農民が新嘗に際して潔斎している情景を歌う例がある。新嘗儀礼が広く一般におこなわれており、奈良時代以前から大王のみならず各地の首長達も、それぞれの地域における収穫と豊饒を神に感謝する祭りとして、新嘗を自ら執りおこなったとみられる。皇極天皇の元年一一月、天皇が即位後はじめての新嘗をおこなうのと同じ日に、皇子や大臣も各自の新嘗の祭りをおこなったという。これもその一例である。

◉大型埴輪と小規模古墳のアンバランス

美園古墳からは家形埴輪がもうひとつ出土している。それは切妻型の屋根をもつ平屋の建物を形象したもので、さきの高殿の約二分の一の高さである。桁行・梁間ともに二間の平面プランで、一方の平《ひら》側に入口を設け、ほかの部分には綾杉文様を線刻して壁を表現している。高殿と同様、この埴輪も精巧に作られ、入口には扉がとりつけられていたらしく、その内側の壁に軸受けが設けられている。高殿と対をなして、王権祭儀に使用される建物を形象したものとみられる。

この二棟の家形埴輪は、その精巧さにおいて多くの家形埴輪のなかでも出色の考古資料であり、神牀のある高殿形埴輪にみられるように、祭儀用の建物であることが明白である点においても貴重な資料といえる。美園古墳の周濠からは、壺形埴輪が二五点以上出土しており、家形埴輪を囲むように、墳丘の上縁に沿って方形にめぐらされていたことが推定できる。宮山古墳や金蔵山古墳の後円部にみる埴輪をめぐらせた方形区画と同様、墳頂を聖域化し、そこに高殿形埴輪を配置して「ハレの空間」を現出させるための仕掛けである。

ここで美園古墳の墳丘規模を述べておくべきだろう。この古墳は幅約二メートルの周濠をめぐらせた、一辺が七・二メートルという小さな方墳である。四世紀後葉〜五世紀初頭に築造されたこの古墳は、その後、六世紀後半までの間に墳丘を削平《さくへい》された。これまで紹介してきた埴輪群は、その際に墳丘の盛り土とともに周濠内へけずり落とされたものである。

七・二メートルという墳丘規模は古墳の基底部分の大きさであり、盛り土を考慮すれば、埴輪を樹立する墳頂部分はせいぜい三メートル四方程度だろう。墳頂部は埴輪が密集したような状態だったと推察できる。周囲をめぐる壺形埴輪の高さが約六〇センチで、おそらく下部一〇〜二〇センチを墳丘に埋め込んだであろうから、総高七〇センチの高殿形埴輪の大きな入母屋の屋根は、周囲からひときわ高く見えたことと思われる。

しかし壮麗かつ精巧な高殿形埴輪に比較して、一辺七・二メートルという墳丘規模との間に大きな食い違いを感じないわけにいかない。というのは、この墳丘規模は、美園古墳の被葬者が、古墳を営むことができる集団のなかで、かなり下位に属する集団の首長であることを示しているからである。

美園古墳から南へ約四キロ、大阪市平野区にある五世紀を中心に営まれた長原《ながはら》古墳群は、径五〇メートルの円墳、塚《つか》ノ本《もと》古墳を中心にした総数二〇〇基を超える大型群集墳である。この古墳群の大半は一辺三〜一〇メートルの小規模な方墳である。これらの小方墳群の被葬者達は、古墳群の核をなす塚ノ本古墳をはじめ数基の中型古墳の被葬者達に統率された集団の構成員であろう。彼らが「ハレの空間」と「ケの空間」を具備する居館を経営することは不可能である。彼らが高殿での王権祭儀を実修して、人々を統率する立場にあったとは到底考えられない。

他方、屋内に祭儀のための神牀を設け、盾を四壁に懸《か》けたさまを精巧に表現した高殿形の埴輪は、整備された王権祭儀とそれを裏打ちする王権神話を所有する首長の姿を彷彿させる。大きな政治力・経済力をもつ上位首長層、すなわち豪族と呼べる人々の姿を連想させるのである。

美園古墳ばかりでなく、小規模な古墳から優秀かつ大型の家形埴輪や器財埴輪が出土する例はしばしばある。墳丘規模とそこに樹立される形象埴輪の様相に、なぜこのようなアンバランスが生じるのか。いましばらくこの問題を追究するなかで、古代人が多数の形象埴輪を樹立して、そこに何をみようとしたのかを考えてみよう。

3 形象埴輪樹立の思想

◉ニゴレ古墳の形象埴輪群

丹後半島の付け根、北流して日本海にそそぐ竹野川の流域にニゴレ古墳（京都府京丹後市弥栄《やさか》町）はある。一辺約一三メートルの小規模な方墳である。墳丘の中央に割竹形木棺を埋納したのち、墳頂部に埴輪群を配置して、古墳を完成させている。一九五八年（昭和三三）の発掘調査から、墳頂部に立てられていた埴輪群（図47）は家形埴輪六棟以上、甲冑《かっちゅう》形・船形・椅子形の埴輪が各一個体からなり、円筒埴輪が墳丘の裾に立てられていたことが明らかとなった。

家形埴輪は、切妻型屋根の建物と寄棟型屋根の建物がそれぞれ三棟ずつ存在する。いずれも細片となって出土したため、復元できたのは屋根の部分に限られ、壁体部についてそれぞれがどの屋根と組み合うのかは明確にできなかった。これらの家形埴輪は、棟押さえの網代の文様や、軒先の連続三角文、切妻の破風板にみる斜格子文など線刻による装飾表現にそれぞれ個性があり、家屋文鏡に鋳だされた建物のように、多様な建物を造形したことがうかがえる。おそらく豪族の居館を構成する建物群を表現しようとしたと推察される。

ニゴレ古墳の形象埴輪のなかでひときわ目をひくのが、幅九〇センチ、高さ三五センチ、奥行二四・五センチという大きさの椅子形埴輪である。前と後ろの脚の上に尻受け部を乗せる形態の椅子で、脚部は尻受け部から大きく左右にせりだした特徴ある形をなし、正面には邪霊を避ける直弧文が刻まれる。尻受け部の両横には肘掛《ひじかけ》けを誇張したハート形の上半部のような形態の飾り板が取り付けられ、その全面が直弧文・連続三角文・連続重弧文で埋められている。ニゴレ古墳は五世紀中葉に築造された。それは人物埴輪が出現する直前の段階であって、この飾られた椅子形埴輪は、人物埴輪と組み合わせられるものではなく、あくまでも椅子を形象した埴輪である。

人物埴輪は五世紀後半に出現する。そこにあって椅子に座る人物は、大刀を帯び、冠や帽《ぼう》をかぶって威儀を正す姿態をとったり、琴を弾じたりする首長や、首長と対になる高位の女性をかたどったものである。すなわち椅子はそのような貴人が使用する調度品であって、彼らを象徴する器財とみることができよう。ニゴレ古墳の椅子形埴輪の大きさが、その幅で比較して、ともに出土した家形埴輪よりもひとまわり大きく作られるのも、これら形象埴輪のなかで椅子形が重視されたことを物語る。

古代王権のレガリア（象徴）のひとつである椅子が、埴輪に形象され、被葬者が葬られた真上の位置に置かれるのは、たんにそこが首長の奥津城《おくつき》であることを明示するためだけではないだろう。私は、常世の人となった首長の座る場、すなわち首長の霊魂が宿る玉座と認識され、さらには首長の存在そのものとして理解されていたからにほかならないと考える。人物埴輪という具象的な表現手法によるまでもなく、首長の存在はすでに顕示されている。ニゴレ古墳にはみられないが、前・中期古墳の墳頂にしばしば立てられる翳《さしば》形や衣笠形の埴輪にも、同じ意義がみいだせる。しかし王権の象徴である椅子形埴輪や、豪族の居館を表現する多くの家形埴輪が、一辺約一三メートルの小古墳に樹立されていることのアンバランスが、ここにもみいだせる。

次に船形埴輪はニゴレ古墳出土形象埴輪のなかで、とくによく知られた埴輪である。刳抜《くりぬ》き構造の船底部の両端（舳艫《じくろ》）に波除《なみよ》け用の竪板《たていた》が大きく張り出し、両竪板の間に舷側板をわたして船体の容積を増加させた、準構造船を形象している。全長約八〇センチの大きさで、椅子形埴輪と並ぶ大型品である。

ほかに当古墳からは甲冑形埴輪が出土している。甲冑部分の高さが約五〇センチあり、台となる円筒部を復元すると総高七〇センチを超え、ニゴレ古墳の形象埴輪のなかではもっとも高さのある埴輪である。この埴輪は冑《かぶと》・頸甲《あかべよろい》・短甲《たんこう》・肩甲《かたよろい》・草摺《くさずり》が組み合わされる。おそらくこれも、椅子形と同様、首長の存在を明示する器物として形象されたか、宮山古墳のように、墳頂の聖域を邪霊から守護するために置かれたものであろう。

このようなニゴレ古墳出土形象埴輪の様相から、報告者はその被葬者像について、かつて日本海域に威をふるった、海の豪族の系譜をひく人物と理解した。椅子形埴輪から豪族の存在を連想し、船形埴輪に豪族の職掌を考えたわけだ。はたしてそうであろうか。まず、なぜ多数の形象埴輪のなかで、船形埴輪だけからその被葬者像を云々《うんぬん》できるのだろうか。ニゴレ古墳は約一三メートルという小規模な方墳にすぎないではないか。椅子形埴輪の意味を考慮したとしても、そこからはとても「海の豪族

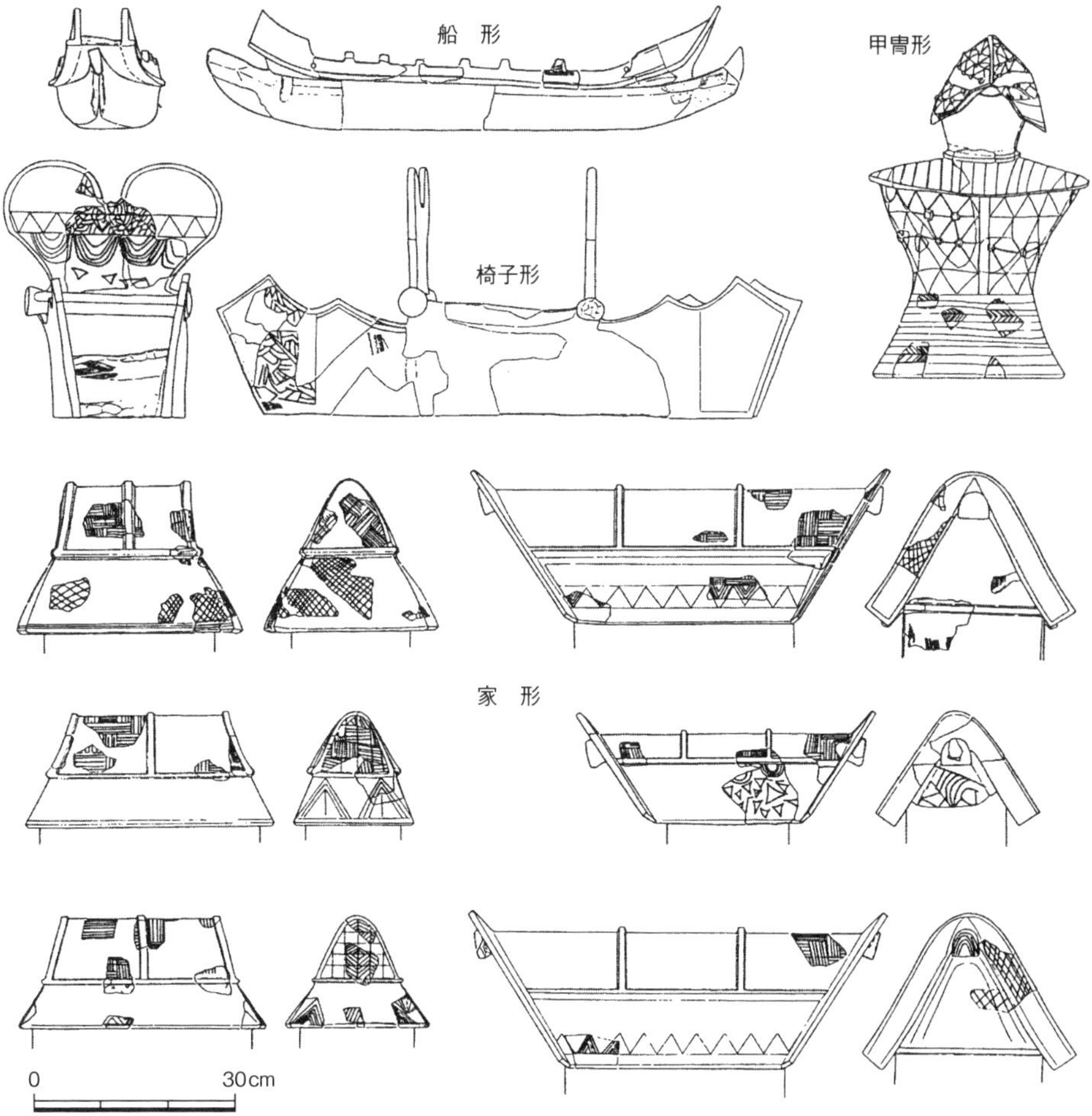

図 47　ニゴレ古墳出土の形象埴輪

の系譜をひく人物」の姿はみえてこない。結論を急ぐまえに、いまひとつ、多数の形象埴輪を出土した高廻《たかまわ》り二号墳（大阪市平野区）の例について検証しておこう。

◉墳頂を「ハレの空間」とする認識

高廻り二号墳は、さきに少し触れた長原古墳群の北のはずれにあり、小規模な方墳群が造られ始める直前の五世紀初頭に築造された直径約二〇メートルの円墳である。墳丘斜面のなかほどに円筒埴輪をめぐらせて結界し、そのなかに立てられていたとみられる多数の形象埴輪が、周濠内に転落した状態で出土した。

出土した形象埴輪（**図48**）は、家形（一〇個体以上）、船形（一）、衣笠形（二）、靫形（一）、盾形（二）、冑を組み合わせた盾形（一）、短甲と草摺を組み合わせた甲形（二）、壺形（一四個体以上）という多種多様さで、これらが墳頂部に所狭しと樹立されていたことが推察される。

当古墳の特色は、一〇棟以上という多数の家形埴輪が配置されていた点である。それは全長一二〇メートルの前方後円墳、石山古墳（三重県上野市）の造出《つくりだ》しで、方形にめぐらされた円筒埴輪列の内側から発掘された一一棟に並ぶ、家形埴輪の多量配置の事例である。

いずれもが細片となり、全体の形を明らかにできたものは数少ないが、なかに美園古墳例と同型の高殿形埴輪が二棟含まれる。ほかにも入母屋型や切妻型、さらに寄棟型など多様な屋根の様式があり、これら家形埴輪群が、墳頂に豪族の居館内の「ハレの空間」を現出させようとしたというさきの想定はうなずけるものがある。一〇棟を超える埴輪の多さに注目するならば、豪壮な居館をあらわそうとしたのかもしれない。衣笠形埴輪の存在も、それが立てられていた場が貴人（豪族）に関係すること

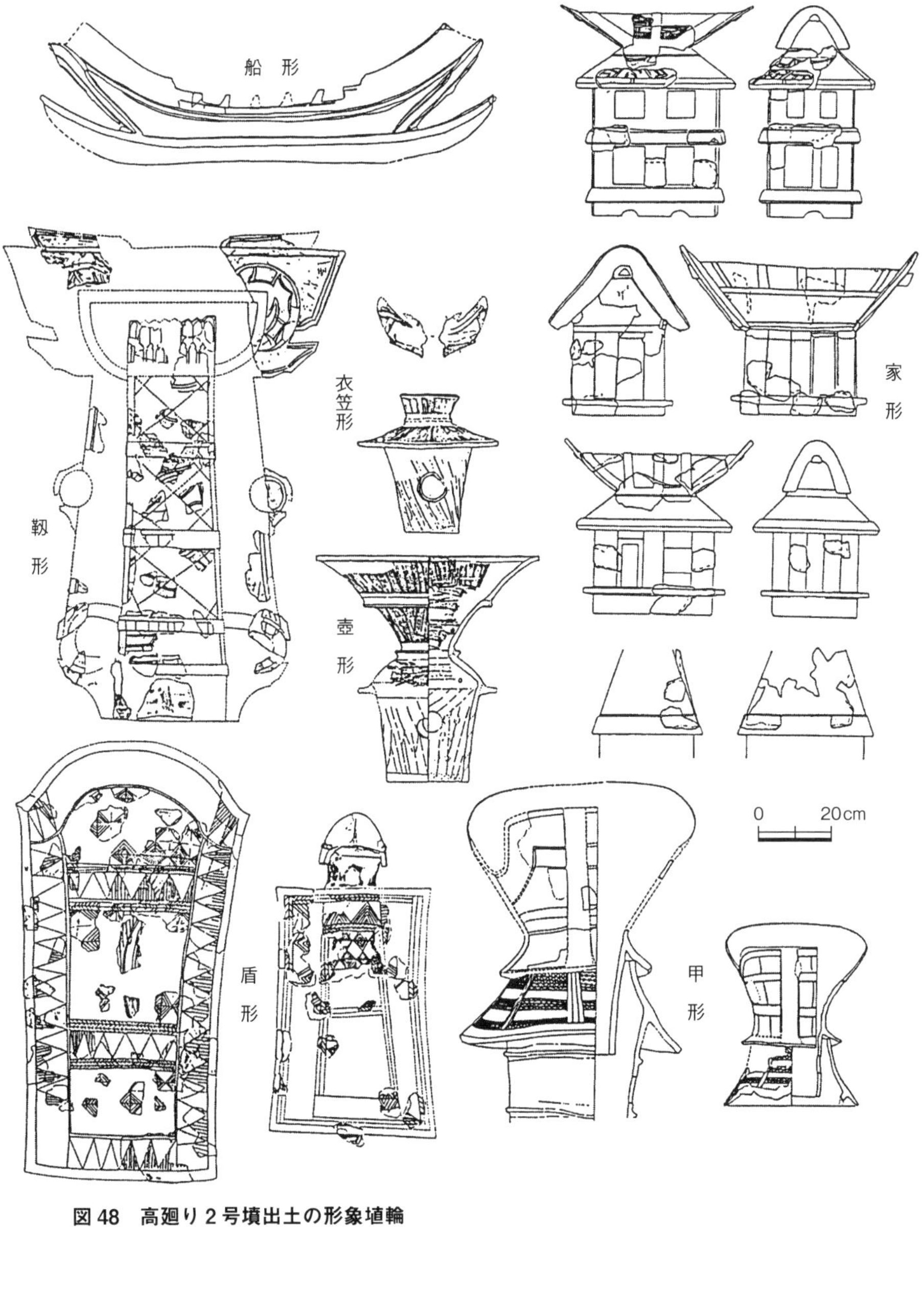

図 48　高廻り 2 号墳出土の形象埴輪

を裏付けている。

一方、靫形埴輪と盾形埴輪はともに高さ一二〇センチ以上あり、それらは高殿形埴輪の二倍を超え、高廻り二号墳の埴輪のなかでひときわ大きなものである。とくに前者は宮山古墳出土例に似て、鰭形の装飾で飾りたてられた優品である。それらは冑を組み合わせた盾形や、甲形の埴輪とともに、被葬者の霊魂を邪霊から守護するために樹立されたもので、宮山古墳にあっては、聖域を区画する外側の埴輪列に相当するものとみなされる。

また多数の壺形埴輪は、円筒埴輪とともに墳丘斜面のなかほどにめぐらされていた。美園古墳では円筒埴輪ではなく、壺形埴輪をめぐらせていたが、それと同じ性格をもつと思われる。

一九八九年（平成元）七月八日、大阪市制一〇〇周年記念事業として、一隻の古代船が復元され、大阪から韓国の釜山までの航海実験に漕ぎだした。「なみはや」と命名されたその古代船（図71上）のモデルとなったのが、高廻り二号墳出土の船形埴輪であった。

ほぼ完全に復元されたこの船形埴輪は、全長約一三〇センチ、波除けのために取り付けられた竪板によって、舳艫が大きくせりあがる。船内の舳艫寄りには甲板が、また舷側には櫂を漕ぐ支点となるローロックが左右に各々四本ずつ表現されている。これによって古代船の復元が可能となったほどの優品である。船底には四角の穴があけられており、私はここに木製のマストが立てられ、帆が張られたのではないかと考えている。それは前章でも触れたが、鳥船塚古墳や珍敷塚古墳など、古墳壁画にみられる船に、しばしばマストを描いた事例があるからである。高廻り二号墳と並ぶように築造されていた、一辺一五メートルの小方墳、高廻り一号墳からも船形埴輪が発掘され、その船底にも小さな穴があけられていた。

被葬者を埋納した墳丘を聖域とみなし、円筒埴輪や武器・武具・壺などを形象した埴輪で結界し、その中心に「神牀」を屋内に設けた高殿をはじめ、首長が王権祭儀を実修する場にあたる「ハレの空間」を現出させるのは、どうやら古墳の大きさには関係ないらしい。そしてその「ハレの空間」に首長の座、すなわち玉座をあらわす椅子形の埴輪を置いたり、首長を象徴する翳形や衣笠形の埴輪を置くというのが、中期古墳における埴輪樹立の思想の基本だったらしい。

しかもその思想は大型の前方後円墳から、一辺が数メートルという小古墳にいたるまで貫徹されていたようである。ただし古墳の大きさが違えば、埴輪を樹立できる空間もおのずから制約を受ける。宮山古墳や金蔵山古墳のように盾や靫・甲冑の埴輪を方形にめぐらせた強固な結界施設は、高廻り二号墳においては、丁寧かつ豪壮な作りの盾と靫・甲冑を数個体樹立させることで肩代わりさせている。美園古墳のような最小規模の古墳では、それすらも省略せざるをえなくなる。

しかし墳頂の聖域が「ハレの空間」であるという認識は共通し、美園古墳にあっても実に丁寧かつ写実的に作られた高殿形埴輪をもってそれを象徴させている。またニゴレ古墳や高廻り二号墳では、多数の家形埴輪を配置して「ハレの空間」を具象的に表現しようとする。椅子形埴輪は、被葬者の霊魂がいます座として、おそらく「ハレの空間」の中央に据えられたのであろう。

形象埴輪樹立の思想的な背景は、ほぼこれで理解されたかのようにみえる。しかし依然として墳丘の大きさとのアンバランスの問題は解決されていない。しかも船形埴輪が「ハレの空間」に配置されることの意味は、まったく不明というほかない（当該の船形埴輪の出土位置については、Ⅱ篇第三章で再検討する）。船形埴輪の存在に、その被葬者の職掌をみいだそうとするのも、形象埴輪群のなかで、船形埴輪の意味がまったく理解できないがゆえの、苦しまぎれの動きにみえる。

私は墳丘規模と形象埴輪の実態が不均衡だという問題と、船形埴輪の存在意味は密接な関連があるとみる。迂遠な話をつづけてきたが、ここらで私の考えを披露しよう。

4　創造される他界

◉「他界の王宮」と船形埴輪

私は本書の冒頭から、丸木舟を棺に再利用したり、木棺を丸木舟形に作ったりする、いわゆる船形木棺の事例からはじまり、古墳の墓室壁面に描かれた棺を乗せた霊船が天空を翔《かけ》る壁画の事例、さらに横穴の玄室に造り出されたゴンドラ形の屍床等々、喪葬《そうそう》にかかわる諸々の古代資料のなかで、船にかかわる造形物が重要な位置を占めていることを述べてきた。それは亡き人の霊魂が船によって他界へ導かれるという舟葬《しゅうそう》の観念が基層にあることの証しである。

船形埴輪もまた、古墳という葬送の空間に置かれた造形物であり、そこに葬られた被葬者の霊魂を他界へといざなう乗り物である。

岡山県久米郡美咲《みさき》町にある月《つき》の輪《わ》古墳（造出しをもつ直径約六〇メートルの円墳）では、墳丘のすそに造られた一〇メートル四方の造出《つくりだ》し中央に、割竹形木棺を納めた粘土槨がある。その直上、墳丘築成当時の表面と推定される位置から、全長約一二三センチの小さな船形埴輪が出土している（図70－9）。舳先には大きく立ち上がる波除け板があり、外洋を航行し、はるかな他界へ向かう準構造船であることを示している。この埋葬施設に伴う形象埴輪はこの船形埴輪ひとつだけであり、なおいっそう、船形埴輪を置く意味が理解しやすい。

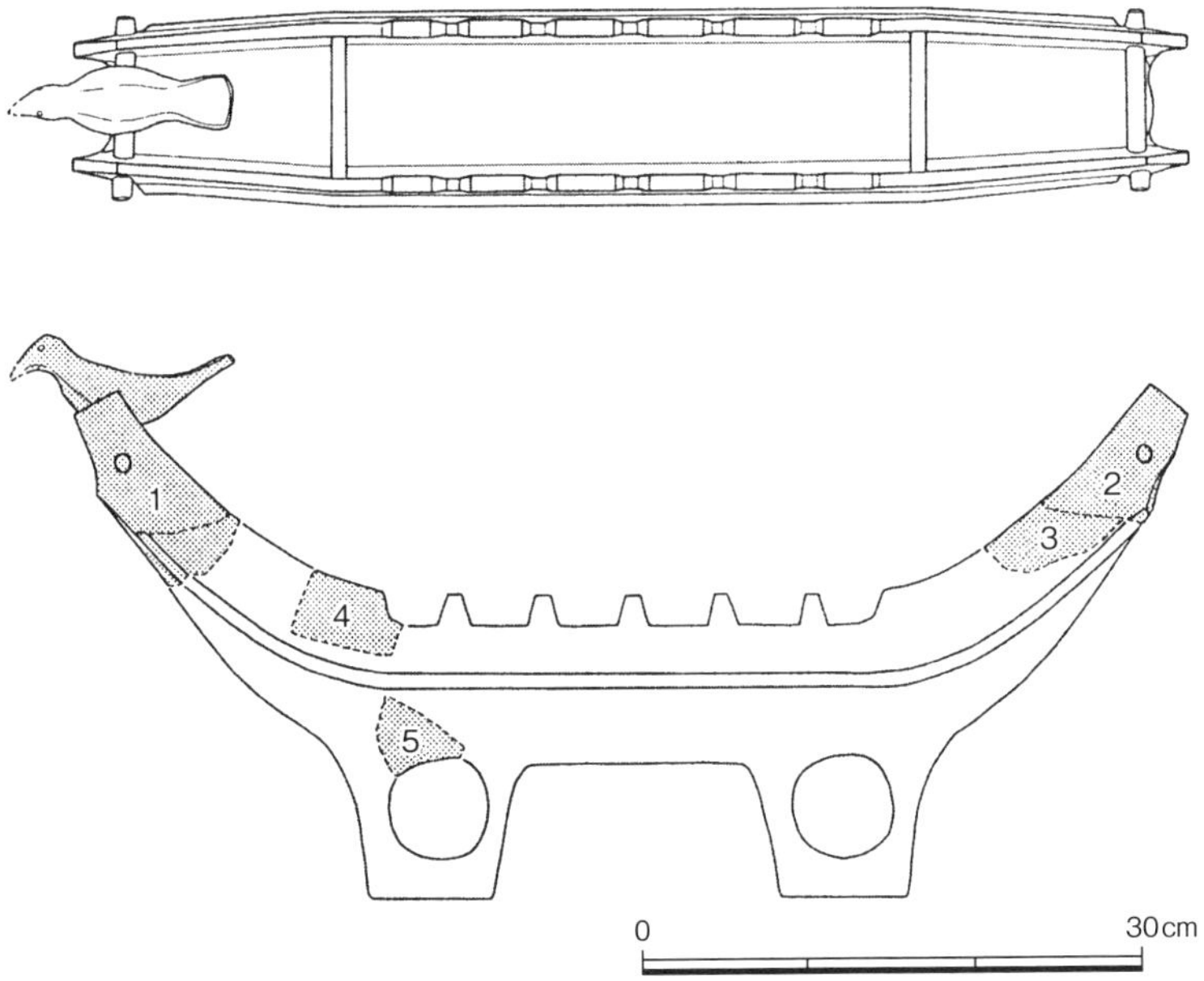

図49　林遺跡出土の船形埴輪復元図

一九九三年（平成五）、大阪府藤井寺市《ふじいでら》から羽曳野《はびきの》市にかけて分布する古市古墳群の一画にある林《はやし》遺跡（藤井寺市）から、ひとつの船形埴輪が発掘された（図49）。それは私にとって待望の資料であった。古墳の周濠の可能性がある幅一・五メートル前後の溝から、衣笠形や家形、円筒などの埴輪とともに出土したその船形埴輪は、出土した破片こそ少なかったが、大きくゴンドラ形にせりあがる舷側板の舳艫部分が含まれていた。しかもそのなかに左右の舷側板をつなぐ梁《はり》状の横木にとまっていた鳥形の土製品が含まれていた。報告者は、くちばしやプロポーションから、この鳥形土製品が烏《からす》をモデルにした可能性を指摘する。

　発表された船形埴輪の復元図を見ると、前章で紹介した珍敷塚古墳や鳥船塚古墳の石室に描かれた太陽の船と、驚くほどそっくりである。古墳壁画を一世紀もさかのぼった五世紀に、霊魂を他界へ導く天鳥船《あめのとりふね》が埴輪に形象されていたのである。古墳壁画と船形埴輪は、ともに古墳時代の喪葬の場を飾る造形物である。古墳壁画の船と船形埴輪が、同じ造形意志のもとに生まれたことは間違いない。

では、その船形埴輪がなぜ建物群を中心に、椅子・衣笠・翳《さしば》などの形象埴輪からなる「ハレの空間」をあらわした聖域に配置されるのだろうか。

そのわけは、それら形象埴輪群が表現する聖域＝「ハレの空間」こそ、被葬者の霊魂が船に乗ってたどり着く他界だからである。多くの考古学者がいうような、被葬者の生前の居館ではけっしてない。墳頂の「ハレの空間」は被葬者が豪族の首長として王権祭儀を執行する場である。美園古墳のような、一辺がたった七メートルという小古墳の被葬者が、生前に高殿での王権祭儀を実修できたとは、とうてい考えられない。高殿が中央に建つ、「ハレの空間」を配置した豪壮な居館の主を、そこに見ることはできない。亡き被葬者がりっぱな居館の主、すなわち首長として、他界での生活を送ることができるようにという祈りをこめて、墳頂に家形埴輪を中心とする形象埴輪群が樹立されたのである。墳頂の「ハレの空間」は、「他界の王宮」である。おそらく高殿形埴輪や椅子形埴輪には被葬者の霊が宿っていると認識されていたのであろう。そこに船形埴輪を加えるのは、被葬者の霊魂がそれに乗り、無事に他界へとたどり着いたことの証しである。

他方、墳丘を造営するには、一定の広さの墓域を確保し、労働力を組織する必要がある。そこには被葬者の後継者や彼が率いる集団が地域社会で占めている、社会的・政治的・経済的な位置による制約を受けざるをえない。墳丘は小さいながらも、被葬者の他界でのいっそうの幸いを願って、りっぱな居館の姿を墳丘上に創造しようとする人々の心がそこにある。墳丘の規模と形象埴輪の間にしばしば見受けられる不均衡はそこに生じる。

◉人物埴輪が出現する意味

五世紀の中葉から後葉にかけて、東北地方南部から北部九州にわたる各地で人物埴輪が出現する。墳丘を聖域（他界）として盾・靫・甲冑などの武器・武具形埴輪で結界し、そのなかに荘厳な居館を現出させ、椅子形埴輪や高殿形埴輪を置くのがこれまでの事例であった。しかし、椅子形埴輪や高殿形埴輪に永遠の命を過ごす亡き被葬者を観想する時代から、ハレの空間で首長としての王権儀礼を実修する被葬者の姿を、具体的にあらわす具象の時代へと変化するのである。まず椅子の上に首長の姿が現れる。

人物埴輪には、首長をはじめ武人・巫女・力士など、形象される人物の地位や職掌に共通したものがあり、さらには職掌ごとに表現される姿態もパターン化されている。たとえば首長は椅子に座ったり、趺坐《あぐら》をかき、膝上の琴をひく姿に表現されることが多い。また巫女の多くが首長に永遠の命の水を献上するかのように、小さな壺を両手で捧げる姿態であらわされる。その背景には、王権儀礼にせよ、喪葬にかかわる儀礼にせよ、列島内の広い範囲に共通した祭式儀礼がおこなわれていたことを示している。

従来、人物埴輪が墳丘上に樹立される意味については次の三つの説がある。

①首長権の継承儀礼を表現する。
②亡き首長の霊を慰め、その蘇生を祈る殯《もがり》の儀礼を表現する。
③亡き首長の生前の生活を表現し、被葬者を顕彰する。

私は以下の理由でこのいずれの説も成り立たないと考える。まず③については、古墳間にみられる人物埴輪の姿態や、それによって表現される情景が共通し、被葬者の独自性を顕彰しようとする思惟がみられない。また②は殯儀礼が終了し、首長の死が確認された後に古墳への埋葬がおこなわれるわけであるから、あらためて墳丘上に殯儀礼の場をつくる意味がない。①についても、亡き首長から後継者が受け継ぐ首長霊は、すでに殯儀礼が終わり、首長の死が確認された段階では存在しない。首長霊の継承は、殯儀礼の場でこそ可能であり、墳丘上に首長権継承儀礼の情景をあらわすことは無意味である。

これら諸説はいずれも人物埴輪のみを俎上《そじょう》にのせた解釈であり、古墳は現世での生を終えた人物の霊魂が往く他界であるという本質を見失っている。人物埴輪もまた形象埴輪のひとつであり、その造形意志の解明も、形象埴輪の出現と展開の流れのなかで考えるのが本筋であろう。すなわち他界に首長としての新しい生を得た亡き被葬者が、さまざまな王権祭儀を実修する情景を表現したものが、人物埴輪の本質にほかならない。

第六章

妣の国・常世の国

1　前方後円、「かたち」の思想

前方後円形の意味

高廻り二号墳やニゴレ古墳では墳丘の裾近くに円筒埴輪をめぐらせていた。美園古墳でも、周濠から多数の出土をみた壺形埴輪が、方形の墳丘上端をめぐっていたことは確かである。それら円筒埴輪や壺形埴輪の列は、他界である墳丘を外界から結界するために樹立され、古代人は、そのなかで被葬者の霊魂が永遠の生を過ごすものと観念していた。

宮山古墳や金蔵山古墳のような大型前方後円墳では、二～三段に築造された墳丘の各段に円筒埴輪列をめぐらせて結界し、後円部の墳頂の聖域空間だけでなく、墳丘の全域が聖地であることを明示する。

現在、多くの古墳の表面には樹木が繁茂し、鬱蒼とした森になっているが、その築造当初には墳丘

図50　埴輪と葺石で荘厳された墳丘（私市円山古墳）

斜面の全面に石が葺《ふ》かれていた。

　近年、五色塚《ごしきづか》古墳（兵庫県神戸市）・森将軍塚古墳（長野県千曲市）・ナガレ山古墳（奈良県北葛城郡河合町）・三ツ城《みじょう》古墳（広島県東広島市）・古曽《こそ》志《し》大谷《おおたに》一号墳（島根県松江市）・私市円山《きさいちまるやま》古墳（京都府綾部市、**図50**）・野毛大塚《のげおおつか》古墳（東京都世田谷区）など、全国各地で遺跡の整備が進行し、大型古墳が築造当時の姿に復元される事例がある。墳丘の盛り土が石でおおわれたその外観は、まさに巨大な石のモニュメントといえよう。

　『日本書紀』は、オオモノヌシの妻となったヤマトトトヒモモソヒメの墓である箸墓《はしはか》の築造を「昼間は人が作り、夜は神が作った。墳丘に葺く石を大坂山から運ぶのに、山から墓に至るまで、人々が連なって、手渡しでリレー式に運んだ」と伝える。また『播磨国風土記』は、土師《はじ》氏の祖である土師弩美宿禰《のみのすくね》が、大和から本国の出雲へ向かう途上、播磨国揖保《いぼ》郡の日下部野《くさかべの》で病を得て亡くなった際、出雲国の人が播磨まで出向いてきて、多くの人を並ばせて手渡しで川の小石を運びあげ、墓を造ったがゆえに、その墓を「出雲の墓屋《はかや》」と呼ぶという伝承を語る。墳丘の葺石《ふきいし》工事をもって、古墳の築造を語るところに、古墳にとっての葺石の象徴性がうかがえる。

完成した古墳は、白日のもと、葺石におおわれた巨大な墳丘を白く輝かせる。人々は、そこに神の仕業を思い、他界を観想した。古墳はまさに人工の磐座《いわくら》と認識されたことであろう。

墳頂が「他界の王宮」であり、墳丘全域が常世であるなら、出現以来、大王や豪族の墓として、大型古墳のほとんどを占めてきた「前方後円」という奇妙な形にも意味があるとみるべきである。

「前方後円」という用語は江戸時代中期、蒲生君平《がもうくんぺい》が『山陵志《さんりょうし》』（一八〇八年）ではじめて使用して以来、なんの疑問もなく使われつづけてきた。この用語にひかれて、天を「円」、地を「方」ととらえる古代中国人の宇宙構造観が、「前方後円」という墳形の由来と説く研究者もいる。しかし「前方後円」形を、円丘と方丘の組み合わせとみることができようか。

まず初期の前方後円墳では、纒向石塚《まきむくいしづか》古墳（奈良県桜井市）や箸墓古墳（同上、図51・89）・那珂八《なかはち》幡《まん》古墳（福岡県福岡市）・津古生掛《つこしょうがけ》古墳（福岡県小郡市）など、前方部の前端が三味線の撥《ばち》の形のように開く例が散見される。前方部を方丘ととらえるのは難しい。中期以降の前方後円墳では、前方部はその前端にむかって直線的に広がる台形の平面を呈するようになる。よく知られるように、時代が下がるほど前方部前端の幅が増してゆく。そこで、前方部を上にして前方後円墳の測量図を眺めてみる。その平面形は何に見えるだろう。壺であることが容易に理解されよう。しかしなぜ古墳時代の首長達はこぞって壺形の墓を造ることに熱中したのだろう。

図 51　壺形の墳丘（箸墓古墳）

◉壺形の宇宙

方士徐福《じょふく》は、かねてから不死の薬を求めていた秦の始皇帝に勧めて、中国のはるか東の海上にある、蓬萊《ほうらい》・方丈《ほうじょう》・瀛州《えいしゅう》という仙人が棲むといわれる三神山に船出した。『史記』に語られる有名な話である。

三つの神山は三壺山とも呼ばれ、それぞれ蓬壺《ほうこ》・方壺《ほうこ》・瀛壺《えいこ》と言われた。壺のような形をしていたからである。不死の理想世界は東海に浮かぶ壺形の山として観想されていたらしい。そこでは不老不死の仙薬が採れるとされ、徐福もこれを求めたという。なおこれら東海の三神山のなかで、蓬萊（山）がとくによく知られるようになり、それらを総称する名称としても使用されるようになった。

壺といえば、東晋《とうしん》の人、葛洪《かっこう》（二八三～三四三年頃）の撰とされる『神仙伝《しんせんでん》』には、費長房《ひちょうぼう》という町役人が、遠方からやってきた薬売りの壺公《ここう》に導かれて壺の中へ飛び込むと、そこには神仙界があったという話がある。「壺中《こちゅう》の天」である。壺の中に現実世界とは別の天地があるとする観念で、神仙思想や道教に受け継がれた。前方後円形（壺形）の墓はまさに「壺中の天」といえよう。人々はそこに他界をみた。

壺の狭い口と頸部の向こうにひらける別天地、それは陶淵明《とうえんめい》が「桃花源詩」で語る桃源郷につながる。「晋の時代、ある漁人が両岸数百歩に桃花咲き乱れる川をさかのぼりゆくと、川の源の山に小さな洞穴があって、そこからは光りがさしているようであった。彼は舟を捨てて狭い洞穴を数十歩ばかり行くと、突然、がらりとのどかな美しい世界がひらけた。そこでの数日にわたるもてなしを受けて帰った漁人の言により、太守らはその桃源郷を求めたが誰も果たすことがなかった」という。洞穴のさきに光り輝く別世界（他界）があるという、中国版浦島物語である。わが国の古代人が海蝕洞穴のさきにみたのも、おなじ他界である。海に口を開く、狭く長い海蝕洞穴のさきはがらりとひらけて、海神《わたつみ》の宮殿につながる。

また川をさかのぼって山中へと分け入ったところに桃源郷（他界）を見いだすというこの話は、第二章であげた長野県の鳥羽山洞穴を連想させる。この洞穴が開口する依田川をさかのぼったはるか彼方に他界が観念されていたのだろう。

費長房が壺公に導かれて往った神仙界は、古代中国にあって不老不死の理想世界である。わが国の常世に該当しよう。壺形をした前方後円墳は神仙界、すなわち常世（他界）を現出させたモニュメントではないか。中国のはるか彼方、東海に浮かぶ蓬萊山にみたてられたと考えられる。垂仁天皇陵と伝承される奈良市西ノ京にある全長二二七メートルの巨大前方後円墳は、宝来山とも呼ばれる。また東京都大田区の多摩川流域にも宝来山古墳があり、さらに大分市にも蓬萊山古墳と呼ばれる前方後円墳があるのも、故なきことではない。

前方後円という奇妙な墓の形が壺形に起源するという説は三品《みしな》彰英《しょうえい》氏らによって唱えられた。最近では岡本健一《おかもとけんいち》氏が積極的に主張している。

◉神仙思想の浸透と壺形墳

巨大な前方後円墳が出現してほどなく、周囲に堀がめぐらされるようになる。大和や河内地方など、平野に造られた大型古墳の濠には水が張られる。私は前方後円墳がきわめて宗教的かつ精神性の高い造形物であることを述べてきた。ならば濠とそこに湛えられた水には、蓬萊山を浮かべる東海を造形しようとする意図があったのではないか。墳丘最下段の葺石は、濠に湛えられた水が寄せる渚となる。

山幸ヒコホホデミは兄の釣針を求め、塩土老翁《しおつつのおじ》の導きによって、籠の容器に入り、此岸《しがん》の海辺から、海中にある海神の世界の美しい小さな浜辺という意味をもつ「可怜小汀《うましおばま》」にたどり着き、そこから海神《わたつみ》の宮へと至る。そして海神の娘のトヨタマヒメを妻として三年の楽しい時を過ごしたという。

海中の宮殿での三年という時間は、あの浦島子の話に通じる。浦島が往った世界は、『日本書紀』に「蓬萊山《とこよ》」、『丹後国風土記』では「蓬山《とこよ》」や「仙都《とこよ》」、「神仙の堺《とこよのくに》」、また『万葉集』には「常代（常世）」とみえる。神仙界＝常世で彼が過ごした三年は、此岸での三百余年であったという。まさに不老不死の世界、常世である。

此岸に渚があるように、彼岸（常世）にも渚がある。前方後円墳の濠に臨んだ渚は常世の「可怜小汀」である。『古事記』はヒコホホデミを常世へと導いた乗り物を、竹や葦をすきまなくしっかりと編んだ小船だという。それは常世から出雲国美穂の岬へとスクナヒコナをいざなった天の羅摩《かがみ》の船の話を連想させる。此岸の渚と常世の渚をつなぐ乗り物として、船が考えられた。

古墳時代の日本人が神仙界につよく憧れていたことは、前・中期古墳に好んで副葬される神獣鏡や画像鏡と呼ばれる銅鏡の鏡背に鋳出《いだ》された文様のモチーフに明らかだ。そこには神仙界に棲む神である西王母《せいおうぼ》や東王父《とうおうふ》の姿が頻繁にみえる。中国のはるか東の海上に蓬萊山をはじめとする三神山が設定されたのとは対象的に、中国の西には三つの峰からなる崑崙《こんろん》山という神仙界が観念され、西王母は崑崙山に棲む神と考えられ、東王父は東方の楽園＝蓬萊山に棲む神とされた。三神山が東海によって隔てられるように、崑崙山のまわりにも此岸との境をなす弱水《じゃくすい》の流れがある。

さらに、それらの銅鏡に鋳出された銘文中には、「東王父」や「西王母」の名がみえ、また神仙界の人（仙人）である「赤松子《せきしょうし》」などの名前、さらには「仙人ありて老を知らず、渇しては玉泉を飲み、

図52　西王母の図像（左上：桜ヶ丘5号銅鐸、右上：桜ヶ丘4号銅鐸、下：中国密県画像磚）

飢えては棗《なつめ》を食らう」、「千秋万歳に老を知らず」などという神仙思想が色濃くうかがえるのも無視できない。

　おそらくこれらの銅鏡をたくさん副葬すればするほど、その被葬者の霊魂は神仙界にたどりつくことが保証されると考えられていたのであろう。古墳時代人がこぞってこれらの銅鏡を入手し、副葬した目的はそこにある。当時の日本人のあいだに、中国の神仙思想が深く浸透していたことは確かとみられる。

　弥生時代の祭器として知られる銅鐸には、具象的な絵画をもつ事例がしばしばある。なかでも兵庫県神戸市灘区桜ヶ丘町から出土した桜ヶ丘四号・五号銅鐸（国宝）にみられる絵画のモチーフに、片手に工字形の器具を持ち、両足を前に投げ出すような姿態をとる人物像がある（図52上）。五号銅鐸ではその人物の足元に三匹の魚が泳ぐことから、この絵画を魚釣りをする人物像とみる説がある。

しかし目を中国の古代絵画に転じると、前漢〜後漢初頭のころの墓室の装飾に用いられた磚《せん》（レンガ）に型押しで表現された図像のなかに、銅鐸の人物とそっくりの姿態をとる人物を見ることができる。河南省密県の例では、崑崙山と推定される山岳に腰かける西王母が工字形の器具を手にし、その前には不老長生の仙薬を臼でつくウサギが配される（図52下）。この西王母の姿をデフォルメすれば、容易に桜ヶ丘銅鐸の人物像が生まれることは了解されよう。

西王母が手に持つ工字形の器具は桛《かせ》という紡いだ糸を巻きとる道具である。西王母が機織りにかかわる女神であることは、彼女の象徴とされる頭飾りからも明らかである。それは中央が丸く左右に台形のひれがついた板状のものが、一本の軸の両端に取り付けられた「勝《しょう》」と呼ばれる品で、織機の先端に取り付けられて、経糸《たていと》を繰り出す勝に由来するからである。

桜ヶ丘銅鐸の絵画中、西王母のかたわらに水の精である魚が配されている。水辺で機織りをする西王母をデフォルメしたことがうかがえる。水辺で機織りをする女神といえば、七夕の織女が思い出される。また記紀神話では、スサノオが逆さに剝《は》いだ斑点のある馬の皮を、アマテラスが機織りをしている斎服殿《いみはたどの》に投げ入れるという、天の石屋隠れの発端となる事件が物語られるが、ここにも機を織る女神がみえる。日本の古代神話に中国神話の影響がうかがえることは注目されよう。

銅鐸絵画に西王母の図像がみえるという事実は、神仙思想が弥生時代の段階で日本に伝えられていたことを示す。邪馬台国の女王卑弥呼が人々を惑わせたとされる鬼道が、神仙の教えであった可能性は十分ある。その卑弥呼の時代に壺形をした巨大な前方後円形の墓が出現する。纒向古墳群（奈良県桜井市）がそれ。もはや前方後円墳を「壺形墳」と呼び換えることに躊躇はない。

2　他界の王宮

◉形象埴輪と古墳壁画の共通性

前章で述べたように、五世紀を中心として出現する船形埴輪は、六世紀代にみられる古墳壁画の船と同じく、霊魂を他界へと導く乗り物であり、墳丘上に並べられた形象埴輪群があらわす世界は、霊船が目指す他界の王宮にあたると考えられる。さらに林遺跡（大阪府藤井寺市）出土の舳先に鳥をとまらせた船形埴輪は、珍敷塚古墳や弁慶ヶ穴古墳などの古墳壁画にみる天鳥船にそっくりである。このような事実は、古墳壁画に描かれる世界と、さまざまな形象埴輪から構成される世界が、共通する造形思惟のもとに基盤として成立した可能性が高いことをうかがわせている。

五世紀の後葉以降、形象埴輪群の中心は家形や武器・武具などの器財埴輪から、人物埴輪へ移行する。椅子形埴輪ではなく、そこに座る首長像を形象した人物埴輪が登場する。この時期の形象埴輪群のなかに、狩猟の情景をあらわした一群の人物と動物の埴輪がある。

近年、多数の形象埴輪を出土した遺跡に保渡田《ほどた》Ⅶ遺跡（群馬県高崎市）がある。榛名山の東南麓、古墳時代の豪族居館として著名な三ツ寺《みでら》Ⅰ遺跡を経営した首長達の奥津城《おくつき》のひとつ、二子山古墳（全長約一一〇メートルの壺形墳）の北にあるこの遺跡から、全長四〇メートル前後の壺形墳が、墳丘のかなりを流失した状態でみつかった。形象埴輪は、その突出部前面と両くびれ部付近の濠からまとまって出土しており、本来は突出部（前方部）の墳丘に立てられていたと推察される。出土した形象埴輪は五六個体を超え、人物埴輪はその三分の二にあたる三七個体にのぼる。

それらのなかに猪や犬の動物埴輪があり、前者が一個体、後者が三個体、さらに靫《ゆぎ》を負い、弓をひきしぼる姿をした狩人がある。狩人の腰には、生け捕りにされたのであろうか、一頭の子猪が結わえられている。牙をむき、たてがみを立てた猪形埴輪の腰には、木の葉形に作り出された一本の鏃《やじり》があり、その先端には赤色顔料を用いて、したたり落ちる血が表現される。犬の埴輪は猟犬であろう。これらの形象埴輪群が、狩猟の場面を立体的にあらわそうとしたことは明らかである。

六六八年五月五日、天智天皇は大海人皇子以下、諸王・諸臣を従えて、近江国蒲生野《がもうの》に狩猟をおこなった。

あかねさす紫野《むらさきの》行き標野《しめの》行き野守《のもり》は見ずや君が袖振る　（万葉集巻第一―二〇）

という額田王《ぬかたのおおきみ》の歌はこの折に作られた。また翌年の五月五日にも山背国《やましろ》山科野《やましなのの》に同様の狩猟をおこなっている。

『日本書紀』は五月五日の狩りが推古《すいこ》天皇の時代の六一一年とその翌年にも、大和の菟田野《うだの》と高市郡羽田《はた》でおこなわれたことを伝え、それを「薬猟《くすりがり》」と記録している。新しく生えてくる鹿の袋角《ふくろづの》を得るための、鹿狩りであった。袋角は鹿茸《ろくじょう》ともいい、それを服用すると長寿を得ると信じられていた。

山野に生命漲《みなぎ》る初夏、天皇はわき上がる気に触れ、獲物の生命力を我に移転させ、王権の繁栄を祈念する魂ふりの儀礼として、狩猟を催した。『万葉集』には、舒明《じょめい》天皇の国見歌につづいて、同天皇が南大和の内野（宇智野）で狩猟を催した折の間人連老《はしひとのむらじおゆ》の歌が見える。狩猟が国見と並ぶ重要な王権儀礼であったことを語っている。

図53　清戸迫76号横穴の壁画

古墳壁画でも、狩猟がしばしば主題となる。五郎山古墳（福岡県筑紫野市）や清戸迫《きよとさく》七六号横穴（福島県双葉郡双葉町）が好例である。

棺を載せ、満天の星空を翔《かけ》る霊船を描いた五郎山古墳の壁画のうち、奥壁の絵画が、船によって導かれた他界に遊ぶ被葬者の姿を描写していることはさきに述べた。そこには背に矢をうけた猪と数匹の猟犬とみられる犬、馬上で弓をしぼる被葬者とおぼしき人物などが描かれ、狩猟の情景がテーマとみうけられる。しかも画面中央から右端にかけて、他界を守護するのであろう、大きく靫・弓・鞆が描かれる。

一方、清戸迫七六号横穴の壁画（図53）では、奥壁中央に永遠の命を象徴する図文である渦巻文が大きく描かれ、その先端は人物群中最大の男性像の肩にとりつく。この男性が被葬者なのだろう。渦巻文の下には弓を引く人物と牡鹿、それに猟犬が描かれる。弓から放たれた矢が獲物に向かって飛んでゆく。

ここでも古墳壁画と形象埴輪の両世界に、同じ主題を表現しようとする古代人の意図がみいだせる。古墳壁画の白眉として著名な王塚古墳（福岡県嘉穂郡桂川町）では、被葬者の遺骸を安置する石屋形を納めた後室の各壁面を飾る壁画は、盾・靫・大刀、それにスイジ貝をデフォルメした双脚輪状文《そうきゃくりんじょうもん》と呼ばれる図文で埋めつくされ、前室には人物を乗せて並ぶ馬が描かれる。そういえば、王塚古墳の壁画にみるこれらのモチーフのいずれもが形象埴輪として造形されているではないか。

また人物埴輪にしばしば見受けられる首長に献上する生命の水を入れた壺を捧げる女子像も、五郎山古墳や泉崎《いずみざき》四号横穴（福島県西白河郡泉崎村）の壁画に認められる。王塚古墳の壁画にある人物を乗せた馬の姿は、矢田野エジリ古墳（石川県小松市）や群馬県太田市高林出土例など数多い。

さらに力士を形象した埴輪はさきの保渡田Ⅶ遺跡をはじめ、原山《はらやま》一号墳（福島県西白河郡泉崎村）・昼神《ひるがみ》車塚古墳（大阪府高槻市）など多くの事例があるが、それらの大半が片手を腰近くにあて、他方の腕を大きく振り上げる所作をする。そういえば、大相撲で横綱が土俵入りの際におこなう所作のひとつに似ている。同様のポーズをとる人物像は、五郎山古墳や清戸迫七六号横穴などの壁画にもみえる。また近年発掘された黄金塚《こがねづか》二号墳（京都市伏見区・四世紀後半）では、墳丘にめぐらされていた盾形埴輪に、同じ姿態をした線刻の人物画があり、私はこれも力士とみている。

形象埴輪と古墳壁画は、表現された対象物があまりにも共通する。両者がともに古墳時代の墓を表現の場としている点にも目を向ける必要がある。両者は同じ世界を表現しようとした可能性がつよい。

◉墓室空間にこめられた心

ただし、形象埴輪には造形されるが、古墳壁画に描かれることがきわめて稀なモチーフに、建物と被葬者の姿がある。それは五世紀以降、横穴式石室や横穴が普及することと関連すると私はみている。

図 54　棟木を表現した横穴（唐御所横穴）

横穴の掘削にあたって、玄室の天井を寄棟式や切妻式の屋根形にし、壁面と接する部分には棚状の張り出しをめぐらせて軒を表現する事例は数多い。原《はる》七号横穴（熊本県玉名市）や唐御所《からごしょ》横穴（栃木県那須郡那珂川町）などでは棟木が浮き彫り風に表現され（**図54**）、宮崎県地方の地下式横穴では棟木ばかりでなく、垂木や棟を支える束柱《つかばしら》まで表現される例がいくつもある。壁画に描くまでもなく、墓室全体が家形をあらわしている。横穴式石室もまた同様であろう。

さらに、横穴式石室には寄棟形の蓋《ふた》をもつ家形石棺が納められる。藤ノ木古墳（奈良県生駒郡斑鳩町）をはじめ、大型の横穴式石室には家形石棺を納める例が多い。また熊本県地方では、玄室の奥に、被葬者を納める石屋形という寄棟形屋根をもつ祭壇状の施設が構えられる。チブサン古墳（山鹿市）とか国越《くにごし》古墳（宇城《うき》市）などが著名で、その壁面にはしばしば連続三角文や直弧文などの辟邪《へきじゃ》（魔よけ）の図文が描かれたり、刻まれたりする。これらの事例は、被葬者の霊魂が家形の施設に安置されるべきと考えられていたことを示している。

ならば家形埴輪は被葬者の霊魂が籠もる空間を表現したものと理解される。美園古墳から出土した高殿形埴輪の四壁に描かれた盾と、王塚古墳をはじめ、多くの古墳壁画に描かれた盾は同じ意味をもつことが明らかになる。あらためて言うまでもなく、高殿は首長が王権祭儀をおこなうための「ハレの空間」の中心建物である。そして高殿形埴輪は、被葬者が他界において、首長として生きることを願って墳頂の聖域に置かれた造形物である。被葬者にとって、それは他界にある「ハレの空間」、すなわち他界の王宮にほかならない。

横穴や横穴式石室の墓室空間は、被葬者の遺体を納めた棺を副葬品とともに玄室に安置したのち、その入口にあたる羨道を石で閉塞する。そこは漆黒《しっこく》の世界であり、死者の世界である。記紀神話にみる、イザナキの黄泉国訪問の説話が、横穴や横穴式石室を墓室とする葬法から生まれたと考えられている（本篇第二章参照）。そこは畏怖《いふ》すべき穢《けが》れた闇の国として語られる。しかしこのような横穴や横穴式石室のイメージは、それが造営された当初から人々の間に定着していたのだろうか。

そうではあるまい。それは記紀が完成するごく近い時期の石室や横穴にたいするイメージが反映したものと考えられる。

石室や横穴の墓室空間が、穢れた畏怖すべき世界と考えられていたならば、かような空間に愛《いと》しい肉親の遺骸を次々と追葬するであろうか。またなによりも、墓室の壁面いっぱいに、赤・白・黄・青・緑・黒など、さまざまな色彩の顔料を用いたり、線刻やレリーフなどによる絵画を表現するだろうか。そこには狩猟や食物供献などの王権儀礼、日月や星の輝く中、被葬者の霊魂を乗せて他界へと天空翔る船や馬がある。さらに被葬者の魂があらたな生を得た常世の空間を邪霊の侵入から護るための盾・靫・鞆・大刀や大の字に通せんぼをする人物、さらには呪力ある迷路状のさまざまな文様がある。

被葬者にとって、石室や横穴の内が闇の世界であるなら、なぜその壁面を華麗ともいえる装飾図文や絵画で飾る必要があるのか。穢れた空間であるなら、なぜそこに王権儀礼のモチーフが存在するのか。

古墳壁画はあくまでも被葬者（の霊魂）のために描かれたものであることに思いをいたすべきである。現世に生きる私たちが鑑賞するものではない。

葬送の儀礼が完了し、閉塞された墓室の内部は眩しいばかりに明るく、透明感に満ちた世界なのである。読者は「さきほど、そこは漆黒の闇の世界と言ったばかりではないか」と言われるかもしれない。現世に生きる私たちにとって、石室や横穴のなかは間違いなく暗闇の世界である。しかし、そこに横たわる被葬者にとって、そこは日月星辰とともにある明るい「常世の国」である。あらたな生を得た被葬者の霊魂にとって、そこは神仙とともに遊ぶ永遠の宇宙である。

II 古墳と船

第一章

「王の船」

1　姿を現した華麗な送霊船

◉丹塗りの送霊船

すばらしい造形美をもつ、勇壮な船形埴輪が姿を現した（**口絵1**）。二〇〇〇年早春のことである。三重県松阪市の郊外、五世紀前葉に築かれた伊勢地方最大の壺形墳、宝塚《たからづか》一号墳（全長約一一一メートル）が、その船形埴輪を出土した古墳である。ほぼ東西の方向に中心軸をもつ墳丘の北側くびれ部裾《すそ》に、約一八メートル四方の突出した空間が造り出される（以下、「造出し」と呼ぶ）。当該の船形埴輪は、壺形の墳丘本体と造出しの間にできた狭く奥まった空間に据え置かれた状態で出土した。船体の全長は一四〇・五センチ、台の部分を含めた総高は九五センチにもなる（**図55**）。もちろん全国五一例を数える船形埴輪のなかで、その大きさは突出している。

大きさに加えて、さらに私を驚かせたのは、船上に立て飾られた土製のさまざまな器財のミニチュアと、船体の随所に施された装飾的な造形である。

まず大きく天空に向かってせりあがる船首と船尾に近く、一方に大刀《たち》形の土製品が立てられる。船の大きさに比べて異常に大きく表現され、それが象徴的な意味をもつ器財であることを主張して止むことがない。

他方には円柱状の太い柄の上に、ちょうど電気スタンドの笠をかぶせるように、優しい丸みをもつ笠がはめ込まれる。貴人（王や首長と言い換えることもできる）のシンボルとなる衣笠《きぬがさ》と呼ばれる器財の「かたち」である。笠には縁にそって等間隔に四角い透かし穴があけられる。その頂きには、先端を剣菱《けんびし》に形づくられた四弁の花びらが、あたかも空に向かって大きく花開くかのような装飾が取り付けられる。笠やこの花形の装飾は薄手に作られ、笠に施された透かし穴や、笠から花形の飾りにつながる優美な線の流れは、実に軽やかだ。「見事」、というほかに言葉をみつけることができないほどすばらしい造形である。復元作業による多少の補いは問題ではない。「よくぞ千五百余年もの時を超えて遺っていてくれた」という思いが胸に迫る。この大刀形と衣笠形の土製品は、いずれも船形埴輪本体とは別造りで、船底より一段高く張られた甲板の穴にそれぞれの根元を挿入して立てられる。いわゆる組み合わせ式になっている。

埴輪の随所に遺る赤い色彩。船全体が赤く塗られていたことがうかがえる。『万葉集』に散見される「さ丹《にぬ》塗りの舟」だ。Ⅰ篇第四章で分析した、石貫穴観音《いしぬきあなかんのん》三号横穴に造り付けられていた三つのゴンドラ形屍床の仕切りが赤彩され、珍敷塚《めずらしづか》古墳や鳥船塚《とりふねづか》古墳など、常世《とこよ》へ死者の霊をいざなう太陽の船が赤色で描かれていたのを思い出す。

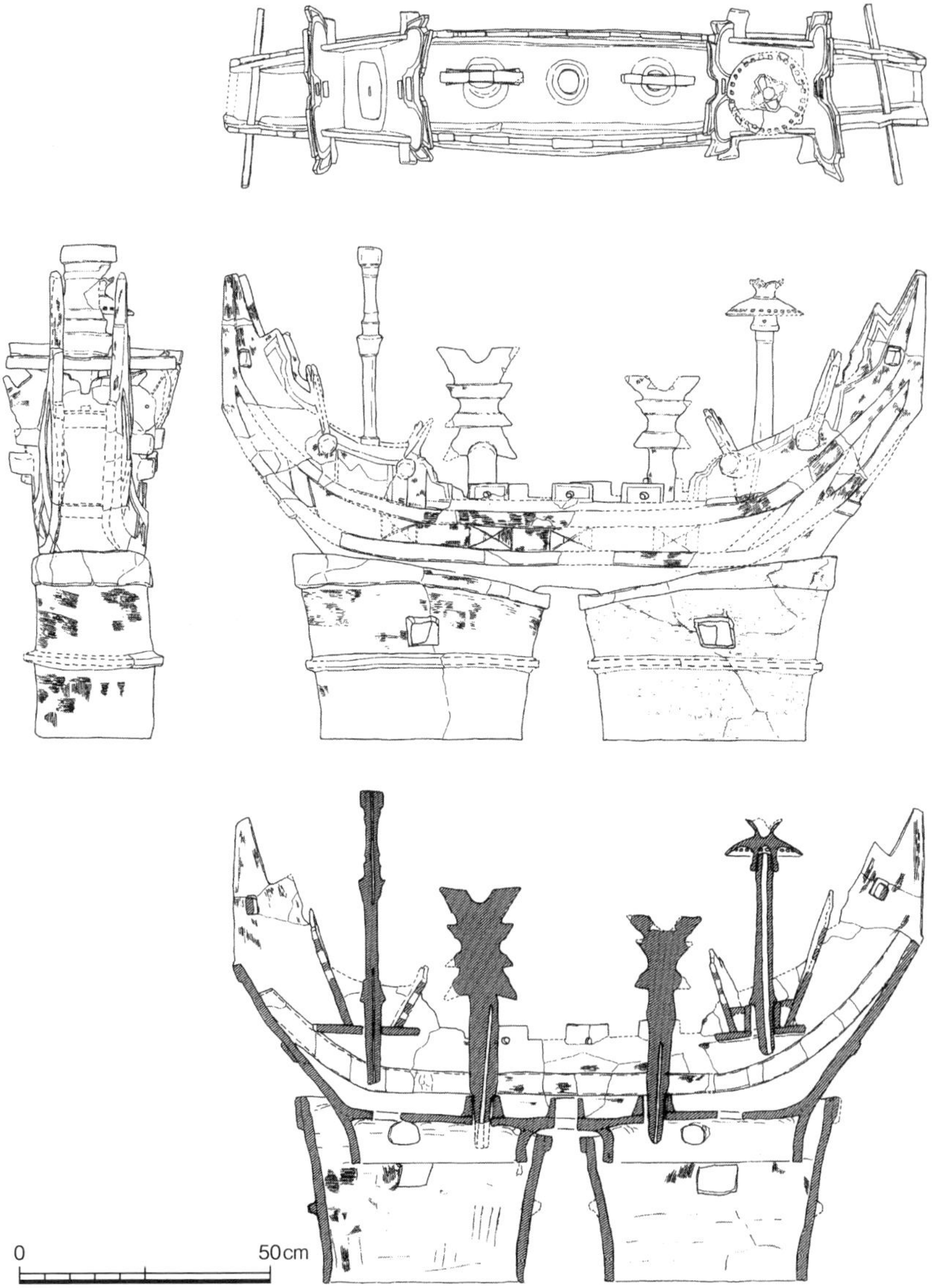

図55　宝塚１号墳出土の船形埴輪

◉実証された予察

船形埴輪発掘の第一報は二月のはじめ、電話でもたらされた。

「先生がおっしゃっているとおりの船形埴輪が出ました」

調査担当者の福田哲也（松阪市教育委員会）さんの言葉をいまも鮮明に覚えている。ややとまどいながら彼の説明を聞いていた私は、やがてその前年に発表した私の論文のことを指しているのだと理解できた。それは後述する、奈良県天理市の東殿塚《ひがしとのづか》古墳（前期初頭の壺形墳）から出土した円筒埴輪に描かれていた船の線刻画の解釈を主題とする「舟葬再論」（『考古学に学ぶ』同志社大学考古学シリーズ刊行会、一九九九年）という小論の次のくだりである。

古墳壁画世界が、その造形意志において中期の形象埴輪世界を継承することは、さきの太陽船の検討において説いたことである。岩原Ｉ群一四号横穴の櫓杭（現在では「櫂座」または「ローロック」という呼称が適切と考える―辰巳注）から木製推進具の存在が推察されるなら、船形埴輪の舷側に並ぶ櫓杭にも木製の櫂が添えられたとみるべきである。しかも船形埴輪の船底にはしばしば小穴があけられている。これこそ円筒埴輪の船画や古墳壁画の船に表現される幡や幟、また衣笠（蓋）を木や布帛で小さく作り、その竿を差し込んだ穴とみることができよう。

さらに読者のなかには、Ｉ篇第五章三節で述べた次の文章を思い起こされた方もおられることだろう。

「（高廻り二号墳の船形埴輪の）船底には四角の穴があけられており、私はここに木製のマストが立てられ、帆が張られたのではないかと考えている。それは（中略）鳥船塚古墳や珍敷塚古墳など、古墳壁画にみられる船に、しばしばマストを描いた事例があるからである。（中略）高廻り一号墳からも船形埴輪が発掘され、その船底にも小さな穴があけられていた」

すなわち発掘によって出土する船形埴輪には、木や布帛《ふはく》など、時間とともに朽ち果てて失われてしまう素材を利用して作られた、さまざまな船の装備や、古墳に埋葬される貴人を象徴する器財が取り付け飾られていたことを主張したかったのである。

福田さんの言葉を聞く私は、胸のときめきをおさえることができなかった。

数日後、松阪市文化財センターの整理室を訪れた私の眼に、復元中の大きな船形埴輪が飛び込んできた。胸の高鳴るなか、冷静に観察しようと努めるものの、胸の高鳴りはどうしようもなかった。おもわず破片を手に、復元を試みる。整理台には、囲形《かこみがた》埴輪とその内側に置かれる導水施設を造形した家形埴輪のほか、いくつもの家形や、甲冑形、盾形、衣笠、壺形、円筒など多種多様な埴輪の破片が所狭しとひしめきあう。私にとってまさに豊饒の海だった。四月の報道発表まで、隔週の松阪通いが始まった。訪れるたび、復元がすすむ船形埴輪の観察と理解に時の経つのを忘れ、さぞ福田さんをはじめ皆さんにご迷惑をおかけしたことだろう。

同じころ、出雲大社では鎌倉時代の太い束ね柱を用いた本殿遺構が姿を現し、出雲通いも始まった。一本の直径が二・五メートルにもなる束ね柱。往時の大社建築の壮大さを推考させるに十分な遺構だった。本務のかたわら松阪と出雲を幾度も往復しながら、先人の精神的な営為について濃密な知的生産をさせていただいた一時期だった。

I篇第五章で私は、船形埴輪が被葬者の霊魂を他界へいざなう乗り物を観念した造形であることを論じた。宝塚一号墳出土の船形埴輪の造形心意もまたそこにある。くだんの船形埴輪にみるさまざまな「かたち」のなかに、あらためて古代の造形心意を考えてみよう。

2　聳立する大聖標

◉「石見型」と呼ぶ形象

まず長大な船体の舳艫《じくろ》を結ぶ中軸線上、船底に五つの穴があけられる。両端の二つを除く三つの穴の周縁にはドーナツ状に高く縁堤がめぐらされ、穴に挿入された器物がぐらつかないようにする仕掛けであると推察された。真ん中の穴を除いた二つの穴には、従来から「石見型埴輪」と呼称されてきた、すぐにはそのモデルとなった器物の属性を指摘するのが難しい土製品が、別造りで立てられている。大刀形や衣笠形が基本的に貴人を象徴する属性をもつ点に留意するなら、この土製品もまた同じ意味をもって船形埴輪の船底に立てられた造形と理解できそうである。

石見型埴輪は、中期古墳の段階には墳丘に立てられるようになる形象埴輪のひとつで、同じ形が木や石を素材として製作される事例もある（図56）。そもそも「石見型」という名称は、奈良県磯城《しき》郡三宅《みやけ》町の石見《いわみ》遺跡から出土した形象埴輪に由来する。盾形を表出したとする説のほか、靫《ゆぎ》や幟《のぼり》を形象したとする考えなど、いまだそのモデルについての定見がないために、盾形埴輪・靫形埴輪などと、その本来の器財名を付けて〇〇形埴輪と呼ぶことができず、とりあえずその出土地名をもって埴輪の呼称名としたにすぎない。

くだんの土製品二点は船形埴輪に取り付けるためミニチュア化してあるとはいえ、五世紀初頭とい

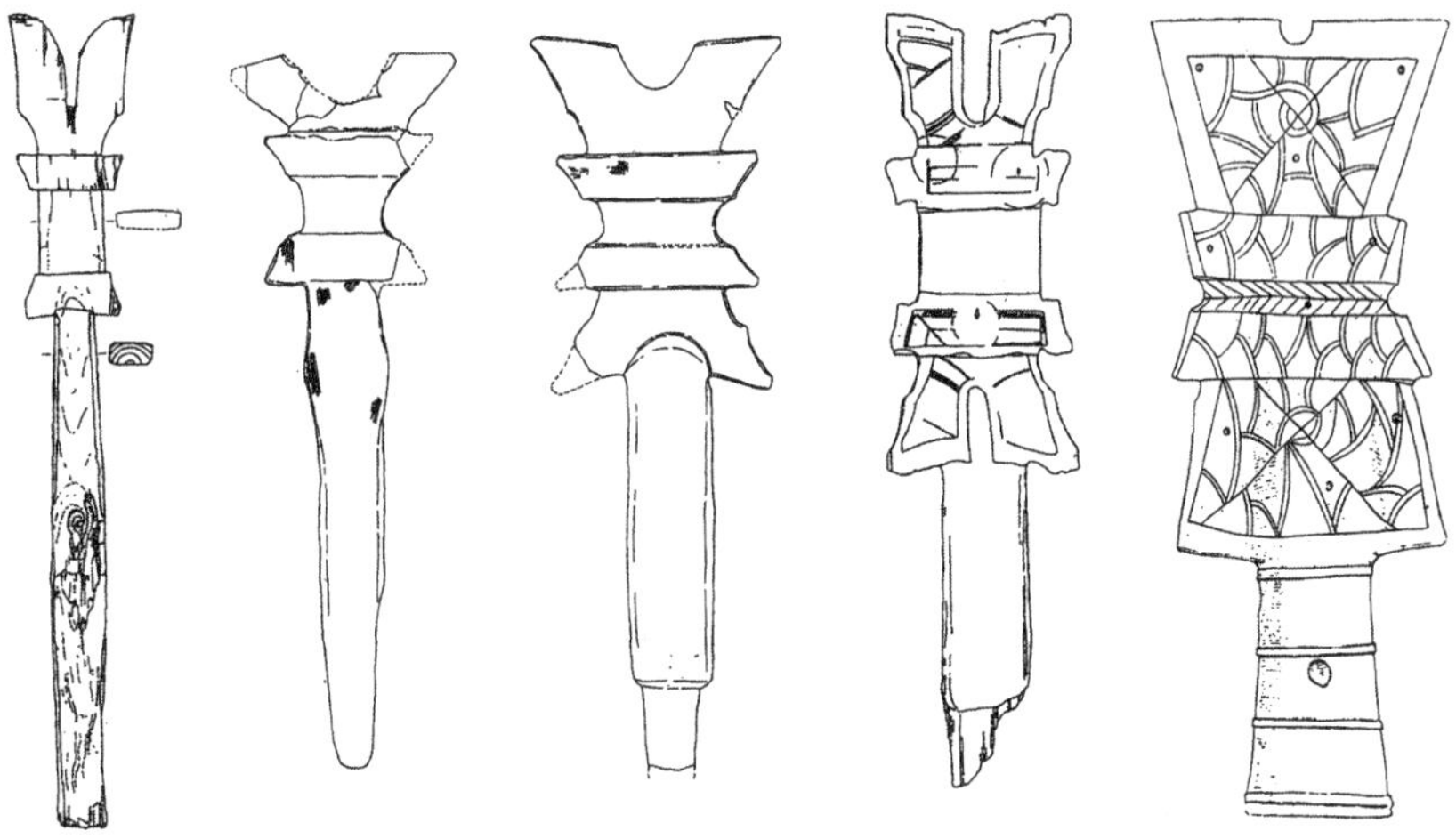

図 56 「石見型」聖標の「かたち」

う宝塚一号墳の築かれた年代からみて、各地の古墳から出土する石見型のなかでも初期段階の造形と考えられる点で、そのモデルとなった器財の形状をいまだ写していると認識しておくべきだろう。それを解明できないのは、私たち研究者の側に、その器財本来の性格や用途を読み取る情報と分析力が不足しているが故と認識し、真摯にその「かたち」に向き合ってみたい。

「石見型」の系譜

もっとも早い「石見型」の事例は、宝塚一号墳と同時期の釜塚《かまつか》古墳（福岡県糸島市）の周濠から出土した木製のものである。全長が二メートルを超える厚板から削り出され、全体の三分の二近い長さを占める柱の上に、V字状の突起を上辺にもつ工字形の形象を掲げた姿形である。上方に飛び出した二本の突起は大きく左右にそり返り、その存在を主張して止むことがない。

宝塚一号墳の船底に立てられた二本の石見型土製

品のひとつは、釜塚例と形状はほぼ同じで、もうひとつは工字型の下辺にも逆V字状突起が削り出され、より装飾性が際立つ。いずれの土製品のV字状突起も、その外縁線をよく見ると、なかほどに棘のような小さな突起がある。振り返って釜塚例をながめると、V字状突起の外縁なかほどに鋭い飛びだしが認められる。小さな部位ながら、石見型の造形にあたっての約束事が指摘されるだけでなく、そのモデルとなった器財に表出されていた本来的な造形なのであろう。

石見型の形は、五世紀後半の小立《こだち》古墳（奈良県桜井市）における壺形墳丘の裾を囲繞《いじょう》する円筒埴輪列に組み込まれて立つ木製品にも造形される。ただ小立古墳に立てられていた石見型では、全体のプロポーションに占める柱の長さの比率が三分の一近くになり、V字状突起をもつ工字形の部位が誇張して大きく表現されるようになる。それに前後する各地の古墳では、突起部を大きくデフォルメした工字形部のみを表出する石見型の埴輪が立てられるが、柱部の表現はまったく退化し、もはやモデルとなった器財とのつながりをうかがうことはできない。

では石見型の造形のモデルはなにか。いますこし眼差しを拡げて検討してみよう。

◉王宮門前の聖標

ひろく日本・朝鮮の古代史や民族学を研究した三品彰英《みしなしょうえい》氏は、『日本書紀』神功皇后摂政前紀が語る、新羅討伐物語の後段に「皇后の所杖《つ》ける矛《みほこ》を以《も》て、新羅の王《こきし》の門《かど》に樹《た》て、後葉《のちのよ》の印《しるし》としたまふ。故《かれ》、其《そ》の矛、今猶《なほ》新羅の王の門に樹てり」とみえるくだりについて、

或は想う、若し新羅の王宮の門庭に蘇塗系の神竿・水竿の類が立てられていたとすれば（尤もあ

り得ることである）、それからヒントを得たもので、そうとすれば今猶樹つという語が実証性を持って来る。ただしそれは降伏の印ではなく、宮廷の聖標であった。

（『日本書紀朝鮮関係記事考證』上巻、一九六二年）

と、王宮の門庭に、その聖標としての竿（柱）が立てられていた可能性を指摘する。

さらに、『釈日本紀』巻十一が引く「播磨国風土記」逸文にみる、「新羅国」を「ひひら木《ぎ》の八尋桙《やひろほこ》根底《ねそこ》附《つ》かぬ国」と表出するくだりは、桙形に造形された聖標が新羅王宮の門前に聳立《しゅうりつ》していたことを確かにする。

矛《ほこ》（鉾・桙）が神や貴人の聖標としての杖でもあったことは、『常陸国風土記』香島郡《かしまのこおり》条にも語られる。それは香島の天《あめ》の大神《おおかみ》創祀の伝承中、顕現した大神を「白細《しろたへ》の大御服《おほみぞき》服まして、白桙《しらほこ》の御桙取《みつゑと》りまし、識《さと》し賜《たま》ふ命《みこと》」とする記述にみえる。また『出雲国風土記』意宇郡《おうのこおり》条が語る、いわゆる国引き神話の末尾に、国引きましし八束水臣津野命《やつかみづおみつののみこと》が「意宇《おう》の社《もり》に御杖《みつゑ》衝き立てて、『おゑ』と詔《の》りたまひき」と、杖を神の鎮座地の標示とするくだりにも同じ心意の発動がある。なお、上述した新羅王宮の門庭や意宇社にまつわる矛立・杖立の伝承が、神や貴人による該地の占有を宣していることは言うまでもない。

◉極楽寺ヒビキ遺跡の巨大土坑

この王宮門前に立つ聖標の存在をうかがわせる遺構がある。

二〇〇五年の早春、奈良県御所《ごせ》市の金剛山地《こんごうさんち》東麓で大規模な方形区画遺構、極楽寺《ごくらくじ》ヒビキ遺跡が発掘された（図57）。五世紀前半に経営され、ヤマト王権を構成した臣姓豪族の雄、葛城氏の祭政空間とみられる。

祭政空間は、東西約六〇メートル・南北約四〇メートルに復元される長方形の区画である。区画の東縁部と北縁部は浸蝕により失われているものの、西辺には幅約一〇メートル、南辺にはそれを超える幅の濠が掘削され、南辺のなかほどには内部への参入路とみられる渡り堤（土橋）が築かれ、さながら宝塚一号墳の造出し遺構を彷彿させる。ちなみにくだんの船形埴輪は、造出し遺構と壺形の墳丘に挟まれた谷間のような地点に据えられていた。

方形区画の内側は、東面して建つ高床式の大型掘立柱建物跡と、その前面に展開する三〇メートル四方を超える広場からなる。そこでは日常の生活にかかわる遺構や遺物はまったく検出されず、非日常的な場、すなわち「豪族の祭政空間」であることは明らかだ。空間の四周には柵を囲繞させるが、渡り堤との連接部に柵の途切れた箇所がある。祭政空間の入口にあたる。そこに南北三メートル余、東西が一・五メートル弱の隅丸《すみまる》長方形平面で、それぞれが一メートルばかりの間隔をおいて東西に並ぶ三基の大土坑が並ぶ（図58）。土坑内には南に寄せて立てられた柱の痕跡が土に置き換わり、土色の違いとして明瞭に観察された。大土坑は柱穴である。調査者はこの大土坑の列を、「不明遺構」とか、出土状況どおりに「大型三連柱穴遺構」と呼称する。要するに性格不明の柱を立てた遺構というわけだ。しかしその柱の実態を考究する手掛かりはある。それは土色の違いとして残る柱の断面形と柱列が占める位置だ。

三本の柱はいずれも七〇センチの幅（東西方向）の大柱であるが、中央の柱は厚さ（南北方向）四五センチの楕円形断面をもつ丸柱であるのに対して、それを挟むように立つ両側の柱は厚さが一六セ

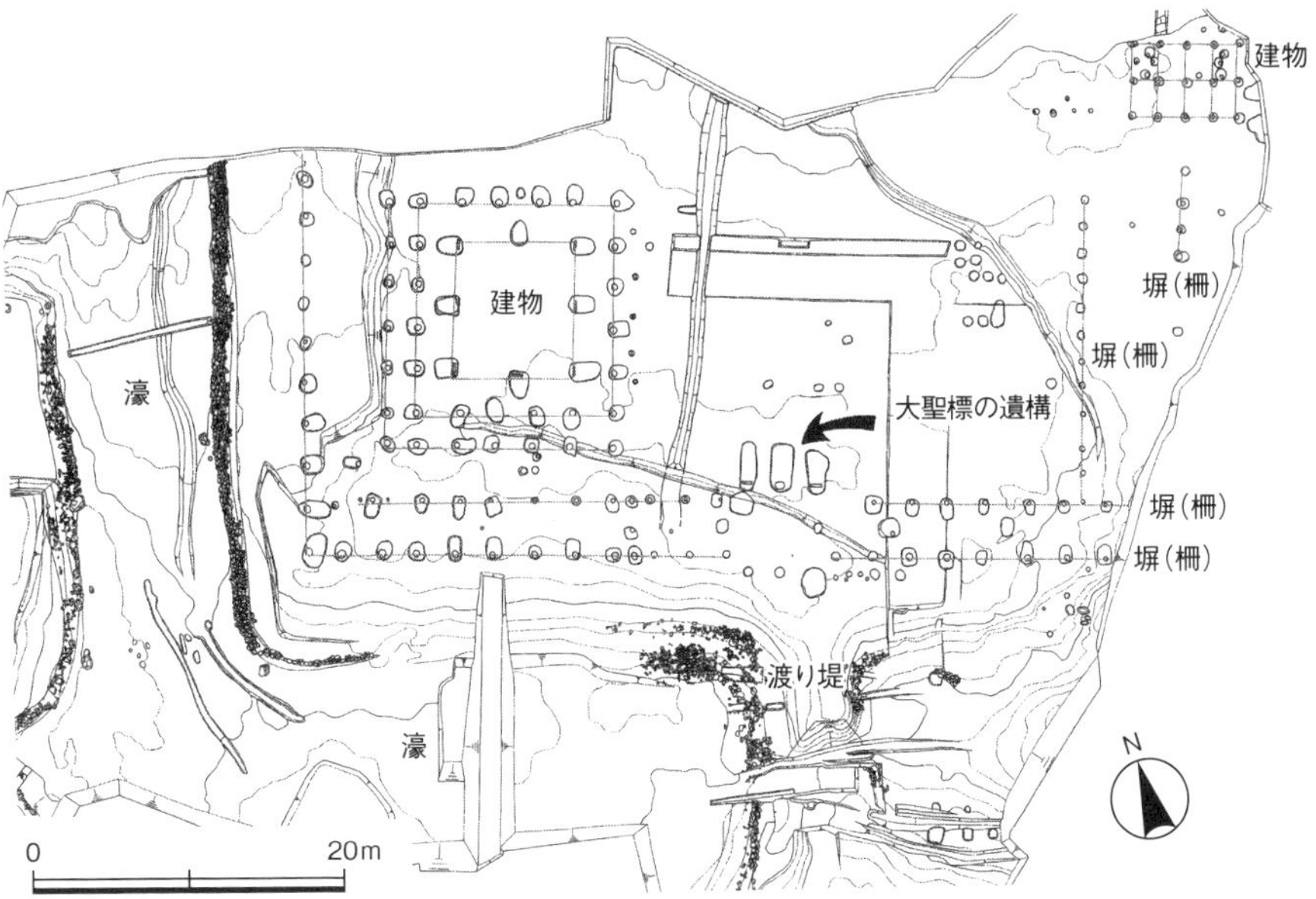

図 57　古代豪族の祭政空間（極楽寺ヒビキ遺跡）

図 58　祭政空間の門口に立つ大聖標の遺構（極楽寺ヒビキ遺跡）

ンチ前後の長方形平面の板柱である。断面形を異にする三本の大柱が東西一列に並んでいたのである。各柱は、巨大な柱穴の南側短辺に近接して一メートル以上の深さで立てられ、柱穴には柱を滑り落とすためのスロープ（斜路）が設けられる点から、相当の高さをもつ柱が立てられたと想定できる。この状況から屋根を架けた建造物を復元することは難しく、そこに三品のいう「王宮の門庭に立つ宮廷の聖標」のイメージを重ねれば、断面形を異にする二種の大聖標の聳立する情景が復元できる。

大柱は、方形区画の内側を囲繞する柵のラインから入り口を一メートルばかり広場に踏み込んだ位置に並ぶ。広場は大型掘立柱建物に正面し、方形区画の過半の面積を占め、首長祭儀に必須の儀式空間であることは確かである。大柱列はその広場に聳立する象徴的な意味をもつ存在と理解される。さらに大柱が渡り堤から区画内への参入者がまず目にする位置にあることをあわせ考えれば、それが葛城の王宮門前の大聖標だったと理解される。

◉大聖標の「かたち」

では、くだんの大聖標はどのような形状だったろう。残念ながら、それを類推させるうえで参考となるような大型の木製品を過去の出土資料のなかにみいだすことはできない。おそらく、祭政空間の聖標として、首長を象徴する「かたち」をいっそう大きく造形させたものではなかったか。

このような観点にたてば、大柱の地上部分の「かたち」を連想させる考古資料のいくつかを指摘することができる。まず両側に立つ大柱の断面形が矩形《くけい》の板状をなすことに注視すれば、これまでの考察を踏まえ、それが巨大な「石見型」であったことに気づくのは容易である。木製の釜塚古墳例や小立古墳例は当然のこと、土製品である宝塚一号墳例にあっても柱にあたる部分の断面が矩形であったことは、その蓋然性をさらに高める。

　石見型のモデルを考えるうえで参考となる資料が、極楽寺ヒビキ遺跡と同じ奈良県御所市の鴨都波《かもつば》一号墳（前期中葉）の木棺を包んだ粘土槨内に副葬されていた二本の鉄槍にともなう漆塗り装具である（図59）。この資料は槍先にかぶせた装具の木質部分が腐朽し去り、表面に塗布されていた黒漆の薄い被膜のみが遺存していたもので、その観察から直弧文《ちょっこもん》を刻んだ石見型の装具だったことが明らかになった。しかも鞘尻《さやじり》にあたる装具の先端にはV字形の突起が良好に遺る。鞘口にあたる部分に突起は造形されず、釜塚例や宝塚一号墳例のひとつに見られる初期の石見型に共通する造形といえる。しかし鉄槍の通有の外装は、筒形の木製鞘や、それに樹皮を巻いたり、黒や朱の漆を重ね塗ったもので、石見型のような装飾性に富む外装は儀仗時に用いられる装具と推察される。あるいは普通の筒形の鞘にかぶせた装具だった可能性も考えておくべきかもしれない。同様の祭儀用の外装は、同じ長柄武器である矛にも用いられたであろう。初期の石見型にみられる柱状の基部は、槍や矛の柄を表出した造形であることが理解されよう。

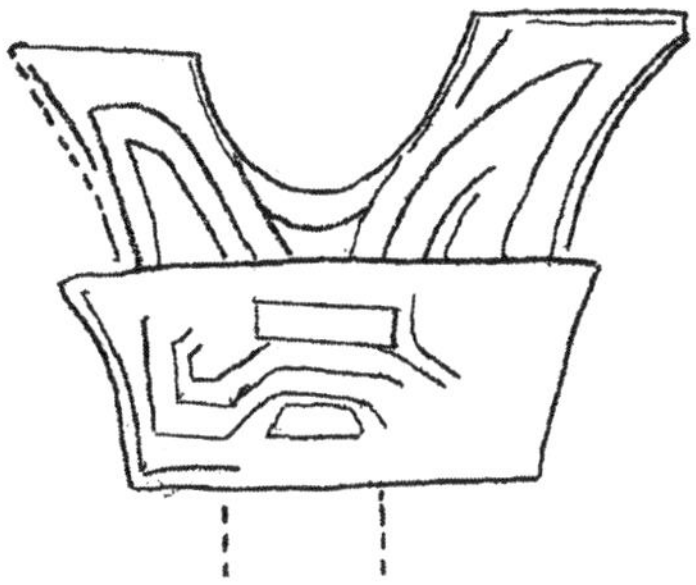

図59　鉄槍の装具先端（鴨都波1号墳、見取図）

「石見型」をめぐる迂遠《うえん》な考察の果て、その「かたち」が儀仗の場に臨む貴人が杖とした、装飾をふんだんに施した装具をかぶせた矛や槍に始原するという認識に至った。その形象は、貴人の祭儀空間の門口や、他界空間である古墳に、その象徴物として立てられたのである。

　釜塚例が、周濠に築かれた墳丘（他界）と外部（此界）をつなぐ渡り土手に近い濠底から墳丘にもたれかかるように出土したのも、

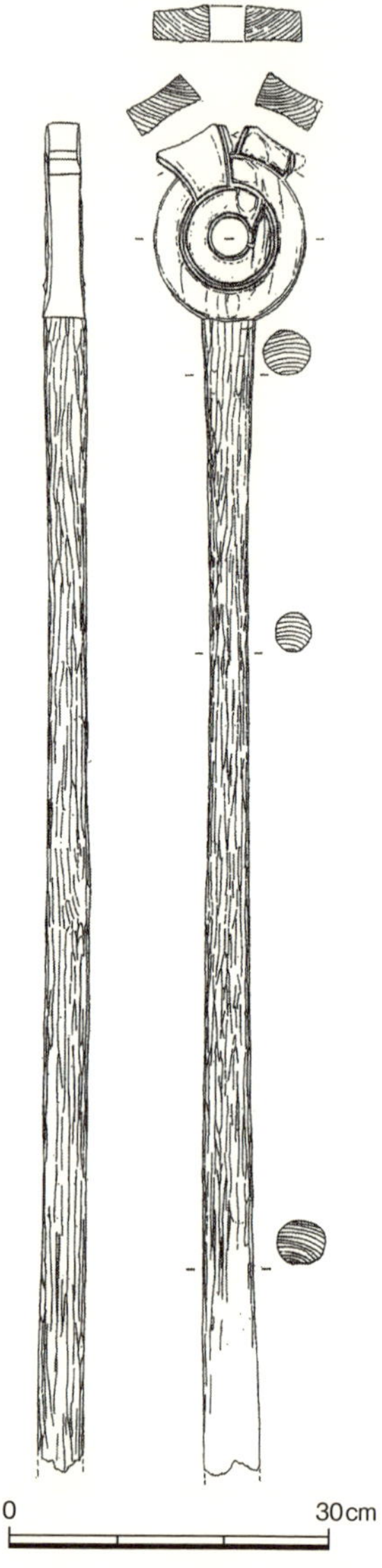

図60　下長遺跡出土の聖標

墳丘への参入口にあたる位置を意識してそれが立てられていたことをうかがわせる。

宝塚一号墳の石見型土製品が、衣笠や大刀形の土製品とともに船形埴輪に並び立てられたのも、それが貴人を表象する「かたち」であったがゆえとみて間違いなかろう。

なお近年、京都府相楽郡精華町の鞍岡山《くらおかやま》三号墳出土の円筒埴輪に、石見型聖標を船上に描いた船画（図84－6）の存在が明らかになった。宝塚一号墳をさかのぼる資料として注目される（第五章で詳述）。

本節の最後に、船形埴輪の造形を主題とする本論とは関係ないが、極楽寺ヒビキ遺跡の入り口に立つ中央の大聖標について簡単に触れておこう。それが左右に隣り合って立つ板柱よりも厚みをもった楕円形の丸柱であり、かつ三つの土坑の中央に立てられる点において、より象徴性の高い聖標であったとみられる。私は、長柄の上端を円環状やV字形などの形象に作り出した「儀礼や祭祀の場において首長が直接手にすることによって、自らの権威を一般成員（民衆）に知らしめるための杖」（樋上昇「儀杖の系譜」『考古学研究』第五二巻第四号、二〇〇六年）に比定される儀杖形の木製品や石製品（玉杖）の「かたち」こそがもっともふさわしく、それを大柱に造形したとみる。

それを類推させる儀仗用とみられる木製品の実例がある。下長《しもなが》遺跡（滋賀県守山市）の古墳時代前期の溝から出土したそれは、スギの一木から削り出したもので、長柄の基部が折損しているものの、現存長一・一七メートルで、本来は二メートル程度の全長があったと推察されている（図60）。柄の先には、中央に丸い孔があく直径一四・五センチの二重円環が縦位に造形され、その上には先端が撥《ばち》形をして、V字に立ち上がるふたつの突起をもつ組帯文《くみおびもん》が削り出される。柄の断面は丸く、直径四センチ前後である。基部が折れている現状から、どこかに立てられた聖標であったと思われ、極楽寺ヒビキ遺跡でのくだんの丸柱の形状を考えるうえで最右翼の資料である。

3　玉座の表象

ハート形の背もたれ

次に、大刀形や衣笠形をそれぞれ護り抱くかのように、逆ハの字形に上に開いて船体を仕切って造り付けられた、ハート形の「かたち」に注目したい。ハート形の形象はなかほどが大きく繰り込まれて、そこに小さな二つの四角い透かし穴があけられ、外縁には鋭く一方に偏向して突起する板状をした鰭《ひれ》形の装飾が寄生する。鰭形の「かたち」に関する検討は次節でおこなうこととして、ここではその宿主の造形を分析しておこう。同様のハート形の形象は、高廻り一号墳（大阪市平野区）や土師の里遺跡（大阪府藤井寺市）などから出土した船形埴輪にも見える。

しかし、このハート形の形象は船形埴輪だけにともなうものではない。松阪市に近い三重県志摩市にある、おじょか古墳の横穴式石室から出土した埴製枕（葬枕《そうちん》）にも造形される（図61－8）。それは死者の頭を横たえる枕の背、死者の頭上の位置にあたる部分についたてのように立てられる、枕と一体となった直弧文《ちょっこもん》を刻む飾り板で、周縁には大きな屈曲線をもって鰭形装飾が削り出され、躍動感を感じさせる造形だ。

同じ「かたち」は、赤堀茶臼山古墳《あかぼりちゃうすやま》（群馬県伊勢崎市）の椅子形埴輪の背もたれにも造形される（図61－9）。赤堀茶臼山古墳はI篇第三章で紹介した、わが国における舟葬研究の劈頭《へきとう》を飾る、ふたつのゴンドラ形木炭槨を埋葬施設としていたあの古墳である（七五ページ参照）。人物埴輪登場の直前段階にあたる五世紀中葉に築造された墳丘上からは、椅子形埴輪のほか、切妻屋根に堅魚木《かつおぎ》をのせた大型平屋建物とそれをやや小型にした平屋建物をはじめ、切妻《きりづま》高床建物・寄棟《よせむね》高床建物のほか、祭儀空間をあらわした囲形埴輪とその中に置かれたとみられる小さな切妻平屋建物など多様な家形埴輪群が出土した。当時の首長居館を表出したことがうかがえる。他界空間である墳丘上の居館、すなわち死者が新たな生を送る他界の王宮を観念した造形にほかならない。家形埴輪群のほか、衣笠・翳《さしば》・短甲・高坏・鶏などの形象埴輪が発掘されている。翳は長柄の先に羽の扇を取り付けた、儀仗の場で貴人の姿を隠すための道具で、衣笠形埴輪と同様に貴人の存在を語る形象埴輪として、さきの家形埴輪群によって表出される他界の王宮を補完する存在である。

くだんの椅子形埴輪は、緩やかにカーブして左右にせりあがる尻受け部を前後一枚ずつの台形の脚が支えるもので、ハート形をした大きな背もたれがほぼ直角に立ち上がる。この埴輪の大きさは、左右が六八センチ、尻受け部の奥行き三五センチ、総高は五〇センチを超え、さきに述べた大型平屋建物を形象した家形埴輪を凌駕する。背もたれの背面にはハート形の外縁線に並行する細い文様帯が凸帯と線刻で表現され、そのモデルとなった椅子の背もたれが藤や葛などの蔓かまたは竹を用いて製作

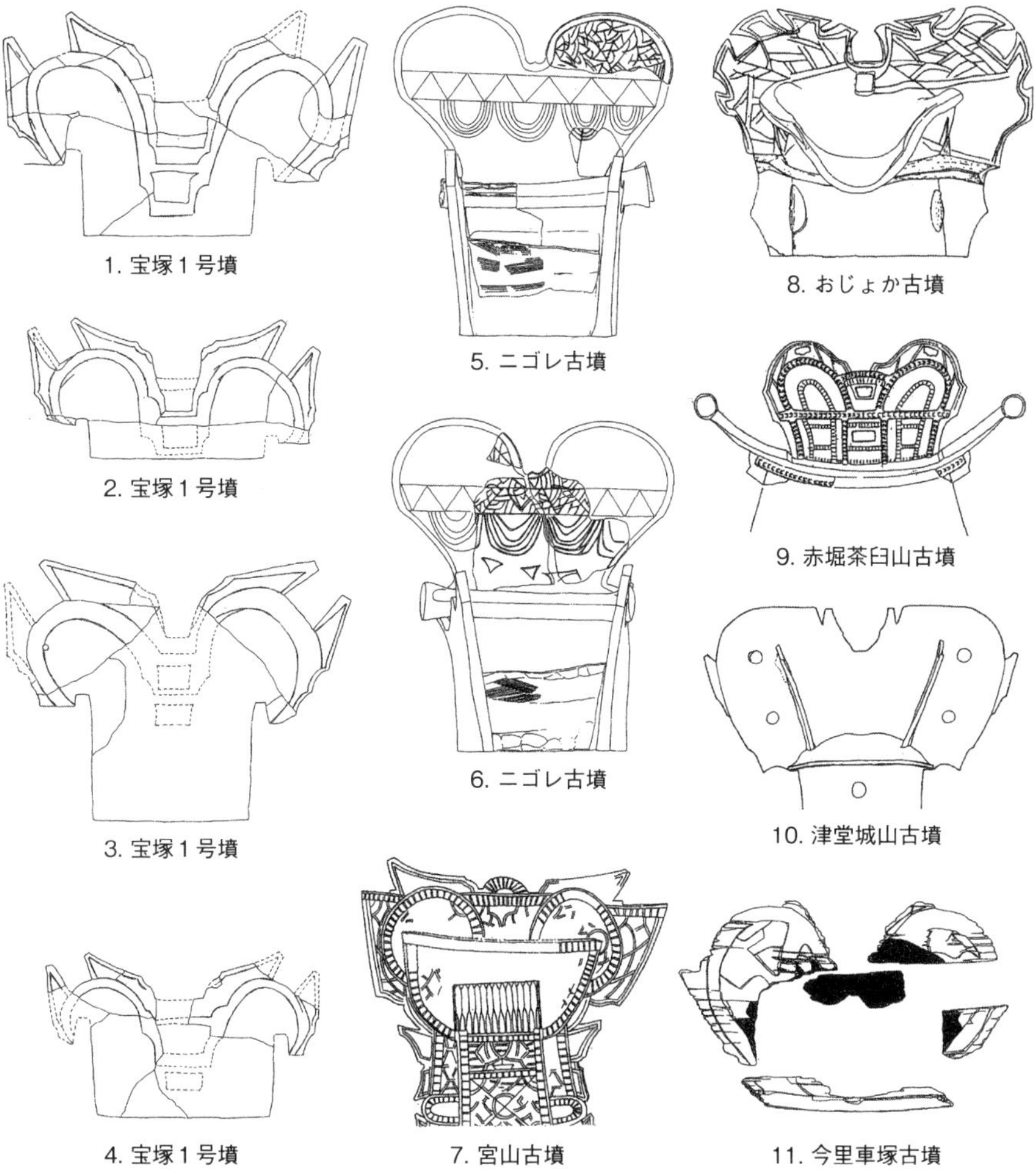

図61　ハート形の「かたち」を造形した考古資料

されたことをうかがわせて興味深い。また背もたれの外縁に鰭《ひれ》形の装飾があることはさきの諸例と同じである。中期後葉には椅子に座す貴人の姿を表出した人物埴輪が出現するが、この埴輪がそれに先んじて、祭儀に臨む首長の存在を椅子に表現しようとしたことは確かと思われ、さきの家形埴輪群に囲まれて墳丘上に置かれていたと推考される。

◉ハート形の形象の造形思惟

おじょか古墳の埴製葬枕と赤堀茶臼山古墳の椅子形埴輪から、共通する造形思惟が浮かび上がる。緩やかな丸みをもつ被葬者の座。背後に立つハート形の形象。それが貴人の座を荘厳する「かたち」であることを照らし出す。宝塚一号墳の船形埴輪の船上に造形されたハート形の形象（図61－1～4）は、それぞれ二枚一組となって、一方が大刀形を、他方が衣笠形を抱くかのように船底より一段高く逆ハの字形に取り付けられ、それぞれの土製品の存在をいっそう際立たせる。この二枚一組のハート形の形象は、すでにⅠ篇第五章で形象埴輪の思想的意味を問うなかで俎上《そじょう》にあげた、ニゴレ古墳（京都府京丹後市）の椅子形埴輪に造形されていたことを思い出していただきたい（図47、図61－5・6）。緩やかなカーブをもった尻受け部の両側に肘掛けのようにハート形の形象が立てられていたではないか。宝塚一号墳の大刀形と衣笠形の土製品は玉座に立てられた貴人の形代《かたしろ》と認定されよう。

このハート形の飾り板だけを円筒の台の上に据え付けた形象埴輪がある。津堂城山《つどうしろやま》古墳（大阪府藤井寺市、図61－10）・石山古墳（三重県伊賀市）・高廻《たかまわ》り一号墳（大阪市平野区）など、いずれも宝塚一号墳と前後する四世紀末～五世紀前葉に築かれた古墳に置かれていた。

従来、この種の形象を外出する貴人に従者がさしかけて顔を隠す「翳《さしば》」か、または貴人の背後に立てられた「ついたて」の形象とみなし、さきの船形埴輪や椅子形埴輪に造り付けられるハート形の形象との関連は等閑視されてきた。しかし両者が同じ形状をもつことは間違いなく、造形思惟だけでなく、その淵源をひとつの形に求める試みも無駄ではなかろう。

埴輪は土を素材とする造形だが、土製品（埴輪）だけが墳丘上に立てられるものでないことは、儀仗用の杖や矛などをモデルとした、いわゆる「石見型」の形象で検討してきた。ハート形の形象においてもしかり。今里車塚古墳《いまさとくるまづか》（京都府長岡京市、図61―11）からはヒノキ製のものが出土している。かなりの部分が焼損しているものの、ハート形の彎曲《わんきょく》部分とその周縁に削り出された鰭形の装飾は明瞭に遺存しており、復元すると最大幅約一六五センチ、残存高は約七五センチにもなる大型品で、津堂城山例の埴輪よりもさらに大きい。

鳥装のシャーマン

このハート形の形象の淵源を考えるうえに参考となる資料がある。静岡県浜松市にある、弥生時代後期の環濠集落遺跡として知られる伊場《いば》遺跡から出土した、短甲状とされる木製品の背当てにあたる資料である（図62）。ヤナギ製で、左右の胸当てとあわせて三枚で構成されて、それぞれを紐《ひも》で綴じ合わせ、胸と背を包んで使用された。表面全体を、蕨手文・同心円文・綾杉文・雷文・羽状文など、多様な線刻文で充塡したうえに、全面に赤色顔料（丹）を塗り、縁端部と同心円文や蕨手文などに黒漆をかけ、鮮やかな色彩と文様に飾られた弥生時代の優品だ。背当ては向かって右半分がほぼ完存しており、全体の復元を可能にしている。両肩にあたる部分に、緩やかに後方にそり返りつつ伸び上がる翼状の突起がつき、その装飾にさらなる躍動感を与えている。この翼状突起を鳥の羽の表現とみて、

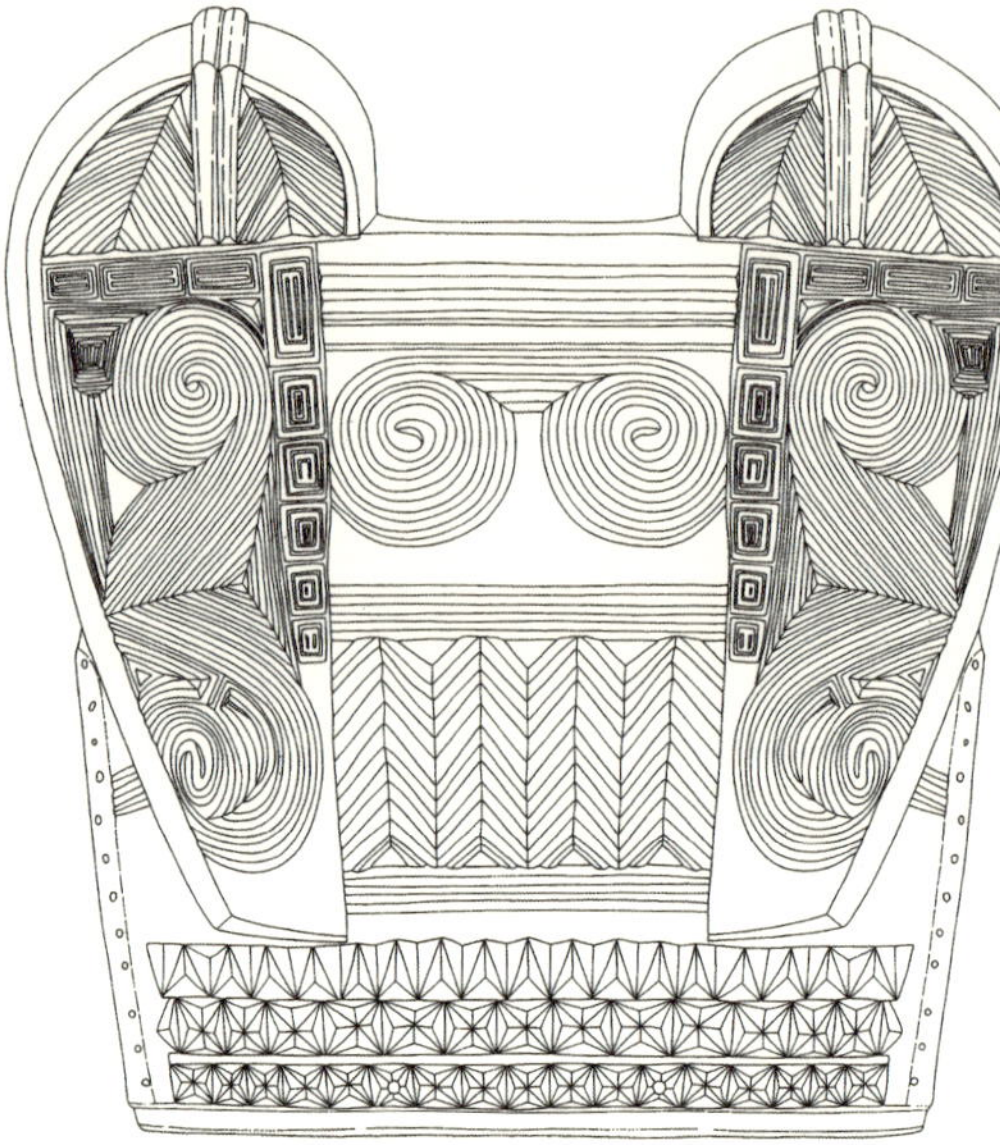

図62　伊場遺跡出土の短甲状木製品（背当て、復元）

それを装着したさまを想像すれば、そこに弥生土器の絵画に散見される、祭儀に臨む鳥装のシャーマンの姿を重ねることは容易である。神の託宣をくだす鳥装のシャーマンこそ、人々を統率する存在であり、神自身に擬せられたであろう。この木製品を装着すると、両肩上に丸く盛り上がるように翼状突起の先端が見える。

　ハート形の形象にみる左右肩部の盛り上がりこそ、鳥装のシャーマンが着けた翼状突起、または翼そのものを究極にまでデフォルメしたもので、そこに当該の形象に首長（貴人）の存在を表象する「かたち」としての造形創出の起点をみいだすことができる。

4　鰭形装飾とはなにか

◉鰭形の起源

玉座の表象として大刀と衣笠を護るかのごとく立つ宝塚一号墳例のハート形の形象には、その外縁に矢羽根を中軸線で半截した形の装飾板が、それぞれ二枚ずつ立ち上がる。よくみると基本形は矢羽根形ではあるが、矢の先にあたる側の斜辺が、上に開くふたつの浅い円弧を連ねた線で造形される。考古学の世界では、この装飾を「鰭形装飾」とか「鰭飾り」と呼び、弥生時代末葉から古墳時代初頭に案出された直弧文と呼ばれる呪的図文に祖形を求めることができる図形とみられてきた。直弧文は、祭儀や葬儀の場を荘厳し、祭儀執行者の尊貴性をきわだたせるため、そこを構成するさまざまな威儀具・武具・器財などに表出された辟邪《へきじゃ》の意味をあわせ持つ図文とみてよく、そこに含まれる図形の核となる部位を抽出して生み出された図形のひとつが鰭形装飾と考えられる。

この鰭形装飾もまた、それが付けられる本体の尊貴性を主張する「かたち」として形象埴輪をはじめ、古墳時代のさまざまな器物に付けられる。たとえば美園《みその》古墳（大阪府八尾市）の墳頂に置かれていた、首長が神託を受けるための座である「神牀《かんどこ》」を造り付けた高殿を形象する家形埴輪にも、屋根の随所にそれが表現されていた（**図45**）。宝塚一号墳においても、鰭形の装飾を屋根に付けた同じタイプの家形埴輪が出土している。

あらためて、くだんの船形埴輪を側面からながめると、大きくせりあがる船体の舷側上段本体が大きな鰭形に造形されていることに気づく。ハート形の飾り板はそこに取り付けられている。しかもその鰭形の舷側上段の先端に近い部位に、さらに小さな鰭形の装飾がつけられる。大小ふたつの鰭形装飾が重なって造形されているのである。その表現法は舳先《へさき》と艫《とも》が大きくゴンドラ状にせりあがり、あたかも船全体が大きな弧状をなして、埴輪全体に躍動感を生み出す効果をもたらせている。この船形埴輪をながめた私の眼は、まずこの大きく伸び上がる舳先と艫にくぎづけになったことをいまでも覚えている。

「何かに似ている」

私は鰭形の装飾を二段に重ねて立ちあがるその形が、衣笠形埴輪の笠の頂きに花開くように大きく伸び上がる立飾《たちかざ》りに似ていることに気がついた。時代的には一世紀以上くだる資料ではあるが、私も発掘に参加した、和歌山市にある井辺《いんべ》八幡山《はちまんやま》古墳に立てられていた衣笠形埴輪の立飾りと宝塚一号墳の船形埴輪の舳先や艫の造形がうりふたつであるのには驚かされた（図63）。宝塚一号墳の船形埴輪の船上に立てられた衣笠の頂きの装飾は、天上に開く花を連想させる造形であった。しかし一般に衣笠形埴輪のそれは、随所に鰭形の装飾をつけた弧状の板が十字方向に、さながら火群《ほむら》が立つように縦に取り付けられる。立飾りと言われる所以である。しかし、よく見れば、弧状をなす立飾りの本体が鰭形を伸長させ、誇張させた形とする理解も可能ではないか。

◉鹿角の呪力

私は、鰭形装飾の造形心意を解く鍵が、幾つもの鰭形で飾られる衣笠の立飾りにあるのではと考えるようになった。その契機は、東殿塚《ひがしとのづか》古墳（奈良県天理市）出土の円筒埴輪に衣笠を立てた船の線刻画をみいだしたところにある。

東殿塚古墳は奈良盆地のなかでも、古式の大型古墳が集中する大和《おおやまと》古墳群を構成する全長約一四〇メートルの壺形墳である。一九九七年、天理市教育委員会は、南北に主軸をとる墳丘の、突出部（前方部）西側を対象とする墳丘調査を実施した。その調査成果のひとつが、墳丘裾から周濠にむかって三・五メートルほど張り出す、低平な造出しの縁端を区画するように、幅の広い鰭を側面に貼り付けた円筒埴輪と朝顔形埴輪（壺を器台に載せた形状の形象埴輪のこと）、一五個体ばかりが並べられた遺構である。その円筒埴輪のひとつに、船の線刻画が描かれていた。高さが約六四センチ、最大径が約五〇センチの平面が楕円形をなす鰭付き埴輪である。それには、三本のタガによって四段に区画された埴輪本体表面の二段目の表裏両面と、三段目の片面の計三箇所に、流麗かつダイナミックな筆致で船の線画が刻まれていた。古墳時代前期における数少ない絵画として重要な資料である（図66）。

この船画については次節で詳細な検討を加えることになるので、ここでは論旨に関係する点に限って述べておく。

三つの船画のなかでもっとも大きく描かれる二段目の船画のひとつ（一号船画）は、船の全長が三四センチを超える、ゴンドラ形の準構造船である。船上中央に旗竿と並んで衣笠が立つ。笠の縁に垂れ下がる二連の房《ふさ》は風を受けて跳ね上がり、数本の長い旗もまた竿を大きくしならせてひるがえる。

私が注視するのは衣笠の頂きに付く、枝分かれしながら伸び上がる立飾りの形状である。それは弥生時代や古墳時代の円筒埴輪などに描かれる、鹿の角とまったく同じ描き方をしている

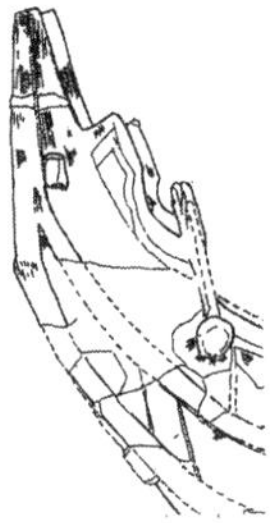
宝塚１号墳

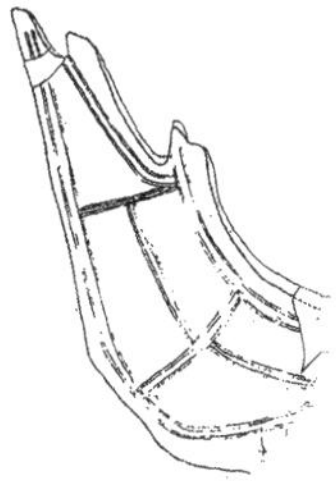
井辺八幡山古墳

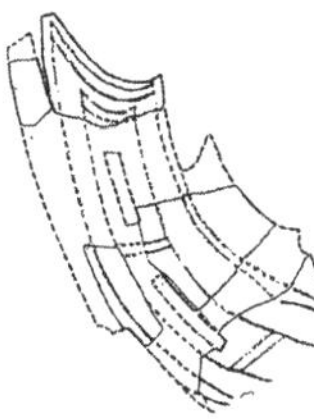
平城宮下層

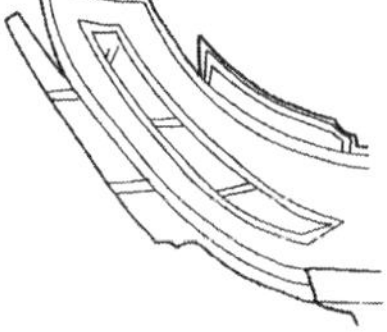
平塚１号墳

◀**図63　船形埴輪の舳先と衣笠形埴輪立飾りの「かたち」**
（下３点が衣笠形埴輪の立飾り）

（図64）。立飾りに鹿角《ろっかく》が利用されたのであろう。『万葉集』の「乞食者《ほかひびと》の詠《うた》二首」のひとつに、大和の平群山《へぐりやま》の牡鹿が我が身のすべてを大君に捧げて奉仕する歌が念頭に浮かぶ。そこに「頓《たちまち》に　われは死ぬべし大君に　われは仕《つか》へむ　わが角《つの》は　御笠《みかさ》のはやし（云々）」（巻第十六―三八八五）と詠われる。「はやし」とは「栄やし」のことで、よりりっぱに賑やかに飾り立てること、すなわち「装飾」である。そこに奈良時代にあって、衣笠の立飾りが鹿角に見立てられたことがうかがえる。私は、鹿角を大君（天皇）所用の衣笠に装飾（立飾り）として使用することが古墳時代以来つづいていた可能性があると考える。

古墳時代、首長が高殿において実修する祭儀のひとつに、魂振《たまふ》りの目的をもつ鹿鳴聴聞《ろくめいちょうもん》の行為があったことは、拙著『高殿の古代学』（白水社、一九九〇年）で指摘した。鹿の鳴き声を聴く呪的祭儀の背景に、年ごとに落ちては生え変わる鹿角に命の漲《みなぎ》り（再生と繁栄）をみてとるとともに、霊獣の声に魂振りの発動を期待した古代人の心意が指摘できる。それゆえに鹿角の立飾りを付けた衣笠は、神意を体現する存在としての王権のシンボルと認識されたのである。

千葉県木更津市の畑沢《はたざわ》埴輪窯跡は古墳時代中期後半に埴輪を生産した遺跡であるが、そこから出土した衣笠形埴輪は笠の骨にあたる肋木《ろくぼく》が表出され、当時の衣笠を写実的に造形したことをうかがわせる。その笠の上部に組合わせられる立飾りは、分枝しつつ大きく伸び上がる鹿の角を容易に連想させる形状をしている。また生出塚《おいねづか》埴輪窯跡（埼玉県鴻巣市）でも、鹿角をデフォルメしたとみられる姿形の立飾りをもつ衣笠形埴輪が生産されている。

衣笠形埴輪の初期の事例として、前期後半に築かれた佐紀《さき》陵山《みささぎやま》古墳（日葉酢媛《ひばすひめ》陵古墳）出土のそれが知られる。笠部にみる肋木を表現した凸帯の先端は、笠の縁端からさらに外方向へ伸び出して大

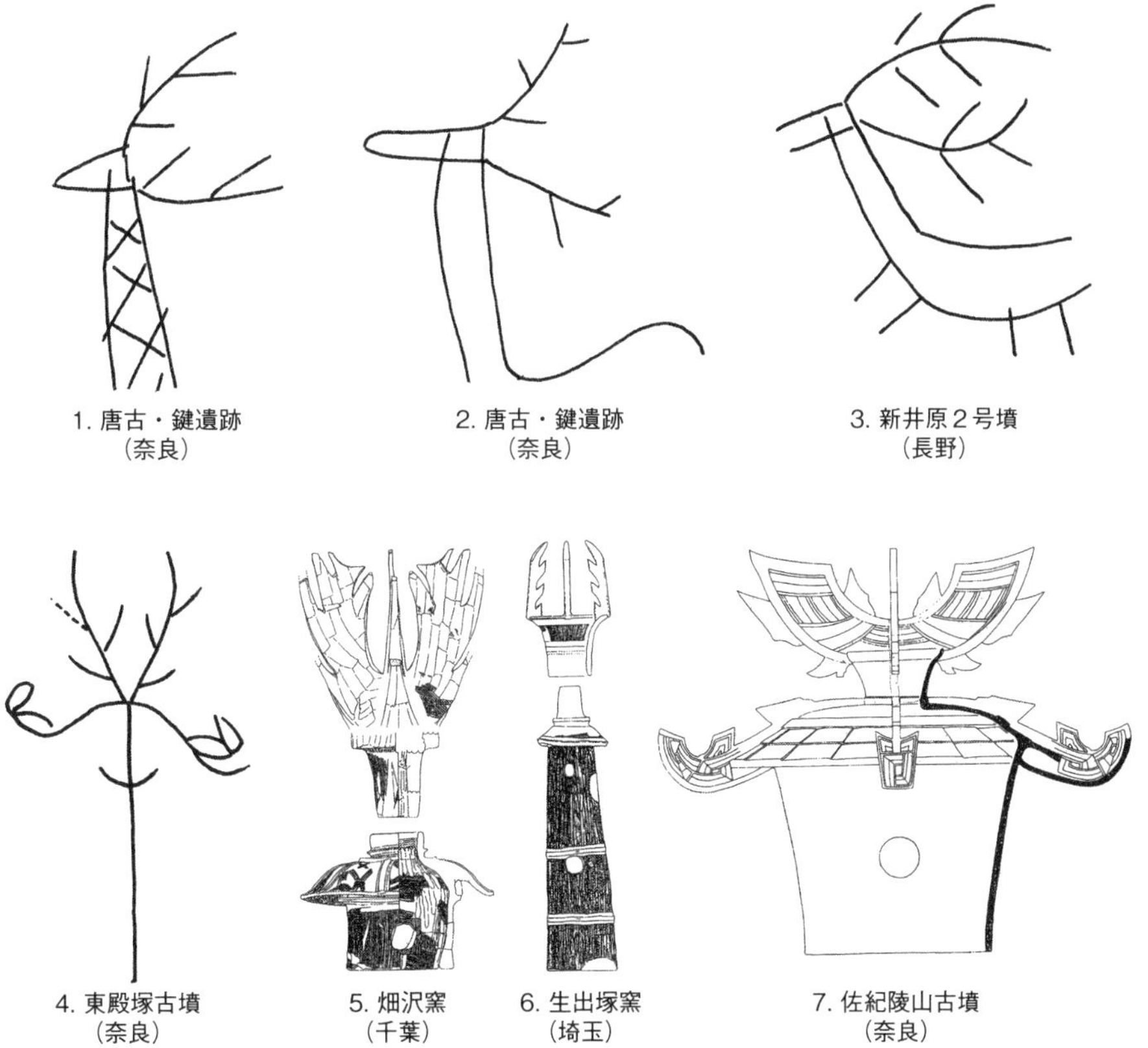

図 64　鹿の絵画（上段）**と鹿角を連想させる衣笠の立飾り**（下段）

きくそり返る。その形状は東殿塚古墳の船画にみる衣笠の縁端に舞い上がる房の表現につながり、肋木の背に付く大きな鰭形装飾とともに造形にさらなるダイナミックさをもたらせている。また四方へ弧状に伸び上がる立飾りの本体には、その上縁と下縁に鋭い突起をもつ大きな鰭形装飾が付く。その形状をくだんの船画に描かれた立飾りと比べると、それが鹿角に起縁する造形とする認識ができそうだ。そこに畑沢埴輪窯跡例などの中期後半~後期前半の、鹿角を象形したとみられる事例をあわせ考えれば、立飾りが鹿角に起源する造形である可能性はさらに高まる。鰭形の装飾を枝角にみたてたわけだ。

古代の人々は、季節とともに変化する鹿の毛色や角の成長と脱落というその生態のサイクルに、稲の生育が季節に対応することをかさねて、鹿を霊獣視したり神の化身とみなした。岡田精司《おかだせいし》氏は、そこに大王の祭祀と首長儀礼の古相をみてとろうとした。私も『高殿の古代学』において、弥生土器や銅鐸に描かれる鹿のモチーフと記紀や万葉歌にみる鹿にかかわる伝承や説話の検討から、鹿鳴聴聞と男女同衾《どうきん》が魂振りの意味をもって実修される王権祭儀であったことを考察した。

なかでも年ごとに新たな芽生えと成長を繰り返す鹿角に、命の再生と繁栄をみてとり、初夏の若角を獲る「薬猟《くすりがり》」や「遊猟《あそびがり》」と呼ばれる魂振りの狩猟儀礼が、羽田《はた》・蒲生野《がもうの》・阿騎野《あきの》などで催された記載を『日本書紀』や『万葉集』に散見することができる。弥生土器や埴輪に描かれた鹿狩りの場面は、同じ目的をもつ狩猟儀礼がさらにはやくから存在したことを推察させる。鹿角には強精剤としての薬効はもとより、大陸において不老長生や吉祥の象徴とされたことはよく知られる。大きく分枝する角は鹿の生命力の証しであり、衣笠の立飾りに突起のように付く鰭形装飾に、命のさらなる漲りが感得されるとともに、王権の繁栄が象徴されたのだろう。

◉小さな出っ張り

鹿角の立飾りを描いた東殿塚一号船画の反対側に描かれた三号船画では、ゴンドラ形に大きく反りあがる艫《とも》の縁に、鋭い棘《とげ》のような数本の突起が描かれる。それが一号船画の鰭形装飾と同じ意味をもつ図文であることは、両者が同じ位置に描かれる点から間違いない。三号船画の反りあがる舷側には、連続する三角文が描かれる。三角文が龍蛇の鱗《うろこ》を象徴する図文でもあることは、六大《ろくだい》A遺跡（三重県津市）から出土した弥生時代終末期の台付長頸壺《だいつきちょうけいつぼ》に線刻された、龍蛇をデフォルメした絵画に明らかで、そこに三号船画が水上を走る龍舟（ペーロン）をイメージした点は無視できず、艫の縁に描き込まれた鋭い棘のような表現に龍の霊威がうかがえる。

龍の胴体に鋭い棘を描いた壁画は古代中国の壁画墓に散見され、わが国でも装飾古墳として知られる竹原《たけはら》古墳（福岡県鞍手郡若宮町）の後室奥壁に描かれた龍に、胴体から尾の随所に長く伸びる多数の棘がみえ、神通自在の力を具有する霊獣であることが感得される（図40）。鰭形や棘形、どうやら図像本体からおまけのように飛び出した小さな出っ張りの造形に、それが取り付く本体の機能をさらに増幅させる効果が期待されたとみることができそうである。

かような視点を考古資料に渉猟《しょうりょう》すれば、子持勾玉《こもちまがたま》の背や腹、また側面などに付く小さな勾玉形、銅鐸の縁辺に付く双頭渦文《そうとうかもん》の耳、さらには巴形銅器《ともえがたどうき》の鉤状突起なども同じ造形心意に由来する「かたち」とみなすことができるだろう。さきに検討した石見型聖標にあっても、工字形の上下辺から飛び出したV字形の突起にくわえ、その外縁線の随所にみられる棘状の屈曲部もまた同じ心意を内包する造形とみなされる。また奈良県天理市に鎮座する石上《いそのかみ》神宮に収蔵される七支刀《しちしとう》もまた、剣身の両側、左右相互にそれぞれ三本ずつの小さな剣形の突起を造り出すことによってさらなる呪性の高まりを期待した造形といえる。

船形埴輪の舷側に付く鰭も、それがただ貴人にかかわる乗り物であることを言挙げるだけではなかろう。東殿塚古墳の三つの船画のいずれにも、中央に立つ竿に勢いよく風になびく複数の旗が描かれ、さらに舷側にずらっと幾本もの櫂《かい》が並ぶ。死者の霊魂を乗せ、他界へ急ぐさまに描き手の心が見てとれよう。三号船画に描かれた鋭い棘状の突起も、船が龍のごとく水面を疾走することへの期待があってのことで、一号船画に描かれる鰭形装飾の造形心意もまたそこにあるのだろう。

『釈日本紀』巻八に載る「播磨国風土記」逸文に、天皇へ捧げる水を運ぶ高速船にかかわる説話がみえる。

明石《あかし》の駅家《うまや》。駒手《こまで》の御井《みゐ》は、難波《なには》の高津《たかつ》の宮《みや》の天皇《すめらみこと》の御世《みよ》、楠《くすのき》、井《ゐ》の上《うへ》に生《お》ひたりき。朝日には淡路嶋《あはぢしま》を蔭《かく》し、夕日には大倭嶋根《やまとしまね》を蔭しき。仍ち《すなは》、其の楠を伐《き》りて舟に造るに、其の迅《はや》きこと飛ぶが如く、一檝《ひとかぢ》に七浪《ななみ》を去《ゆ》き越えき。仍《よ》りて速鳥《はやとり》と号《なづ》く。ここに、朝夕《あしたゆふべ》に此の舟に乗りて、御食《みけ》に供《そな》へむとして、此の井の水を汲《く》むに、一旦《あるひ》、御食の時に堪《た》へざりき。故《かれ》、歌作《うたよ》みして止《や》めき。唱《うた》に曰《い》はく、

住吉《すみのえ》の　大倉《おほくら》向きて　飛ばばこそ　速鳥《はやとり》と云《い》はめ　何か速鳥

同趣の説話は『古事記』仁徳段にもみえる。

此の御世に、免寸河の西に一つの高樹有りき。其の樹の影、旦日《あさひ》に当れば、淡道島《あはぢ》に逮《およ》び、夕日に当れば、高安山《たかやす》を越えき。故、是の樹を切りて船を作りしに、甚捷《いとはや》く行く船なりき。時に其の船を号《なづ》けて枯野《からの》と謂ひき。故、是の船を以ちて旦夕《あさゆふ》淡道島の寒泉《しみづ》を酌《く》みて、大御水《おほみもひ》献りき。

枯野の船の説話は『日本書紀』の応神天皇五年十月条にもみえる。そこでは伊豆国に造らせた船が「軽く泛《うか》びて疾《と》く行くこと馳《はし》るが如《ごと》し」であったがゆえに「枯野《からの》」と名付けたという。この命名に不審をいだいた書紀の編者は「船の軽く疾きに由りて、枯野と名《なづ》くるは、是義違《これことわりたが》へり。若《も》しは軽野《かるの》と謂《い》へるを、後人訛《のちのひとよこなば》れるか」と注する。

いずれにせよ、古人は船足の軽さに霊力の発露をみている。相模国の足柄山の地名由来を、そこから伐りだした杉で造った船の足が軽かったことから足軽山と呼んだことに起源するという、そのものずばりの地名伝承（『続歌林良材集』）もある。

第二章

見えない形・失われた形

1 旗のなびき

◉船底の穴

次に第一章とは違った視点から宝塚一号墳の船形埴輪を検討しよう。

船形埴輪の船底には舳艫《じくろ》を結ぶ方向でほぼ等間隔に、直径四～五センチの丸い穴が五つあけられていた（図65）。上に衣笠《きぬがさ》形と大刀《たち》形の土製品を立てるための甲板が張られるので、両端のふたつの穴は、雨水を排水するなどを意図してあけたかとみておく。残る三つの穴のうち、真ん中の穴を除くふたつには、船形埴輪本体とは別造りの貴人を表象する石見型をした聖標の形代が立てられ、穴の周縁には粘土の帯がドーナツ状にめぐらされる。そこに挿し込まれた聖標の根元がぐらつかないようにするための仕掛けであることはさきに触れた。同じ仕掛けは真ん中の穴にもある。しかしそこに土製の聖標は立てられてはいなかった。この船形埴輪の遺存状況がきわめて良好であったことは、船形埴輪

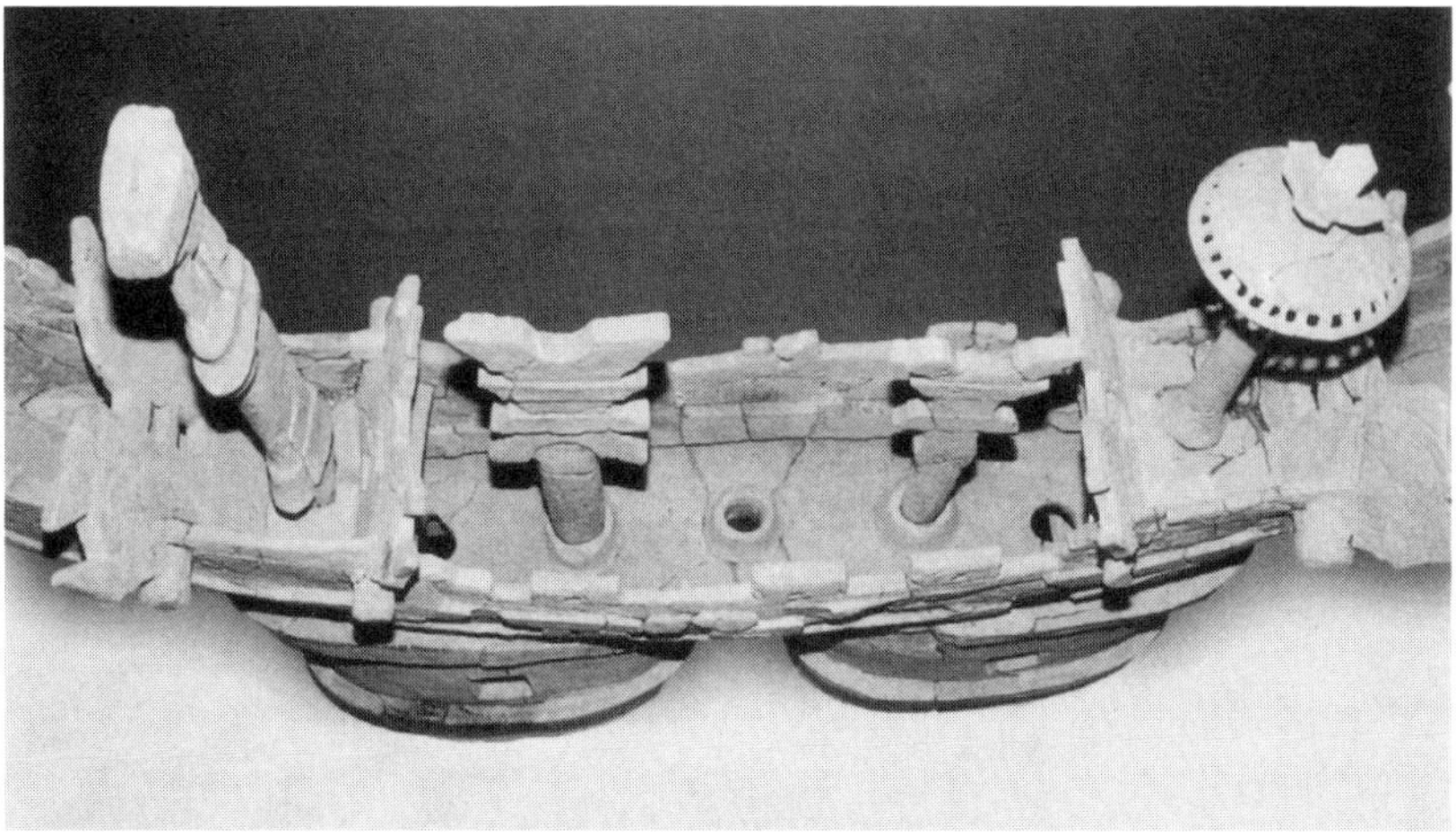

図 65　旗竿を立てたとみられる船底中央の穴

の本体のみならず、衣笠形や大刀形、また儀仗《ぎじょう》用の杖《つえ》をモチーフとした石見型聖標の形代にいたるまで、ほとんど欠損なく復元されたことからも明らかである。

船底中央の穴の周縁にドーナツ状の縁堤がめぐる事実は、それが何かを挿し込むための機能をもつ造作であることを語っている。しかしそこに立てられていたであろう「かたち」は、破片ひとつすら遺こってはいなかった。もともと何も立てられてはいなかったのだろうか。

「発掘調査にあって、見えないもの、存在しないものは、もともと存在しなかった。モノを扱う考古学ではそれ以上の発言はするべきでない」

よく聞く、考古学者の決まり文句だ。ただ目に見える遺構と遺物にしかものを言わせないのであれば、それは往時の人々の営為の一面をみているにすぎないのである。

私は、真ん中の穴にも、なんらかの「かたち」が立てられていたと確信している。今に至る長い時間の営みのなかで朽ちて失われてしまった「かたち」が、そこに存在したと考えるのが当該埴輪の造作から解釈される妥当な理解だと思う。時間の流れのなかに朽ち果てる素材から造られたモノが想定されるのである。おそらく木や布帛《ふはく》などの有機質素材で作られた「かたち」が、その穴に立てられていたとみるべきだろう。

その「かたち」を考えるのはさほど難しいことではない。

手掛かりは、前章での検討作業においてその一端を紹介した、東殿塚古墳《ひがしとのづか》出土の円筒埴輪に描かれた船画にある（図66）。

◉他界へ急ぐ船

前章では検討に必要な範囲で、船画を部分的に紹介したにすぎない。あらためて三つの船画について見ておこう。

船画を描いた円筒埴輪は、南北に主軸をもつ壺形墳の突出部（前方部）西裾《すそ》に設けられた、低平な造出し空間を囲む一五個体ばかりの円筒や朝顔形埴輪のひとつである。高さが約六四センチ、最大径約五〇センチの平面が楕円形で、左右の側面に縦長の板を貼りつけたいわゆる鰭《ひれ》付円筒埴輪で、その形状に造出し空間の結界を意図する造形心意がみてとれる。埴輪の表面は三本のタガによって四段に区画され、船画は一番広いスペースをもつ下から二段目の両面（一号船画・三号船画）と三段目（二号船画）の片面に線刻で描かれる。

鹿角《ろっかく》の立飾り表現をもつ衣笠を描きこんだ一号船画は、全長三四センチを超えるゴンドラ形の準構造船である。船の中央に狭長な六本の布帛を横になびかせる旗竿が描かれる。旗のなびく方向から、船の進行する方向が右手であることがわかる。旗竿の右手（舳先《へさき》寄り）には、くだんの鹿角を立飾りとする衣笠が立つ。笠の縁に垂れる二連の房《ふさ》が風を受けて跳ね上がり、横になびく旗の重なりとあわ

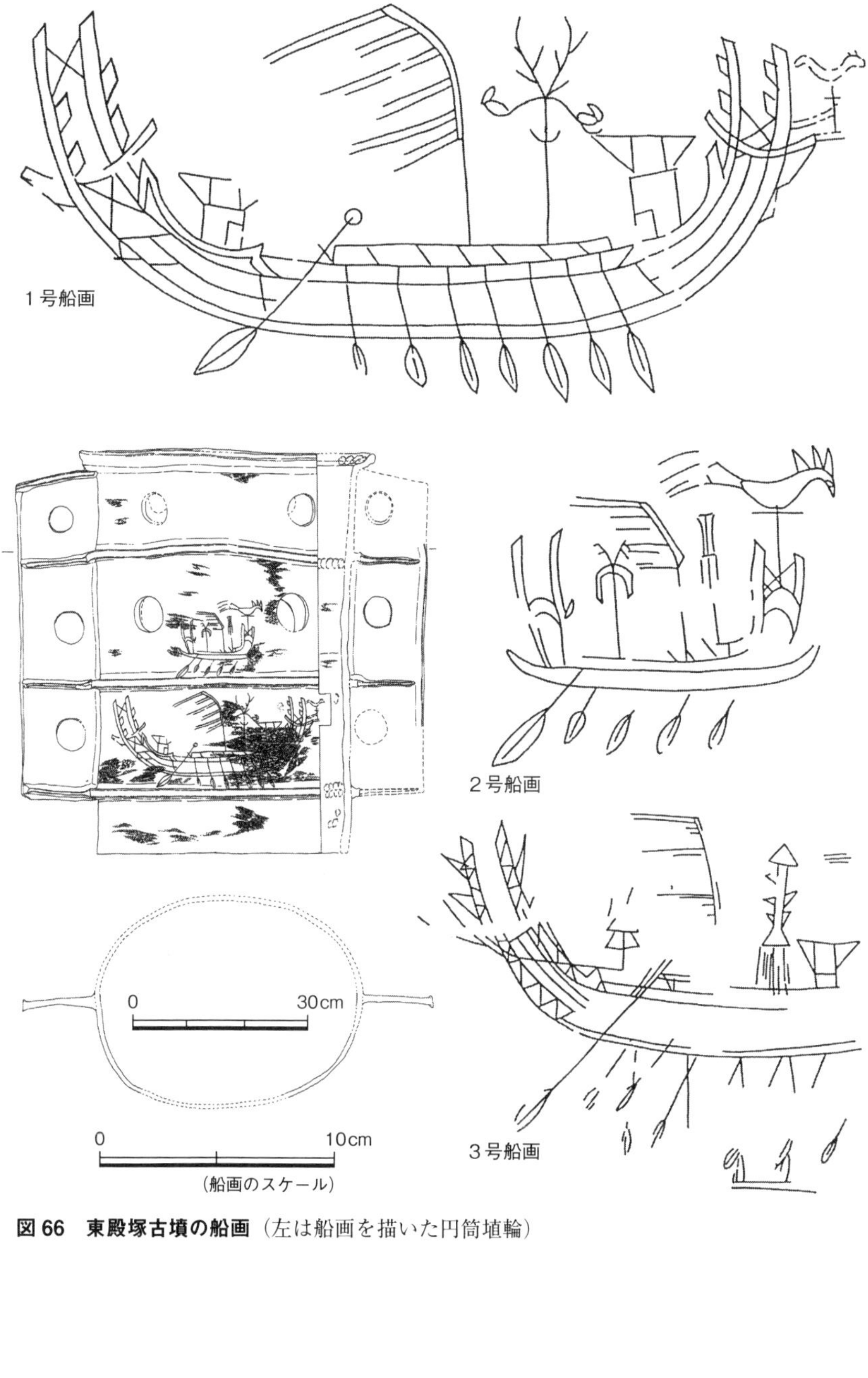

図66　東殿塚古墳の船画（左は船画を描いた円筒埴輪）

せ、船足の速さを巧みに描写する。旗竿と衣笠は棺を描いたかとみられる低い段の上に立てられる。船上、舳先側と艫《とも》側の両所には、入り口を船の中央に向けた屋形がみえる。屋形は大きな鰭形装飾の上に描かれる。貴人の霊屋《たまや》か、葬礼にかかわる建物であることを語るのかもしれない。舷側には七本の櫂が並び、艫寄りには向きを違えた大型の櫂が見える。

表現手法の点でおもしろいのは、船のなかほどは真横方向からの視点で描かれるのに対して、大きく反りあがる舳先と艫は、やや上位の視点から見下ろしたように左右の両舷側を描きながらも、視点の違いを巧みに解消してひとつの船画に仕上げている点である。舳先と艫には大小幾つかの鰭形装飾が付き、船首の先端には棚状をした装置に立つ竿の上に波形の表現がみえる。次に紹介する二号船画をみれば、その曲がりくねった形状が鳥の表現とわかる。この一号船画は、古墳時代前期の数少ない絵画資料として出色の作品である。

◉太陽の船

さて、一号船画の真上には舳先と艫に大きな波除《なみよ》け用の竪板《たていた》を備えた準構造船が描かれる。二号船画である。船体の全長が一三センチばかりと小さいものの、舷側には四本の櫂と一本の大型櫂が描かれる。船上、中央にほぼ水平方向にひるがえる幾本もの旗をつけた竿が立ち、その後ろ方向には衣笠が立つ。衣笠には立飾りが描かれ、枝角のような表現がみえる。笠の端部は垂れ下がり、それが布帛を縁端にめぐらせた情景であることは唐古《からこ》・鍵《かぎ》遺跡（奈良県田原本町）採集の円筒埴輪に描かれた船画の詳細な描写をみればあきらかである（図84－4）。なお唐古・鍵遺跡の船画にも、さきの一号船画と同様の鰭形装飾の上に屋形が描かれる。また二号船画では旗竿と並んで、先端にバチ形の形象の下に二本の垂れ下がりをつけた竿が立つ。聖標のひとつかと思われる。

なにより二号船画を特徴づけるのは、舳先側の竪板上に立つ竿の上に、ひときわ大きく鳥が描かれる点である。頭上の大きな鶏冠、大きく伸びた尾の表現、あきらかに雄鶏である。鶏は旗や衣笠、さらには船体の大きさに比べて異常に大きく描かれ、その船を象徴するモチーフであることを主張するかのようにみえる。竪板に立つ竿の先には一本の横棒が描かれ、止まり木を表現したと推定される。この止まり木の表現は、さきにみた一号船画の舳先に描きこまれた波形表現の下にもある。よく見ると、その曲がりくねったさまは二号船画にみる鶏の体部表現と共通する点から、一号船画の舳先にも鳥（おそらく鶏）が描かれたことは確かである。

さて海鳥でもない鶏がなぜ船の舳先に描かれるのか。実際に舳先に鶏を止まらせたと考えるのは現実的でない。古代歌謡で、「鶏《とり》が鳴く」が「東《あづま》」にかかる枕詞であることは周知のことである。鶏は太陽を呼び出す霊鳥なのだ。Ⅰ編第四章・第五章で中期から後期段階の葬送観念を論じたなかで指摘したように、古墳壁画や船形埴輪にみられた、永遠に再生を繰り返す太陽とともに天空を往く「太陽の船」の観念が、すでに前期前半段階の東殿塚古墳に指摘される点は注目される。

実は宝塚一号墳では、船形埴輪が出土したⅠ区から四点の鳥形土製品が出土している。なかに船形埴輪の船首に付けられたものも含まれるかもしれない。

◉龍の船

さて一号船画の反対側に描かれていた三号船画は、埴輪表面の風化のため、船体の舳先寄りが消えてしまっているが、その形状は一号船画と同じゴンドラ形である。船上の中央にひるがえる旗の表現は一号・二号船画に同じである。旗竿の前後にはなんらかの荘厳具とおぼしき器財が描かれる。なかでも舳先寄りのそれは柱の頂きに三角形の笠をのせ、側面にも幾つかの棘《とげ》状の鋭い突起をもつ。三号船画の大きく反りあがる艫《とも》の両舷側に同様の棘状突起が描かれることは前節で紹介し、それが鰭形装飾と同じ造形思惟をもつことを述べた。この柱形荘厳具の突起や頂きの三角形を、鰭形装飾に置き換えたなら、それは石見《いわみ》型聖標の形に著しく近づく。この荘厳具は聖標を描いたものとみられる。他方、艫寄りのそれは、曲がった柄の先に三角を重ねる形象に描かれる。衣笠が表現されたのではないか。

　他方、舳先寄り聖標の右に描かれた屋形の棟上に、なびく旗の端の表現がわずかに遺存する。おそらく三号船画には二本の旗竿が描き込まれたのであろう。

　さて、他の二つの船画が、船の手前にみえる右舷側の櫂の列しか描かないのに対し、三号船画は、船体表現の下に、向こう側（左舷）の櫂の列を、右舷の櫂とは角度を変えて並べ描く。そこには多数の漕ぎ手が乗り込んで、他の二隻よりさらに足の軽い、水上を走る龍のような船であることを表現したいという画家の心がほのみえる。水平に強いなびきをみせる旗竿をさらに一本増やすのも、同じ意図があったこととみたい。もちろん、大型の櫂を備えることも忘れない。ゴンドラ形に大きく反りあがる艫の舷側には連続する三角文が描かれ、鋭い棘状の突起とあわせ、この船が龍のごとく海原を翔ぶように進む霊船であることを主張してやまないことはさきに述べた。私は失われた船首には、鳥を止まらせるのではなく、龍頭が表出されたのではなかったかと思考をめぐらせている。

　ひとつの円筒埴輪に描かれた三つの船画は、それぞれに個性をもって描かれ、見飽きることがない。大きく旗をなびかせた三隻の船は何処《いずこ》へ急ぐのか。

◉青旗のなびき

東殿塚古墳の埴輪にみえる船画の紹介に紙幅を割くこととなったが、もはや宝塚一号墳の船形埴輪の船底中央の穴に何が挿入されていたか明らかであろう。東殿塚古墳の三隻の船のいずれにも共通して船上のなかほどには、たくさんの旗を取り付けた旗竿が描かれていた。この船画群に動的な印象をもたらす最大の要素は、ひとえにおおきくなびく旗の並びと、撓《しな》う竿にある。その旗竿を二本も立てた三号船画にあっては、その思いがいっそう強い。

宝塚一号墳の船形埴輪において、大刀・儀杖・衣笠など、組み合わせ式の形代のいずれもが土製であるにもかかわらず、旗だけがなぜ朽ちてしまう有機質の素材（おそらく木か竹の竿に、布帛の旗を幾段にも取り付けたものであったと推定される）で作られたのか。答えは簡単。旗は、はためいてこそ旗である。その動きに生命の発動が観念されたのである。船形埴輪の作者は、実際に風になびく旗を取り付けた竿を立てることによって、船に命を与えようとしたのである。

Ⅰ篇でも紹介した、天智《てんじ》天皇の皇后倭姫《やまとひめ》が、天皇の崩御にあたって詠んだ万葉歌が浮かぶ。

青旗《あをはた》の木幡《こはた》の上を通ふとは目には見れども直《ただ》に逢《あ》はぬかも　（巻第二―一四八）

この歌について増田精一《ますだせいいち》氏は「死者の魂の召来を幡あるいは賢木等の植物の風に吹かれる動きにカミを感ずる心情を抜きにしては理解し難い歌である。一木、一草、単にそれ自身はものであるが、その動きに死者の霊魂を感じていた」（『埴輪の古代史』新潮社、一九七六年）と説く。正鵠《せいこく》を射た考えである。旗が魂の動きを象徴するものであることについては、拙著『埴輪と絵画の古代学』（白水社、一九九二年）において、高井田横穴群《たかいだ》（大阪市柏原市）の壁画を分析するなかで詳論した。

あらためて各地で出土している船形埴輪をみれば、しばしばその船底や、船底から一段高く張られた甲板に穴のある事例を認めることができる。この穴の存在については、従来まったく顧慮されることはなかった。墳丘上に置かれた際に雨水を排水するためにあけられたという程度にしか考えられなかったのだろう。

Ⅰ篇第五章で多数多様の形象埴輪を出土した古墳として、埴輪樹立の心意を考える素材とした高廻《たかまわ》り二号墳（大阪市）では、船形埴輪の船底中央に三×二・五センチの方形の穴があけられていた。さらに、高廻り二号墳のすぐ東で発掘された高廻り一号墳出土の船形埴輪でも、船底中央の穴に加えて、宝塚一号墳例と同じハート型の飾り板で仕切られた舳艫《じくろ》両側の甲板に、それぞれ径五ミリの穴があけられていた。意味のない造作など存在しない。宝塚一号墳例における組み合わせ土製形代の事例や、木や布帛などの素材で作られた旗などの荘厳具が想定できることを考えあわせれば、高廻り一・二号墳例の船上に、木や布帛などの素材で作られた旗や衣笠、さらには大刀などの形代が立てられていたことは確かと思われる。

Ⅰ篇を執筆した一九九六年当時の私は、鳥船塚《とりふねづか》古墳や珍敷塚《めずらしづか》古墳などの古墳壁画にみられるマストの表現から、そこに木製のマストが立ち、帆が張られたとしか見通すことができなかった。しかし、その後に発掘された東殿塚古墳の船画と宝塚一号墳の船形埴輪における船底の穴に関する検討は、私の考古資料の読みをさらに深めてくれた。

風になびく布帛の旗を取り付けた竿を船形埴輪に立てることで、船に命が吹き込まれる。ひるがえる旗のなびきに霊魂の動きをみてとった古代人の心が響く。

2　船形埴輪の実景

◉木製の推進具の存在

宝塚一号墳の船形埴輪を子細に観察すると、船底のほかにも、土製形代をともなわない、幾つかの小さな穴があけられていることに気づく（図67）。旗竿を立てた穴と同じく、意味のない造作はない。

左右両舷側のなかほどに作り出された、三つずつの矩形《くけい》の突起のそれぞれの真ん中にあけられた直径〇・九〜一・一センチの小さな穴がある。船を推進させる櫂を挿し込むための穴、櫂座《かいざ》（ローロック）である。私は、復元中のこの船形埴輪を見学させていただいた当初からこの小さな部位の造作に注目していた。

いずれの小穴も、衣笠が立つ側（舳先と艫がほぼ同じ形状に造形されているため、いずれを船首とみるか不明のため、このように表現する）の外方向から棒状の刺突具を用いて、水平方向で舷側面に対して五〇度前後の角度をもって、やや斜め（約一五度）上の方向からあけられている。船形埴輪の製作にあたって、ただ舷側には櫂座があるべき、という船体の造作だけを優先した埴輪製作がなされたのなら、櫂座の小穴は舷側に対して真正面の方向からまっすぐに穴があけられただろう。すべての櫂座に認められる共通した造作は、そこにミニチュアの木製櫂が挿し込まれていたことを推察させる。この埴輪を側面からみれば、櫂の先が衣笠の側、やや上方を向くように挿し込まれることになる。

再び東殿塚古墳の船画を見る。いずれの船にも幾本もの櫂の並ぶさまが描かれているではないか。推進具がなければ、船（船形埴輪）は進まない。もちろん他界を目指して。宝塚一号墳の船形埴輪で

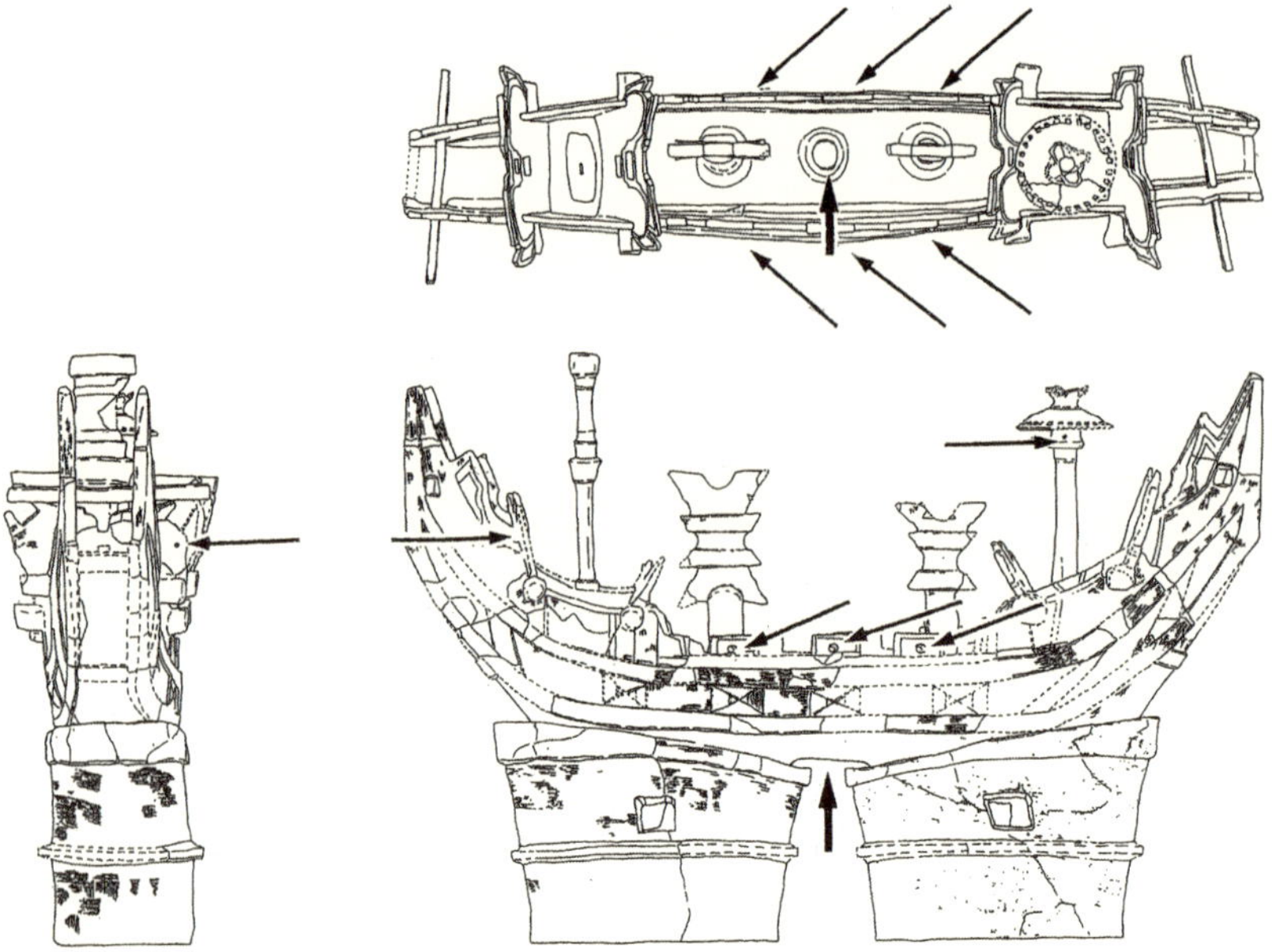

図67　宝塚1号墳の船形埴輪にあけられた穴（矢印）

は櫂座は小穴で造形されたが、ほかの船形埴輪では台形や矩形の突起状に表現される。櫂を漕ぐ際に支点となる櫂座が表現されるということは、そこに櫂が添えられたと思考をめぐらせるべきである。しかしいずれの船形埴輪にも櫂が遺存した事例はない。木や竹などの有機質素材で製作されたことがうかがえる。

このような推考を裏付ける資料が、殿村《とのむら》遺跡（長野県飯田市）出土の六世紀前半に属する船形埴輪である（図68）。船上に人物と衣笠の形代を取り付けた埴輪の舷側上縁には、左右それぞれ三本ずつの櫂座が作り出され、舷側には櫂座に取り付く櫂の柄が粘土紐を貼り付けて表出される。残念ながら、埴輪の下部が欠損し、櫂先の形状を知ることができない点は惜しまれる。宝塚一号墳の船形埴輪が、その年代観から、この殿村遺跡例と、幾本もの櫂を描いた東殿塚古墳の船画のちょうど中間にあたる五世紀前半に位置づけられる点からみても、船形埴輪には木や竹などの素材から製作された櫂が添えられていたことは間違いない。

ここまで考察を進めてくれば、I篇第四章で紹介した岩原《いわばる》横穴群（熊本県山鹿市）第I群一四号横穴に設けられていた三つの屍床《ししょう》仕切りのうち、奥と左側の仕切りに、片方に寄って削り出されていたふたつの突起の性格がご理解いただけただろう。櫂座に違いない（図86）。そこに木製の櫂が添えられたという私の推察は、いまや確信となった。

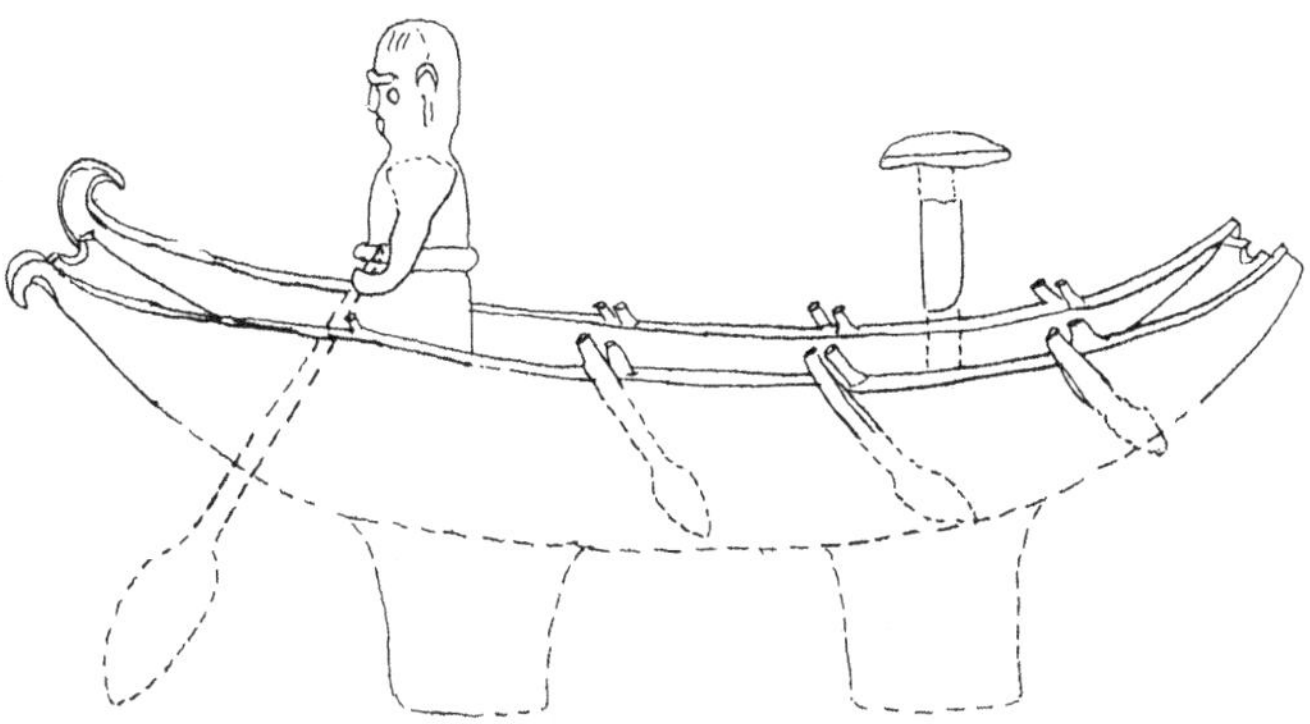

図68　殿村遺跡出土の船形埴輪（見取図）

宝塚一号墳の船形埴輪には、ほかにも小穴の存在が指摘される。それは甲板に立つ大刀形土製品を抱くかのように逆ハの字形に開いて取り付けられた、玉座の背もたれを観念させるあのハート形装飾板の一枚である（図61－3）。船先側のそれの、一方の端部、丸みをもって舷側からはみ出した部位に直径三・六ミリのごく小さな穴が貫通している。残る三枚のハート形飾り板に小穴は存在しない。

船先のいずれか一方の舷側に小穴をあけた船形埴輪の例がもうひとつある。さきにも例示した高廻り二号墳例である。そこでは舷側板の上部と、そのすぐ下に貼りつけられた突帯には、垂直方向でそれぞれ直径二ミリの穴があけられ、報告者はその「意図は不明」とする。小穴の位置は宝塚一号墳例とほぼ同じ。

両者は同じ役割をもってあけられたと推察できる。

ふたたび東殿塚古墳の船画を見る。いずれにも舷側に並ぶ櫂の列とは別に、一本のひときわ大きい長柄の櫂が描かれる。絵画の遺存状況が良好な一号船画では、舷側の上にその櫂を操作する把手《とって》とともに櫂座とおぼしき表現がみえる。これは操舵櫂《そうだかい》にあたる。文字どおり船の進路を定める舵《かじ》にあたり、古代エジプトやバイキングの船に類例をみいだすことができる。しかし舷側に並ぶたくさんの櫂と違って、宝塚一号墳や高廻り二号墳例に観察される当該の小穴は、木や竹などの素材で作られた舵のミニチュアを直接そこに挿し込んで取り付けるには穴の直径が小さすぎる点と、穴が水平方向に貫通している点から、おそらくそこに紐を通して、操舵櫂のミニチュアを結わえ付けたことが推察される。

宝塚一号墳例も、高廻り二号墳例も、船形埴輪の多くは船首と船尾が同じ形状に作られ、船体の形から舳艫《じくろ》を特定するのは難しい。あるいは前進と後退を容易にするため、どちらにも進むことができる工夫だったかもしれない。しかしよく観察すれば、高廻り二号墳例では、櫂座の突起が一方向に傾きをもって造形されることに、船首と船尾の別があったことがうかがえる。東殿塚古墳の船画をみれば、操舵櫂は旗のなびく下手にあたる。すると宝塚一号墳の船形埴輪にあって、操舵櫂を設置したのは大刀形土製品側のハート形飾り板とみられることから、衣笠形土製品の立つ側が舳先だったことが推定される。すると舷側上に設けられた櫂座の穴の向きから、左右それぞれ三本の櫂の先は船首側に向いていたことになる。この櫂と操舵櫂の関係は東殿塚古墳の一号船画と同じである。

他方、船の形状から舳艫が明瞭なニゴレ古墳（京都府京丹後市）出土の船形埴輪では、左舷の船首近くと、右舷の船尾近くの舷側板にそれぞれ一箇所の小穴があけられている。それぞれに操舵櫂が取り付けられたことがうかがえる。

なお宝塚一号墳例では、操舵櫂を取り付けた側とは反対の舷側中央に、外側からあけられた直径三・五ミリの穴がある。ほかの穴と違って、それは貫通することはない。既述の視点から、ここにも木や竹製の棒を挿し込んだ何らかの仕掛けが存在した可能性は高い。

また殿村遺跡例で、舷側や船尾に数箇所の小穴が認められるのも、船形埴輪にはさまざまな付属具が取り付けられていたことを推察させる。船形埴輪の実景はさぞにぎやかで、色彩豊かであったことだろう。

◉土の船・石の船・木の船

宝塚一号墳の船形埴輪は全長が一四〇センチにもなる大型である一方、中田古墳《なかた》（大阪府八尾市）の濠から出土したそれは全長が三五・二センチで、船形埴輪のなかでは月の輪古墳（岡山県久米郡美咲町）出土の全長二三・二センチに次ぐ小型品である。その中田古墳例も船底中央に二・七×二・一センチという、船体規模に比較しては大きめの、楕円形の穴がある（図69－1）。これまでの考察は、ここに布帛製の旗を取り付けた竿が挿し込まれていたことを容易に想像させる。

さらに中田古墳の小さな船形埴輪をよくみると、舳艫に近く大きく立ち上がる竪板にそって斜めに伸び上がる舷側上段の先端近くの内側に、左右の舷側を差し渡すように板を差し込む役割をもつ縦方向の溝状の繰り込みがある。埴輪本体の製作にあたり、その部位をひとつの埴土塊から一体で成型してしまうほうがはるかに容易だったと思われる。それにもかかわらず埴輪の製作にあたって溝を削り込み、焼成後にそこに板をはめ込むという手法を採ったと推察でき、そこに埴土で表現することが困難な、具象的仕組みが造形されていた可能性がある。

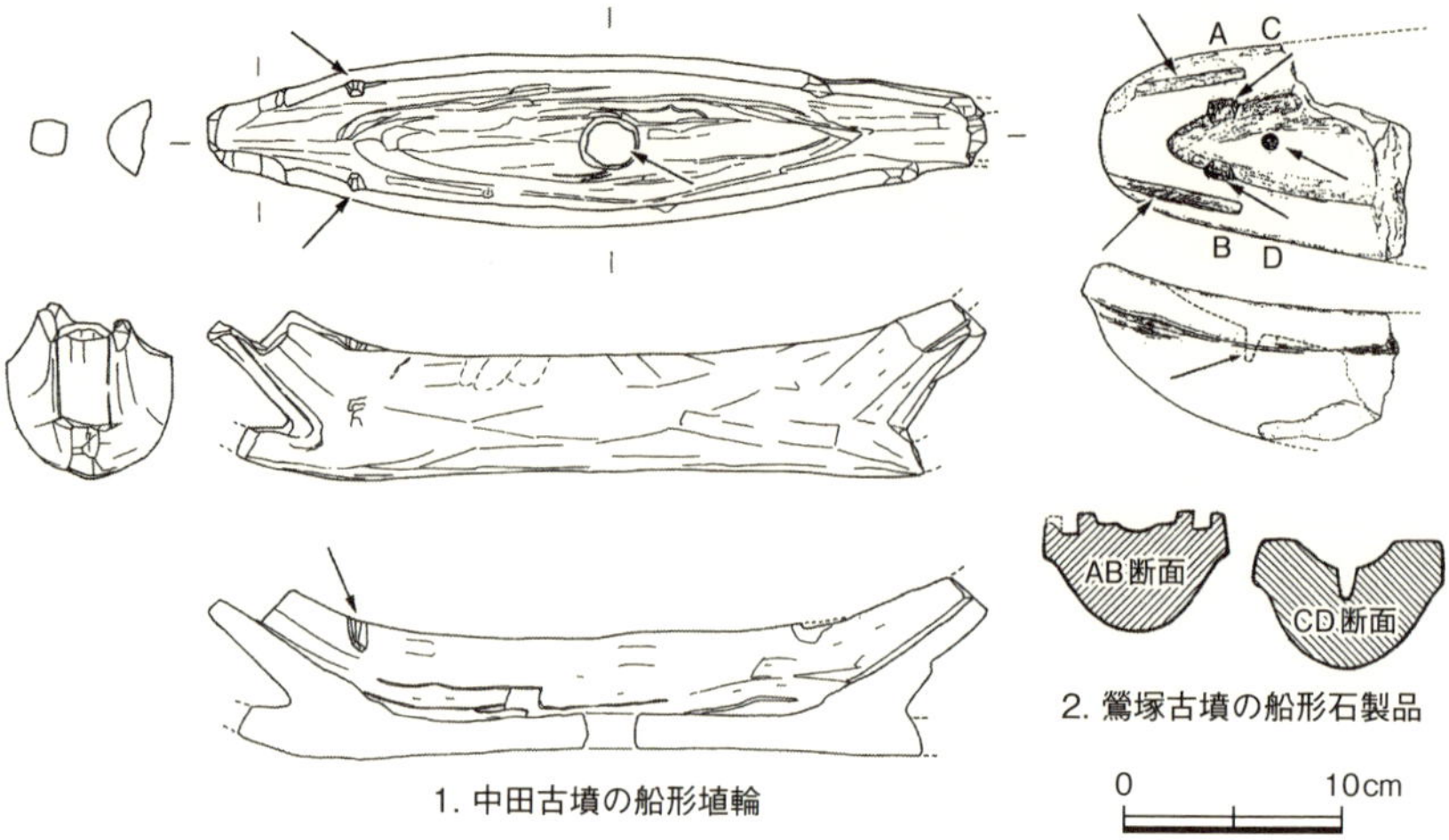

図69　部材を組合わせるための仕口（矢印）

興味深い資料を紹介しよう。

奈良市街を見下ろす若草山の頂きに、全長が一〇〇メートルばかりの鶯塚《うぐいすづか》古墳と呼ばれる中期初頭ころに築造された壺形墳がある。毎年一月に山焼きの行事がおこなわれる、芝生やススキにおおわれたその山容はよく知られている。ふもとからその姿を見ると、山頂部分に墳丘の盛り上がりが容易に視認される。一九三〇年代、そこから滑石《かっせき》で作られた船形品が採集された（**図69−2**）。いわゆる滑石製模造品と呼ばれる資料である。現在は國學院大学考古学資料館が収蔵するこの資料は、復元すると五〇～七〇センチにもなろうかという船形品で、舳先か艫の部分、長さ一四・五センチばかりの破片である。

この船形資料には、先端部分の両舷側に幅六ミリ、深さ八ミリ前後の溝が刻まれそこに船形埴輪にみられる大きくはねあがるような形状をした板がはめ込まれていたことを想定させる。さらに内刳《うちぐ》りのある船体の内側にも、左右の両舷に縦方向のやや厚めの板をはめ込み、両舷側板に差し渡したらしい。上述した、中田古墳の船形埴輪にも同じ溝が刻まれていた事実を再確認させる。滑石を素材として製作した船形品であっても、その形状は船形埴輪と変わらないようだ。さらにこの船形石製品の船底には直径八ミリ、深さ一・四センチの穴があけられていた。旗や衣笠の竿が挿し込まれていたものと推定される。採集品であるため、それに接合する破片や、削り込まれた溝や穴にはめ込まれる部材を明らかにはできない。同じ滑石製で作られたと想定されるものの、木製の可能性も否定できない。いずれにせよ、埴製だけではなく、石製の船形品が存在することには注意を払うべきである。

形象埴輪と同じ形状の石製品が古墳に立てられる例は、古墳時代後期の九州地方に集中して存在する。なかでも岩戸山《いわとやま》古墳（福岡県八女市）出土の武人・力士などの人物をはじめ、盾《たて》・靫《ゆぎ》・大刀《たち》・馬・鶏・猪（犬？）・壺などを形象する多彩な「石の埴輪」はよく知られる。この「石の埴輪」は福岡県南部から熊本県、さらには佐賀県、大分県にまで分布が確認されるのみならず、鳥取県米子市の石馬谷《いしうまだに》古墳にも馬や裸体人物を形象した「石の埴輪」が指摘される。しかし前期末～中期前葉に築かれた鴬塚古墳の船形石製品はもっとも初期の例として注目されてよい資料である。

一九八五年、高橋美久二《たかはしよしくに》氏は今里車塚《いまさとくるまづか》古墳（京都府長岡京市）の壺形墳丘の裾をめぐる木の柱列に注視し、それがともに出土した笠形（衣笠形）木製品の基部にあたることを想定、「木製の埴輪」が存在することを指摘した。

その後、古墳の墳丘に形象埴輪と同様の木製品が立てられていたことがしだいに明らかとなってきた。たとえば一九八七～八八年に発掘調査がおこなわれた四条《しじょう》古墳（奈良県橿原市）では、盛装の人物のほか、武人や力士などの多様な人物埴輪や、馬や鹿などの動物埴輪とともに、儀杖や翳《さしば》・衣笠・鳥などを形象した多数の木製品が墳丘に立てめぐらされていた。四条古墳の調査によって墳丘を飾るのは、土製の埴輪ばかりでないことが強く印象づけられた。貴人を象徴する「かたち」のひとつ、ハート形の飾り板を出土した今里車塚古墳の墳丘裾にはほぼ等間隔で木製の衣笠が立てられていた。さらに、二〇〇〇年に発掘された五世紀後半の小立古墳《こだち》（奈良県桜井市）でも、円筒埴輪の列に混じって壺形埴輪と石見型の聖標によって結界された壺形の墳丘に、家・甲冑・鳥・馬などの形象埴輪とともに、盾・大刀・靫などを形象した木製品が立てられていた。

しかもそれらの大きさや形状は従来の形象埴輪とひじょうによく似ており、表面を飾る直弧文《ちょっこもん》や鰭《ひれ》形、また鍵形の装飾図文も共通している。こうした近年の考古学の成果は、船形埴輪と同じ形状をもった木製品が墳丘上に置かれていた可能性を示唆する。古墳時代前期の方形周溝墓群が発掘された豊島馬場《としまばんば》遺跡（東京都北区）において、周溝内から全長が約四〇センチの船形木製品の出土が報じられているのも、その可能性を確かなものとしている。旗・衣笠・大刀・石見型の儀杖を船上に立て、ハート形や鰭形の「かたち」で飾り尽くし、舷側には櫂や櫓を取り付けた船形木製品があったことも想定しておくべきだろう。

第三章

船形埴輪の風景

1 古代船の姿

船形埴輪の諸型

船形埴輪の出土例は、大阪府と奈良県に集中するものの、宮崎県から栃木県におよぶ五一例の出土が知られ（次ページ表）、それらを概観すると、大きくA～Dの四つの型に分類することができる（図70）。

A型は刳《く》り船を船底材として、舳先《へさき》寄りと艫《とも》寄りのそれぞれに波除《なみよ》けを兼ねる大きな竪板を立て、舷側板（棚板）を継ぎ足して船体容積を増やす。その側面観はこころもち彎曲《わんきょく》してせりあがるような船底部の先端と、その上に大きくせり出す波除けの竪板によって、舳艫《じくろ》ともにその側面観が二股を呈することになる。すでに何度も検討の対象とした、高廻《たかまわ》り二号墳（大阪市平野区）例がこの型に分類されるほか、全長が三六センチ余りと小型ながらも中田古墳（大阪府八尾市）例などの好例がある。

No.	出土遺跡	所在地	型式	全長(cm)	墳形	墳丘規模(m)	時期
27	平城宮東院庭園地区	奈良県奈良市	—	—	—	—	5世紀前
28	法華寺付近	奈良県奈良市	B	—	—	—	5世紀前
29	佐紀石塚山古墳	奈良県奈良市	—	—	壺形	長218	4世紀後
30	(伝) 大和3号墳	奈良県奈良市	—	—	円	—	5世紀中
31	南六条北ミノ遺跡	奈良県天理市	—	—	方	辺20	4世紀後
32	慈光院裏山古墳	奈良県大和郡山市	B	48.5	方	辺14	5世紀後
33	巣山古墳外堤北	奈良県北葛城郡広陵町	A	—	壺形	長約220	5世紀前
34	一町西遺跡	奈良県橿原市	—	—	—	—	—
35	藤原宮朝堂院下層	奈良県橿原市	B	—	—	—	5世紀前
36	南浦出屋敷	奈良県橿原市	A	—	—	—	—
37	寺口和田1号墳	奈良県葛城市	B	113	円	径24	5世紀前
38	小立古墳	奈良県桜井市	—	—	壺形	長34.7	5世紀後
39	ニゴレ古墳	京都府京丹後市	A	82.5	方	辺13	5世紀中
40	恵解山古墳	京都府長岡京市	—	—	壺形	長128	5世紀前
41	新開4号墳	滋賀県栗東市	B	115	方	辺15	5世紀中
42	大塚山古墳	滋賀県野洲市	—	—	円	径57	5世紀中
43	石山古墳	三重県伊賀市	—	—	壺形	長120	4世紀後
44	宝塚1号墳a	三重県松阪市	B	140.5	壺形	長111	5世紀前
45	宝塚1号墳b	三重県松阪市	—	—	壺形	長111	5世紀前
46	宝塚1号墳c	三重県松阪市	—	—	壺形	長111	5世紀前
47	六呂瀬山1号墳	福井県坂井市	—	—	壺形	長140	4世紀後
48	殿村遺跡	長野県飯田市	D	77.3	竪穴	—	5世紀後
49	堂山2号墳	静岡県磐田市	A	—	円	径17.5	5世紀中
50	鶏塚古墳	栃木県真岡市	—	—	円	径15	6世紀後
51	舟塚古墳	茨城県小美玉市	—	—	壺形	長72	6世紀前

(29・43・47については要検討)

全国船形埴輪集成

No.	出土遺跡	所在地	型式	全長(cm)	墳形	墳丘規模(m)	時期
1	西都原170号墳	宮崎県西都市	B	100.7	円	径47	5世紀前
2	下北方1号墳	宮崎県宮崎市	B	—	壺形	長113	6世紀前
3	亀塚古墳	大分県大分市	A	—	壺形	長120	5世紀中
4	大在古墳	大分県大分市	—	—	円	径35	5世紀中
5	堤当正寺古墳	福岡県朝倉市	—	—	壺形	長70	5世紀中
6	中間西井坪遺跡	香川県高松市	—	—	—	—	5世紀前
7	月の輪古墳	岡山県久米郡美咲町	C	23.2	円	径60	5世紀前
8	塚廻り古墳a	大阪府高槻市	A	—	方	辺20	5世紀後
9	塚廻り古墳b	大阪府高槻市	A	—	方	辺20	5世紀後
10	長原遺跡	大阪市平野区	B	—	—	—	5世紀
11	高廻り1号墳	大阪市平野区	B	99.5	方	辺15	5世紀前
12	高廻り2号墳	大阪市平野区	A	128.7	円	径20	4世紀後
13	皿池古墳	大阪府東大阪市	A	67.1	方	辺5～10	5世紀後
14	中田古墳	大阪府八尾市	A	35.2	円	径33.5	4世紀後
15	玉手山遺跡	大阪府柏原市	B	95	—	—	4世紀後
16	五手治古墳	大阪府羽曳野市	A	—	円	径33	4世紀後
17	野々上遺跡	大阪府羽曳野市	A	—	—	—	5世紀
18	岡古墳	大阪府藤井寺市	A	(150)	方	辺32	4世紀後
19	岡ミサンザイ(古墳周辺)	大阪府藤井寺市	B	—	—	—	5世紀
20	土師の里遺跡	大阪府藤井寺市	B	—	方	辺16	5世紀
21	林遺跡(古墳周濠?)	大阪府藤井寺市	B	(70)	—	—	5世紀
22	伏尾遺跡41-OG	大阪府堺市	—	—	方	辺10	5世紀後
23	大園遺跡	大阪府高石市	—	—	—	—	—
24	菩提池西3号墳	大阪府和泉市	A	110	方	辺約10	5世紀前
25	寛弘寺古墳	大阪府南河内郡河南町	D	100	円	径30	5世紀
26	平城宮東院南西隅	奈良県奈良市	B	—	—	—	5世紀前

遊びの祭儀に用いた二俣舟《ふたまたぶね》・両枝船《ふたまたぶね》に比定する。

置田雅昭《おきたまさあき》氏はこれを『古事記』垂仁段や『日本書紀』履中三年条にみる市師池《いちしのいけ》（磐余市磯池《いわれのいちしのいけ》）での船遊びの祭儀に用いた二俣舟・両枝船に比定する。

B型は、船底部の舳艫をそり返らせるとともに、舷側板を継ぎ足して船体容積を増やすとともに、第一章でも触れた舷側板の舳艫寄りを衣笠《きぬがさ》形埴輪の立飾りのように大きく天空に伸び上がるかのようなゴンドラを思わせる側面観をもつもの。本編の主な検討対象である宝塚一号墳例や、高廻り一号墳例、さらに古くからよく知られた西都原《さいとばる》一七〇号墳例（宮崎県西都市、従来は一六九号墳例とされてきた）などがある。

C型は、舳先と艫がまったく違った構造となる。全長が二三・二センチと、船形埴輪のなかでは最小となる月の輪古墳（岡山県久米郡美咲町）例がある。一方の船先は船底部の先端を前方に突出させ、その上に舷側板を緩やかにせりあげて竪板状に削り出し（多少の部材を継ぎ足して、その上端部のせりあがりを強調したかもしれない）、他方の船先は、ややせりあがらせつつ刳《く》り舟状におさめる。まるで船の両端をそれぞれA型とB型に表出したかのような構造の船形をとる。刳り船を形象したものとも考えられるが、外洋航行が可能な準構造船をミニチュア化した可能性も否定できない。このタイプの船形品は古墳時代前期の古殿《ふるどの》遺跡（京都府京丹後市）から、全長三七・二センチの木製品が出土していて、参考となろう。

D型は刳り船の形状をよく遺し、鋭角に尖った舳先と箱形の艫が明瞭に区別される。殿村《とのむら》遺跡例（図68）では舳先の突端が左右にそり返り、寛弘寺古墳例は舷側板に直弧文の装飾が施され、儀礼船であることをうかがわせている。

これら船形埴輪は奈良県や大阪府地域で古墳時代前期後葉に出現し、中期になると東は東海地方か

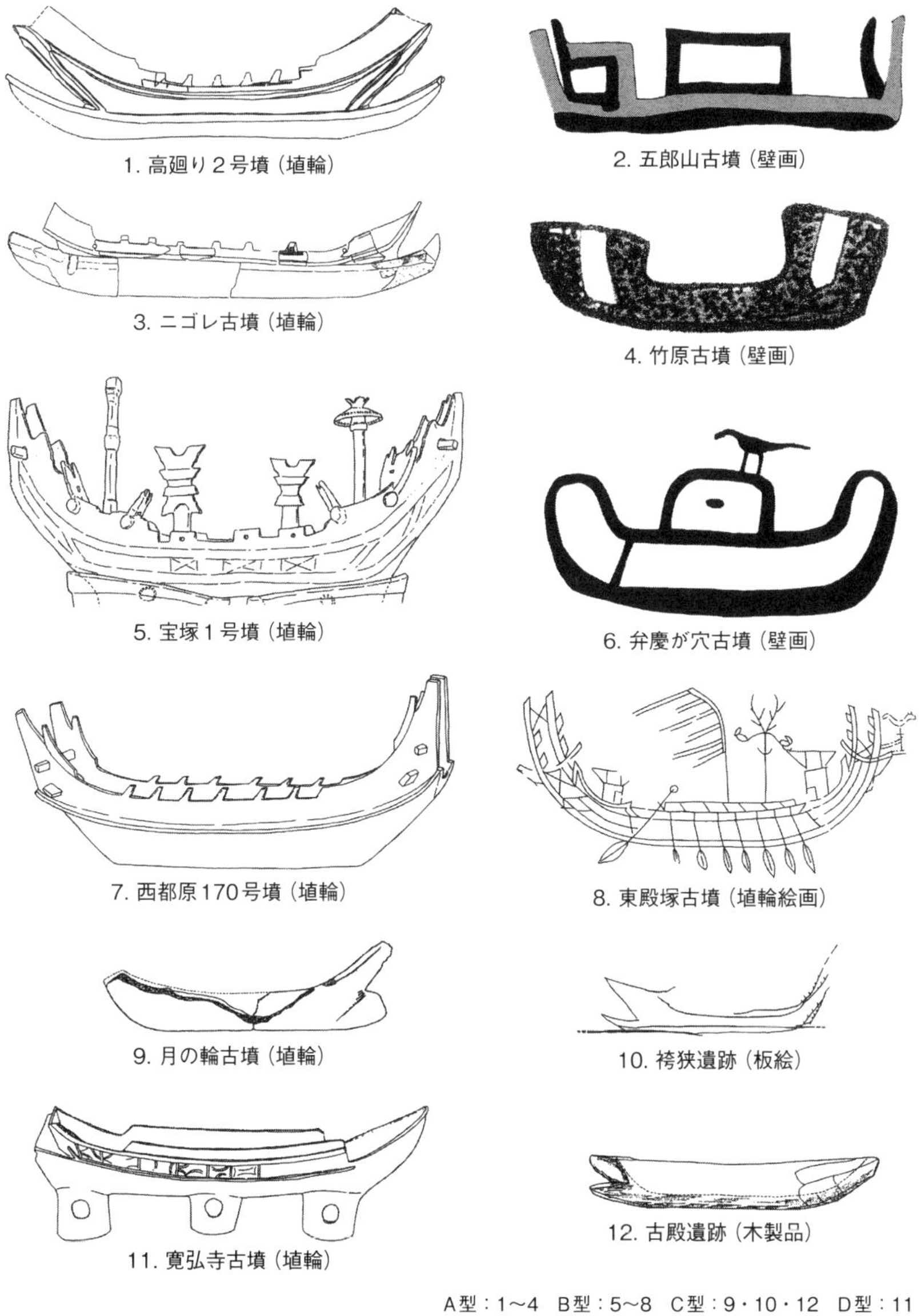

図 70　古墳時代の船の造形

ら西は宮崎県にまで拡がり、後期には茨城県や栃木県の古墳でも出土例が確認される。型による分布の偏重は認められない。しかし、その過半が奈良県と大阪府の古墳から出土するという傾向は変わらない。一方、林《はやし》遺跡例（**図49**）のように舳先に鳥（鳥とみられる）を止まらせる例や、船上の人物と舷側に貼り付けられた櫂《かい》の表現をもつ殿村遺跡例は、鳥船塚《とりふねづか》古墳や珍敷塚《めずらしづか》古墳、さらには高井田《たかいだ》横穴群（大阪府柏原市）の「人物の窟《いわや》」などの石室や横穴の壁画に共通のモチーフであるにとどまらず、古墳時代初頭段階に出現する東殿塚《ひがしとのづか》古墳の船画にまでさかのぼることができ、古墳時代の基層に通有する造形心意が指摘できそうだ。

なお、宝塚一号墳では三個体の船形埴輪が確認されている。二二四・二二五ページに提示した集成表には、それぞれをa・b・cとして集成しているが、本篇で詳論している船形埴輪のみがほぼ完全に復元され、これをaとし、全貌を明らかにできないほかの二点をb・cとした。

◉古代絵画の船

船形埴輪に認められる四つの型のうち、A型とB型は六世紀の横穴式石室や横穴の墓室壁面をキャンバスとして描かれる古墳壁画にも指摘できる。

A型＝五郎山《ごろうやま》古墳（福岡県筑紫野市）・竹原《たけはら》古墳（同県宮若市）など

B型＝高井田横穴群「人物の窟」（大阪府柏原市）・鳥船塚古墳（福岡県うきは市）・弁慶《べんけい》ガ穴《あな》古墳（熊本県山鹿市）など

四世紀初頭の東殿塚古墳（奈良県天理市）の船画では、二号船画がA型、一・三号船画がB型と両タイプの船が描かれている。表現に誇張やデフォルメがみられるものの、古墳時代の大型船にはこのふたつのタイプが基本的に存在したことは確かであろう。

しかもこの両タイプの船は、A型が井向《いむか》一号銅鐸（福井県坂井市）に、B型が荒尾南《あらおみなみ》遺跡（岐阜県大垣市）、唐古《からこ》・鍵《かぎ》遺跡（奈良県田原本町）、清水風《しみずかぜ》遺跡（同県天理市・田原本町）、稲吉角田《いなよしすみだ》遺跡（鳥取県米子市）などから出土した土器絵画に描かれるなど、弥生時代中期にさかのぼって、その存在が確かめられる。ただ、弥生時代の絵画にはさらなるデフォルメが加えられているため、舷側の表現などが明らかにできない。しかしながら、荒尾南遺跡例では船の左右に合わせて七九本もの櫂が、井向鐸例でも二三本の櫂と一本の操舵櫂《そうだかい》を数えることができ、かなりの誇張を考慮に入れても、外洋を航行できる準構造船が描かれたことをうかがわせるに十分である。

また、袴狭《はかざ》遺跡（兵庫県豊岡市）では古墳時代前期の溝から一六艘の船を線刻した板が出土。描かれた船にはゴンドラ形をしたB型も含まれるが、大半は舳艫の形状を異にするC型であった（**図70－10**）。船先の一方が、突出した船底部に竪板を立てたA型の構造をなし、他方の船先はゴンドラ形に大きく反りあがる。

2　復元された古代船

◉埴輪船の写実性

しかし私は、埴輪や古代絵画に表出された船の表現が、当時の船の姿を実写したものとは考えない。なぜなら、宝塚一号墳例をひとめ見れば明らかなように、船の重心が高すぎて、航海の際にきわめて安定性を欠くことが容易に想定されるからだ。

事実、一九八九年に大阪市制一〇〇周年記念事業として、高廻り二号墳出土の船形埴輪A型をもとに、できるだけ埴輪に近い形状を再現して復元された古代船「なみはや」（図71上）は、韓国の釜山までの実験航海を前にして、最後まで復原力の不足に悩み、航海実験をおこなう時にはバラスト（船を安定させるための重量物）を積み込んだのである。その復元に携わった松木《まつき》哲《さとる》氏や金田《かねだ》隆《たかし》氏が、船形埴輪の「上部構造については常識を越えて大きい。土で作られた埴輪が各部の厚さを忠実に再現しているとは到底考えられない。ところが復原力計算をおこなうと、板の厚さをかなり薄く仮定しても上部構造を埴輪の寸法どおり復元したのでは重心が高くなって、とても航海に耐えられる船にはならない。おそらく上部構造に関してもかなりの誇張、すなわちデフォルメがあるものと考えられる」（大阪市教育委員会ほか『よみがえる古代船と五世紀の大阪』特別展図録、一九八九年）と述べている点に留意すべきである。宝塚一号墳の船形埴輪を、伊勢湾から三河湾、さらには熊野灘を航行した往時の外洋船の実写とみるのは困難である。

「なみはや」の造船から一五年が経過した二〇〇四年、熊本県宇土《うと》市で採れる赤紫色をした阿蘇《あそ》溶結《ようけつ》凝灰岩《ぎょうかいがん》の一種（通称「阿蘇ピンク石」という）で製作した家形石棺を、海路により有明海から瀬戸内海を経由して大阪南港まで搬送する実験航海が計画され、再び古代船の復元を松木哲氏が基本設計することになった。その事業の契機は、今城塚《いましろづか》古墳（大阪府高槻市）や植山《うえやま》古墳（奈良県橿原市）など、現在、奈良・大阪・滋賀・岡山の五世紀後葉～六世紀の古墳で、阿蘇ピンク石製の石棺一四例ほどが確認されたことによる。松木氏らは同じ九州の西都原一七〇号墳（宮崎県西都市）から出土した船形埴輪B型をモデルとした古代船の復元をおこなうことにした。そして「なみはや」での復元実験から得られた「埴輪と同じに作ると板の厚さにもよるが舟の安定性が不十分になるような問題もでてくる。

実際に舟を作る際には、土で作った埴輪は正確な模型ではないと考えて、外観を埴輪と同じようにしながら、寸法比率や各部の大きさなどを実現可能な形にしなければならず、埴輪舟のイメージとの折り合いが最も重要になる」（松木哲「古代船の構造と古代の航海」『大王のひつぎ海をゆく』（読売新聞西部本社、二〇〇六年）という実態的な解釈をもとに、全長一一・九メートルの復元古代船「海王」の基本設計がなされた（**図71下**）。さらに松木氏は言う、「実際に作った舟（「なみはや」のこと―辰巳注）は前後の見通しが悪く、特に長原埴輪（高廻り二号墳出土の船形埴輪―辰巳注）のように前後に大きな板を立てたのでは、中に入ると前後は全く見えない。実際の舟はもっと小さかったのを、埴輪では装飾のため誇張しているのではないだろうか」と。私も同じ考えだ。

◉実験航海と船型

「なみはや」と「海王」の実験航海は、さらに興味深い事実を明らかにした。

それはA型の特徴である竪板は波の打ち込みを防ぐための波除け板とされるが、その大きな立ち上がりが船の前方監視を著しく困難にするという問題である。竪板に添うように大きく立ち上がる舷側板が前方の視界をいっそう狭くする。航行にあたっては常に舳先に見張り役を配置する必要がある。他方、B型では舷側板の両端を大きく立ち上げ、いかにも波除け効果があるようにみえるが、それは側面観からのこと。舳艫とも船先は先端を反りあげる形状をとるものの、大きく伸び上がる両舷側板に挟まれた船の正面には大きな口が開く。前方の視認は可能になる反面、外洋の航行にあたり、正面からの大波の打ち込みにはまったく無防備だ。

「海王」の実験航海はこの問題にひとつの解をもたらせた。航海の経過と体験をもとに古代船の航海の実態を考証した板橋旺爾《いたばしおうじ》氏の記録には次のようにある。

二〇〇四年一〇月二三日。前日の志賀島の藤田造船所前での進水式をうけて、水産大学端艇部が「海王」の初漕ぎをした日だった。志賀島東側の玄界灘をひととおり漕いだあとのミーティングで、学生からこんな意見が出た。「前から波しぶきが入るので、全面の開いたところに板か何か立てて欲しい」。建造した和船大工の藤田さんも「俺もそれが心配じゃった」という。

アカ汲み作業に追われると漕ぐことに集中できず、また大波が入るのなら漕ぎ手の安全にかかわる。（中略）固定竪板風は避けたいのと、波高に応じて調整できるよう、板を三段に分けてはめ込めるようにした。

そして実験航海本番。東シナ海、玄界灘、瀬戸内海の波が荒い海域で、ピッチングする「海王」の前面から打ち込む波をこの板が防いでくれた。この防波効果を見て、疑問が解けた。横を波よけの舷側板で固めているのに一番波が打ち込む正面を開けているのは不自然、という以上に無謀なことだと海の体験で実感できたからである。

西都原タイプの船は、もともとこの板が備えられていたのだ。（中略）特に津浦に入る時や砂浜に着岸する時、岩礁や障害物、浅瀬への警戒が欠かせないが、固定竪板は目隠し同然の代物だ。だから必要に応じて取り外しができるようにした。それが、西都原タイプなのだ。（中略）実際に海を渡った経験、または海を知る人々の知恵がこの西都原タイプを造り出した。

（「古代航海よみがえる」『大王のひつぎ海をゆく』前出）

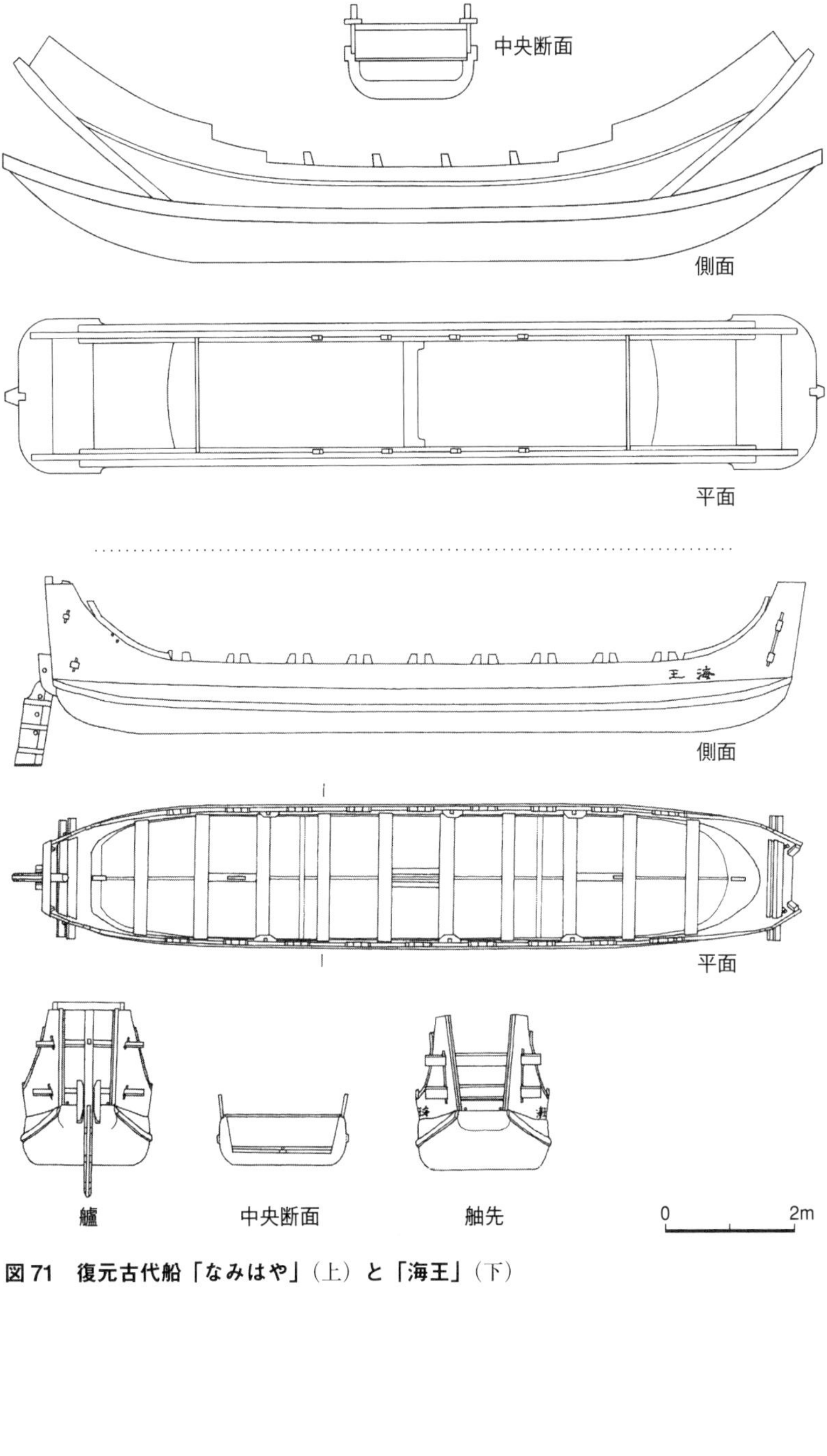

図 71　復元古代船「なみはや」（上）**と「海王」**（下）

なるほどとうなずかせる指摘ではある。

しかし私は、A型とB型それぞれの船首の形状を一艘の船体の両端にもつC型の存在がこの問題を解いてくれるのではないかと考える。

そもそもA型とB型は船体の両端が同じ構造となっており、いずれの方向にも進むことが可能であった。それはC型にも敷衍《ふえん》できそうだ。古墳時代の船は機能性に優れているといえるかもしれない。とくにC型にあっては、波の荒い際には大きな竪板をもつ側を舳先にして進み、凪の際や津浦などの航行には反対側を船首としたと考えることもできよう。C型の船のほうが、A型やB型よりはるかに臨機応変に、長い航海に対応できる機動性の高い船だったのではないか。

この考えに立てば、一六艘からなる船画の大半がC型の船を描いた袴狭遺跡例では、竪板をもつ船先のいずれもが左側に向けて描かれ、船団を組んで左方向へ進んでいると理解されてきたが、その進行方向を特定することは難しくなる。

また、一方の船先に竪板を立て、他方は船底部の上にあらためてB型の先端部をのせたように復元されるニゴレ古墳例も、上述したC型と同様に船先を使いわけることができそうだ。ニゴレ古墳例をよく観察すると、両舷側のいずれかの船先寄りに小さな穴が開けられている。第二章において、宝塚一号墳例や高廻り二号墳例で検討した、木製の操舵櫂のミニチュアに結んだ紐を通す穴の存在がここにも指摘される。それはいずれの方向にも進行が可能であったことを物語る。船形埴輪の造形にあたって、デフォルメが加えられつつも、なお船を操る装置の造形を忘れていないことに気づく。

これまでの考察から、私には宝塚一号墳から出土した船形埴輪の本来の姿が以下のように観想される。まず、全体を朱色に塗った船体には、航行を可能とする木製の櫂や操舵櫂などの推進装置が取り付けられ、船の中央にその動きを布帛のなびきに託した旗竿が立てられる。旗にはさまざまな色の布帛が用いられたことだろう。大きく伸び上がる船先から舷側の上縁、さらに船を仕切るハート形隔壁の随所には鰭形の装飾が作り出され、旗竿を挟んで衣笠形や大刀形の貴人を表象する土製形代が立てられる。丹塗りの船体に、さまざまな色彩の旗がなびくカラフルな情景が浮かびあがる。櫂も丹塗りだったかもしれない。それは究極にまで観念化・象徴化された「王の船」であることを主張してやまない造形だ。

「王の船」はなぜ古墳に置かれるのか。いますこし古代造形の心意を求め彷徨することとしよう。

3　他界へ翔る船

◉船形埴輪の出土状況

宝塚一号墳の船形埴輪は、壺形墳丘とそのくびれ部から中島状に飛び出した矩形《くけい》平面に築かれた造出しが渡り堤によって墳丘とつながる部分、ちょうどコの字形に囲まれた谷間状の空間に据え置かれていた（図72）。発掘時点で、この谷間から造出し上面までの高さは七〇～八〇センチあり、造出し上面に配置されていたとみられる形象埴輪が当初の位置をまったく失っていることから、本来は一メートル近い高さだったと推定される。船形埴輪の総高は九四センチあるが、埴輪を配置するにあたって約二〇センチの穴を掘り、そのなかに台座となる円筒台を据えつけていたから、据えられた状態の船形埴輪の高さは七五センチ前後であったと推定され、墳丘の外から水平に古墳を眺めても、造出しが邪魔をして船形埴輪を見ることは難しい。しかも宝塚一号墳は小さな自然丘陵を整形するよう

図72　復元された宝塚1号墳の造出し
手前が墳丘、造出しとの狭い空間に船形埴輪がみえる。

に造営されており、墳丘の全体は低い位置からしか見ることはできない。したがって谷間状の空間に置かれた船形埴輪を墳丘の外から視認することは不可能というほかない。この事実は、形象埴輪が外からの眼を意識して配置されるものではないことをよく物語っている。すなわち、被葬者の生前の政治的な地位や職掌を顕示し、象徴する造形として形象埴輪が墳丘に置かれたとする従来の考えを否定する。

さて、造出しの上面に置かれていたとみられる形象埴輪には、私が「高殿形埴輪」と呼ぶ高床タイプの埴輪を含む数個体の家形埴輪と、上部をギザギザの連続三角に造形した、柵を形象するとみられる円筒埴輪のほか、水鳥や鶏を形象した鳥形埴輪などがある。高殿とは古墳時代の首長が豊穣と己《おのれ》の地域支配の永遠を願ったさまざまなマツリゴトを実修する祭儀用建物を言う。美園《みその》古墳（大阪府八尾市）例では、首長が夢に神の託宣を得るためのベッド（神牀《かんどこ》）を屋内に造形していた（図45）。宝塚一号墳にあっても、造出し上に柵で囲まれた祭儀空間（ハレの空間）を埴輪によって表出しようとしたらしい。水鳥形や鶏形埴輪は、そこでの祭儀にかかわる形象埴輪とみられる。造出しの裾《すそ》には円筒埴輪や壺形埴輪を囲繞《いじょう》させるとともに、要所に盾形埴輪を外向きに立て、造出しや墳丘を外なる世界から結界しようとする。第一章で古代葛城地域を支配した豪族の祭儀空間として紹介するなかで、その門前に立つ聖標について検討した極楽寺ヒビキ遺跡の景観が彷彿される。造出し上に形象埴輪を用いて表出された祭儀空間は、古墳の被葬者にとっての他界の祭儀空間を観念したもの、すなわち創出された「他界の王宮」というわけだ。その造出しの直下に据え置かれた船形埴輪は、「他界の王宮」と密接に関連した「王の船」と認識される。

◉境界を渡る船

宝塚一号墳に指摘される「他界の王宮」と船形埴輪の関係は、Ⅰ篇第五章において形象埴輪を墳丘に立てる意味を分析したおりの、高廻り二号墳の埴輪群理解をさらに確かにしてくれる。直径約二〇メートルの円墳である高廻り二号墳の周濠からは、家形（一〇個体以上）、船形（一）、衣笠《きぬがさ》形（二）、靫《ゆぎ》形（一）、盾《たて》形（二）、冑《かぶと》を組み合わせた盾形（一）、短甲と草摺《くさずり》を組み合わせた甲《よろい》形（二）、円筒埴輪と組み合わせる壺形（一四個体以上）という多様な形象埴輪が出土した（図48）。多数の家形埴輪のなかに高殿形のそれが含まれるほか、寄棟や切妻の屋根をもつ多様な家形埴輪の存在から、壺形埴輪によって結界された墳頂に来世の「ハレの空間」、すなわち「他界の王宮」が創出され、船形埴輪もそこに置かれたものと理解した。しかしそれは考古資料に対する不十分な理解だった。

あらためて高廻り二号墳の報告書を見る。そこには「ほかの埴輪の破片が散乱した状態で出土したのに対して、船形埴輪は横倒しになってその場で潰れたような状況であった。ピポット（櫂を漕ぐ支点となるローロックのこと―辰巳注）の破片が一点だけ残丘上から出土した以外は、すべての破片が出土位置でそろっていた。破片もほとんど散乱していないことから、当初より周溝底に置かれた可能性がある」と記載されている。私の脳裏の片隅にあった、形象埴輪は墳丘上に置かれたはずという先入観に加え、報告書の「ピポットの破片が……残丘上から出土……」というくだりが頭に残ったがゆえの短絡的な解釈だった。

宝塚一号墳の船形埴輪は、造出し上の「他界の王宮」の裾、墳丘くびれ部との間をなす谷状の、墳丘外から隠れた部分に置かれていた。この事実は、高廻り二号墳の船形埴輪（図73）が、報告者の指摘のとおり当初から周濠底に置かれた可能性の高いことを語ってくれる。

私はいまや確信をもって言える。「高廻り二号墳の船形埴輪は、報告者の指摘するとおり、当初から周濠底に置かれた」と。

高廻り二号墳には、墳丘の中段をめぐる壺形埴輪の円環の外周を幅五メートル弱の周濠がめぐる。壺形埴輪列と周濠からなる、二重の結界が存在することになる。そこに被葬者のための世界、すなわち他界空間が顕現する。周濠の底に置かれた船は何をどこへ運ぼうというのか。船の置かれた地点は、まさにこの世とあの世（他界）の接点、換言するなら境界である。いうまでもない。船形埴輪は被葬者の霊魂を他界へと導く乗り物としてそこにある。

先述した東殿塚古墳の船画は、壺形墳の突出部（前方部）裾から濠側に張り出して設けられた、平坦な造出し空間を結界する円筒埴輪のひとつに描かれていた。既上の分析は、この船画が此岸《しがん》と彼岸《ひがん》

図73　周濠の底に置かれた船形埴輪（高廻り2号墳）

の境界に顕現する「他界へ急ぐ送霊船」を描いたものという理解を助け、それを船形埴輪が誕生する前段階の表象とみる認識を容易にしてくれる。

同様の過程は馬《うま》ノ山《やま》四号墳（鳥取県東伯郡湯梨浜町、前期後半）の円筒埴輪に線刻された大刀《たち》を佩《は》く人物や辟《へき》邪《じゃ》の呪《じゅ》作《さ》をするとみられる鳥装の人物像、さらに同時期の黄金塚《こがねつか》二号墳（京都市伏見区）出土の大型盾形埴輪に刻まれた反閇《へんばい》の呪作をする力士像などに、やがて出現することとなる人物埴輪の姿態との共通性が指摘される。古墳を舞台にした図像表出の変遷を考えるうえで興味深い。

一方、小さな墳丘の古墳では、船形埴輪をほかの形象埴輪とともに墳丘上に置く場合もある。

ニゴレ古墳では、ハート形装飾板を取り付けた椅子形埴輪をはじめ、家形や甲冑形埴輪とともに、A型の船形埴輪が置かれていた。同古墳は、浅い一本の溝を掘ることで、南北に延びる狭長な丘陵の先端に残る約一三メートルばかりの残丘を古墳としている。墳丘を自然地形から切り離す溝の一番底には十数本の円筒埴輪が立て並べられる。溝と円筒埴輪列が、墳丘を結界する仕掛けではあるものの、それはあくまで丘陵の稜線と墳丘を区切ったにすぎず、ほかに墳丘と丘陵を視認できる明確な造作が施工された形跡はない。木棺を埋納した墳丘の上は南北約一〇メートル、東西約六メートルの平坦な面を造成し、すべての形象埴輪はそこに置かれていた。

その状況を、単に墳丘の周縁に船形埴輪を配置する余地がなかったがゆえと解釈することもできる。しかし私は、「被葬者の霊魂がそれに乗り、他界への航海を成就させることができるように」、さらにすすんで「被葬者がすでに他界へたどり着いたことの証し」としての船形埴輪の存在をみいだしたい。月の輪古墳での船形埴輪の出土状況が、その解釈を確かにしてくれる。

直径約六〇メートルの大型円墳である月の輪古墳には、粘土によって木棺を密封した二つの粘土槨が営まれ、それを埋めた墳頂の平坦面には、円筒埴輪を方形にめぐらせた空間の内側に、家・盾・甲冑・靫・衣笠など、多数の形象埴輪が置かれていた。被葬者が生きる他界空間がそこにある。墳丘の北裾には一辺が一〇メートル余の方形の造出しが設けられ、そこにもうひとつの粘土槨が営まれていた。造出しの上面には円筒埴輪を方形に立てめぐらせ、入母屋形屋根の家形埴輪が置かれ、そこにも一人の他界空間が観想されたと理解される。粘土槨に遺された痕跡から、木棺は丹塗りであったらしい。注目されるのは木棺を粘土で包んで密封し、そこに封土をかぶせて墳丘の造出し部を完成させた時点で、粘土槨の直上に小さな船形埴輪（C型）が置かれた事実である。

月の輪古墳の報告者は、この小さな船形埴輪について「本地域を貫流する吉井川吉野川には、近代まで高瀬舟が遡行し、主要な運送手段となっていたが、古代においても舟による方法が、このような地域においてもっとも便利な交通であったことは推察に難くない。本例は正にそのことを示しているし、こうしたものが、ほかならぬ造り出し主体上方におかれていたことは、きわめて暗示的でさえある」（月の輪古墳刊行会『月の輪古墳』一九六〇年）と、その被葬者が舟運を支配した首長であることを間接的に述べている。同様の理理は、先述したニゴレ古墳にあっても「船、あるいは王者の象徴たる椅子をもって飾られたこの古墳の被葬者は、かつて日本海域に威をふるった、海の豪族の系譜をひくもの」（弥栄町教育委員会『ニゴレ古墳』一九八八年）という認識につながる。

私はⅠ篇において、古墳という葬送空間における船形の造形資料を分析し、「木棺を丸木舟形に作ったりする、いわゆる船形木棺の事例からはじまり、古墳の墓室壁面に描かれた棺を乗せた霊船が天空を翔《かけ》る壁画の事例、さらに横穴の玄室に造り出されたゴンドラ形の屍床等々、喪葬にかかわる諸々の古代資料のなかで、船にかかわる造形物が重要な位置を占めていることを述べてきた。それは亡き人の霊魂が船によって他界へ導かれるという舟葬《しゅうそう》の観念が基層にあることの証しである。船形埴輪もまた、古墳という葬送の空間に置かれた造形物であり、そこに葬られた被葬者の霊魂を他界へといざなう乗り物である」という結論を得た。そこに古墳時代通有の葬送観念こそ指摘できるものの、職掌をはじめとした個々の被葬者の生きざまを顕彰するものではないことを再確認しておきたい。

第四章

船形木棺の時空

1　弥生時代の船形木棺とその淵源

◉平手町遺跡の方形周溝墓

二〇〇九年一月末、名古屋城から北へ約二キロの沖積低地に立地する平手町《ひらてちょう》遺跡（名古屋市北区）で発掘中の方形周溝墓群のひとつから、船形をした木棺が検出された（**口絵2、図74**）。時代は弥生中期後半。遺存状態はきわめて良好。水上を往く船を造形した船形木棺の最古例を数百年もさかのぼらせる資料だ。平手町遺跡の西には、尾張平野を代表する弥生時代の集落遺跡の西志賀《にししが》遺跡（一九三〇年の遺跡発見以来、西志賀貝塚の名称で呼ばれてきた）が展開。平手町遺跡はその墓域にあたると考えられ、これまで弥生中期を中心とする三〇基近い方形周溝墓が発掘されている。船形木棺は平手町遺跡の第六次調査で発掘された。

船形木棺を埋葬施設とした方形周溝墓Dは、約九×七メートルの矩形《くけい》平面形で、発掘時での墳丘の

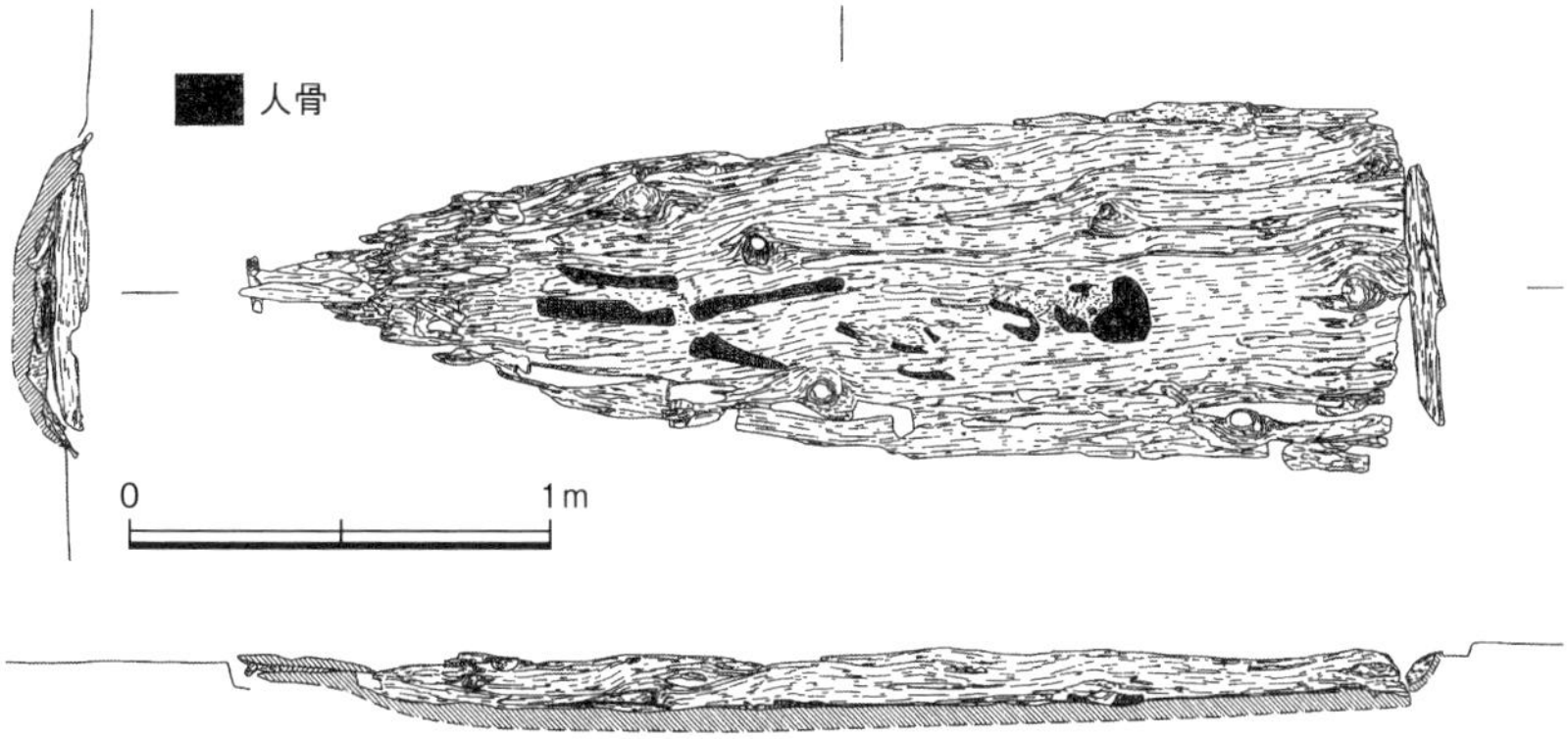

図74　平手町遺跡出土の船形木棺

高さは周溝底から約一・五メートル。平手町遺跡の周溝墓のなかでは普通の規模の墳墓である。船形木棺は主軸をほぼ墳丘の長軸にあわせ、鋭角でとがった舳先《へさき》を北西側に向け、他方の小口（南東側）は矩形平面を呈した艫《とも》の形状で、誰の目にも明らかな〝船〟の形に作られる。木棺は全長二・八メートル、幅約一メートルの大きさである。土圧の影響があるとはいえ、身部の横断面はゆるやかな弧状をなし、また縦断面では艫側がまっすぐ立ち上がる箱形をとるのに対して、舳先側では徐々に立ち上がったのち、上端に近くその傾斜を反転させ水平に近い角度で先端に至る。まさに典型的な船の形状をした木棺である。ただ棺の本体は一木を刳《く》り抜《ぬ》いて作られるものの、艫側は板を横位に組み合わせて小口とし、いわゆる丸木舟の仕様を採っていない点には留意しておきたい。なお、わずかながらも蓋の部材が遺存していたが、土圧の影響のため、身部と同じ刳り船の形状をしていたか、また平滑な板をかぶせただけだったのかを明らかにすることはできなかった。

方形周溝墓Dの船形木棺には、遺存状態はよくないものの、艫側（南東側）を頭とした壮年後半から熟年前半とみられる人骨が発掘された。また棺内には、直径が六センチ前後の木製筒形品三点が副葬されていたが、その用途は不明である。

方形周溝墓Dの北西に近接して営まれた方形周溝墓Fでも、Dの船形木棺と同じ方向に埋納されたスギ製の木棺が発掘され、腐朽が著しいものの、その形状からDの木棺と同じ船形であった可能性がきわめて高い。

弥生時代中期後半というこれらの方形周溝墓が、これまで弥生時代後期中葉を確実な年代的上限としてきた船形木棺の使用時期をはるかにさかのぼらせ、弥生時代の喪葬文化のなかに船形の木棺を使用する習俗の存在を確かなものとした意義は大きい。

なお方形周溝墓Dに遺存した船形木棺の樹種を同定したところ、ヒノキ材で製作されたことが判明した。

一九八八年、能城修一《のしろしゅういち》氏は全国の遺跡から出土した丸木舟、一八〇例について樹種の同定をおこなった。結果は上位五種がスギ二七％、カヤ一八％、二葉松類一〇％、クスノキ八％、クリ七％というもので、ヒノキについての確実な事例は皆無であった。この結果は資料の所属時期を関係なく集成したものであるが、その後、二〇〇七年には滋賀県文化財保護協会が縄文時代に限定して、丸木舟一一七例に関する樹種同定をおこなった。結果はカヤ一一％、スギ一〇％、クリ六％、モミ三％、ムクノキ二％で、ヒノキは入江内湖《いりえないこ》遺跡（滋賀県米原市）の一例のみだった。わたしも平手町遺跡でのヒノキ製船形木棺の出土を機会に、各地から出土した弥生・古墳時代の丸木舟に関する報告書を渉猟したが、船の本体にヒノキを用いた事例を捜しだすことができなかった。

この事実は、平手町例が既製の丸木舟を棺に転用した可能性がきわめて低いことを明示するいっぽう、死者を葬るために船形の木棺が製作されたことを物語り、そこに「船」が死者の魂を他界へ導くという、いわゆる「舟葬《しゅうそう》」観念の存在があらわになる。

この発掘成果は、同じ平手町遺跡の第三次調査で発掘された、中期の大型方形周溝墓ＳＺ〇一（二一×一四メートルの墳丘をもつ）と、そのほぼ中央で検出された土坑ＳＫ一〇三についての従来の認識に再検討をせまることとなる。この土坑は全長約六・一メートル、最大幅約二・八メートル、深さ〇・一六メートルで、横断面がゆるやかなカーブをもち、長軸方向の一方（南西方向）に先細りする船形をしていた。この土坑について、報告者は「土壙墓の可能性は低い」と結論づけるとともに、それが「マウンド下層の黒褐色粘土から最下層のオリーブ灰色シルト層を切り込んでいる」ことを根拠に、周溝墓ＳＺ〇一に先行する遺構と解釈した。しかし今回の周溝墓Ｄにおける船形木棺の埋納状況を参考とすれば、周溝墓ＳＺ〇一の埋葬施設は船形木棺であった可能性が高い。再検討を期待したい。

本章は、平手町遺跡で確認された船形木棺（以下、「平手町例」と呼称する）を弥生・古墳時代の喪葬習俗のなかに位置づけるとともに、これまで各地で出土した船形木棺を再整理するなかで、その基層に横たわる他界観念の系譜に言い及ぼうとするものである。

◉丹後地域の船形木棺

従来あきらかになっている船形木棺の初期の事例は、金谷《かなや》一号墓（京都府京丹後市）第一主体部、赤坂今井《あかさかいまい》墳丘墓（京都府京丹後市）第二主体部、茶臼ケ岳《ちゃうすがたけ》八号墓（京都府京丹後市）第一・第二主体部、大谷《おおたに》墳墓群（兵庫県豊岡市）第二支群一号墓、乃木山《のぎさん》古墳（福井県吉田郡永平寺町）第二主体部、植出《うえだし》遺跡（静岡県沼津市）一号方形周溝墓、平尾《ひらお》二号墓（香川県丸亀市）一号主体部など（**図75・76**）、弥生時代後期中葉～古墳時代初頭の墳墓で、植出例と平尾二号墓例を除く大半が、丹後地方を中心とする

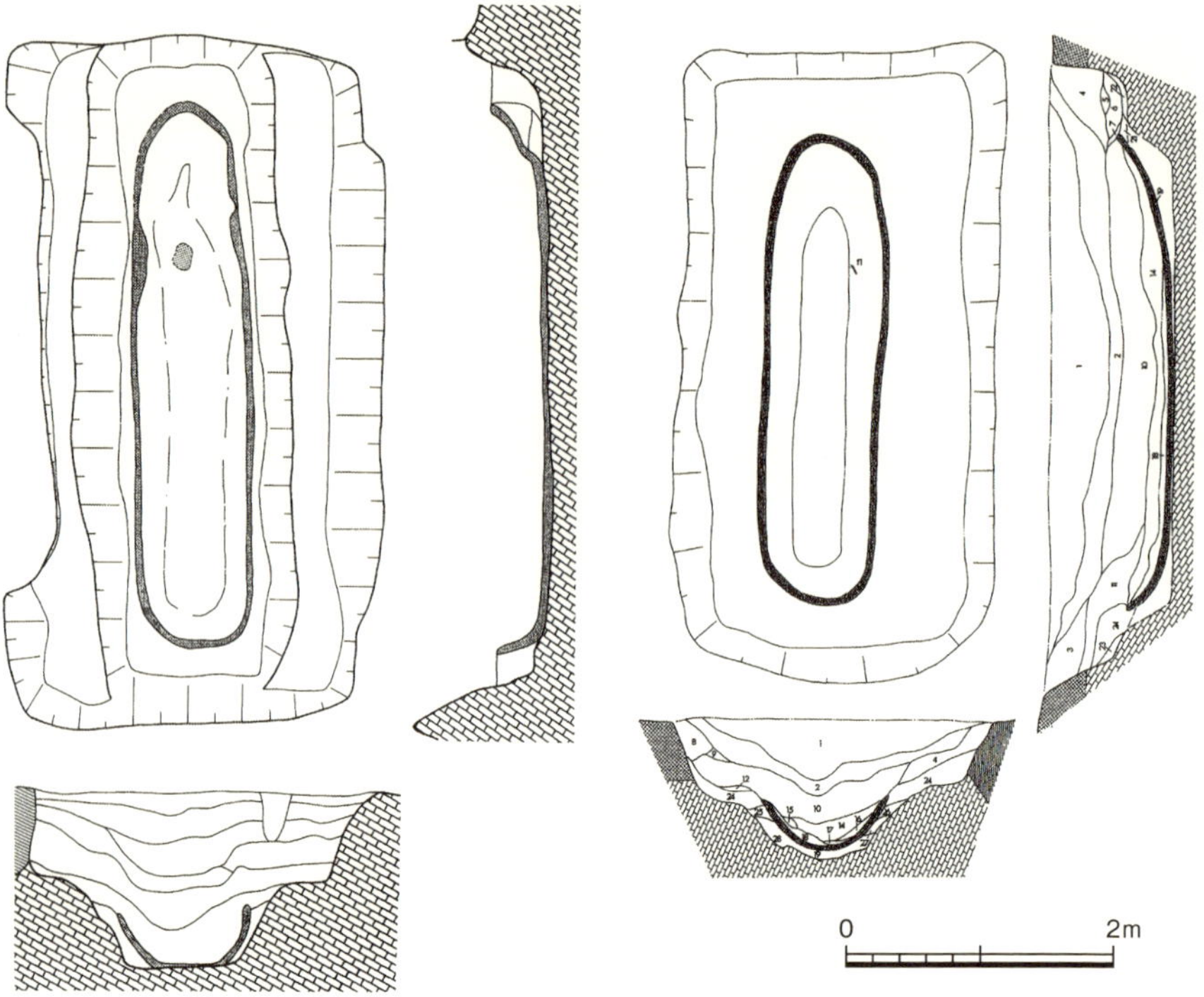

金谷1号墓第1主体部　　赤坂今井墳丘墓第2主体部

図75　弥生〜古墳時代初頭の船形木棺遺構1

本州中部の日本海側に属する地域から発掘されていた。ところが、このたびの平手町遺跡の発掘例は、その出現年代が大幅にさかのぼることを明らかにしたのみならず、船を木棺形式に採用した地域性の点においても、太平洋側にまで広く普及していた可能性を予察させることとなった。いま丹後地方における発掘例を簡単に整理しておくことにしよう。

これまでは、二〇〇七年に調査された弥生後期中葉の茶臼ケ岳八号墓例が、全国的にもっとも所属年代のさかのぼる事例であった。そして、茶臼ケ岳・大谷・乃木山の各事例では、いずれも鋭角にとがった舳先《へさき》と箱形

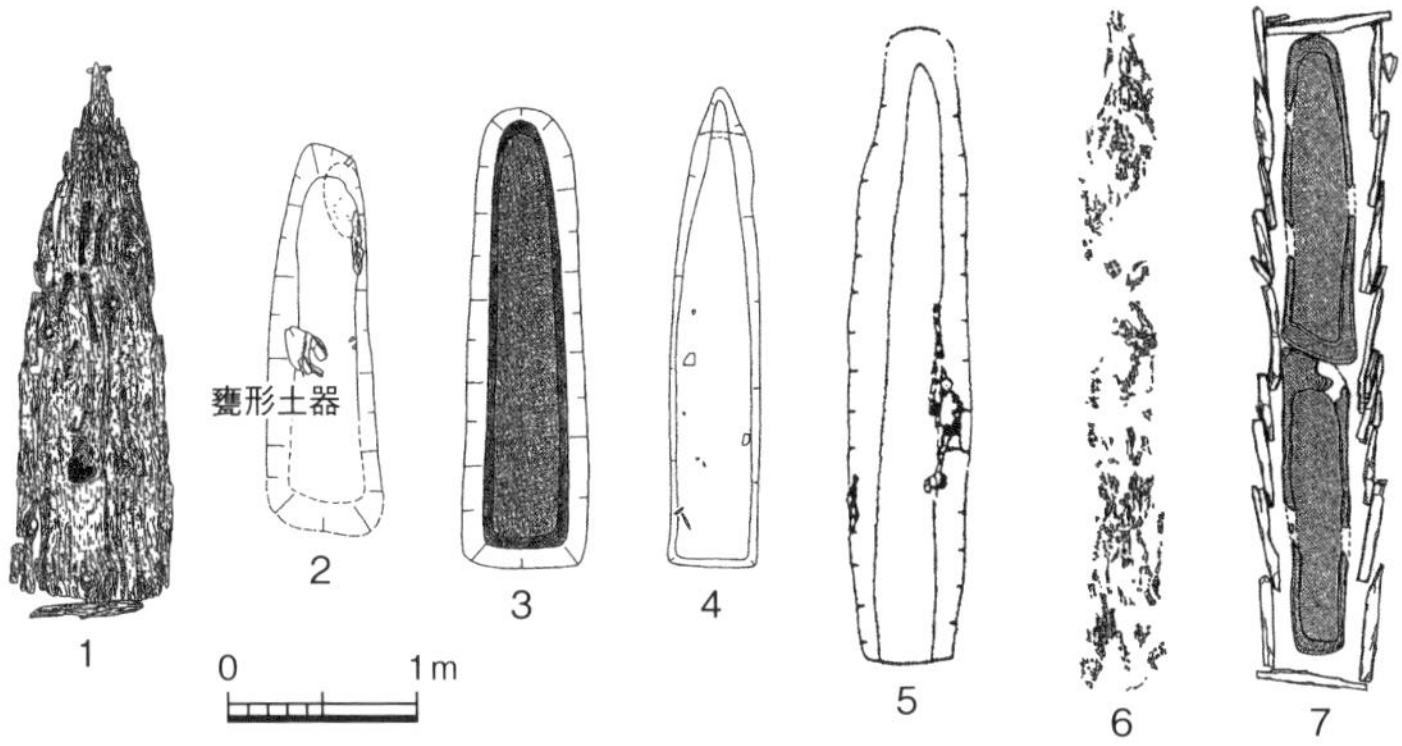

1. 平手町6次方形周溝墓D　2. 茶臼ケ岳8号墓第1主体部　3. 同第2主体部　4. 大谷墳墓群第2支群1号墓　5. 乃木山古墳第2主体部　6. 植出遺跡1号方形周溝墓　7. 平尾2号墓1号主体部

図76　弥生〜古墳時代初頭の船形木棺遺構2

をなす艫《とも》が明瞭に観察され、その形状が平手町例にきわめて似ている事実に、現時点での船形木棺の資料がもつ時間的・地理的なへだたりを超えたつながりがつよく暗示される。

また、金谷一号墓第一主体部でも、木棺の平面が両小口ともに丸みをもつものの、その一方がややとがりぎみであるとともに、底部から先端に向かってゆるやかな傾斜をもってせりあがるのにくらべて、他方の先端は箱形に近い平面で、底部から先端に急な立ち上がりをみせる点に、舳先と艫が意識された船の「かたち」と認識することが可能である。同じ視点で赤坂今井墳丘墓第二主体部を観察すると、その平面形に丸木舟の形状が観察されるとともに、棺底に遺る稜線にも船形が指摘される点から、同じ認識が可能となる。

金谷一号墓や赤坂今井墳丘墓では、方形墳丘の上面と墳丘裾に造り出されたテラス状平坦面からも、箱形の組み合わせ木棺のほかに、第一主体部と同様の刳抜式《くりぬきしき》の木棺遺構がいくつも確認された。それらは舳艫《じくろ》の区別がなく、両小口が同形態の丸みをもつ刳抜きの木棺で、その

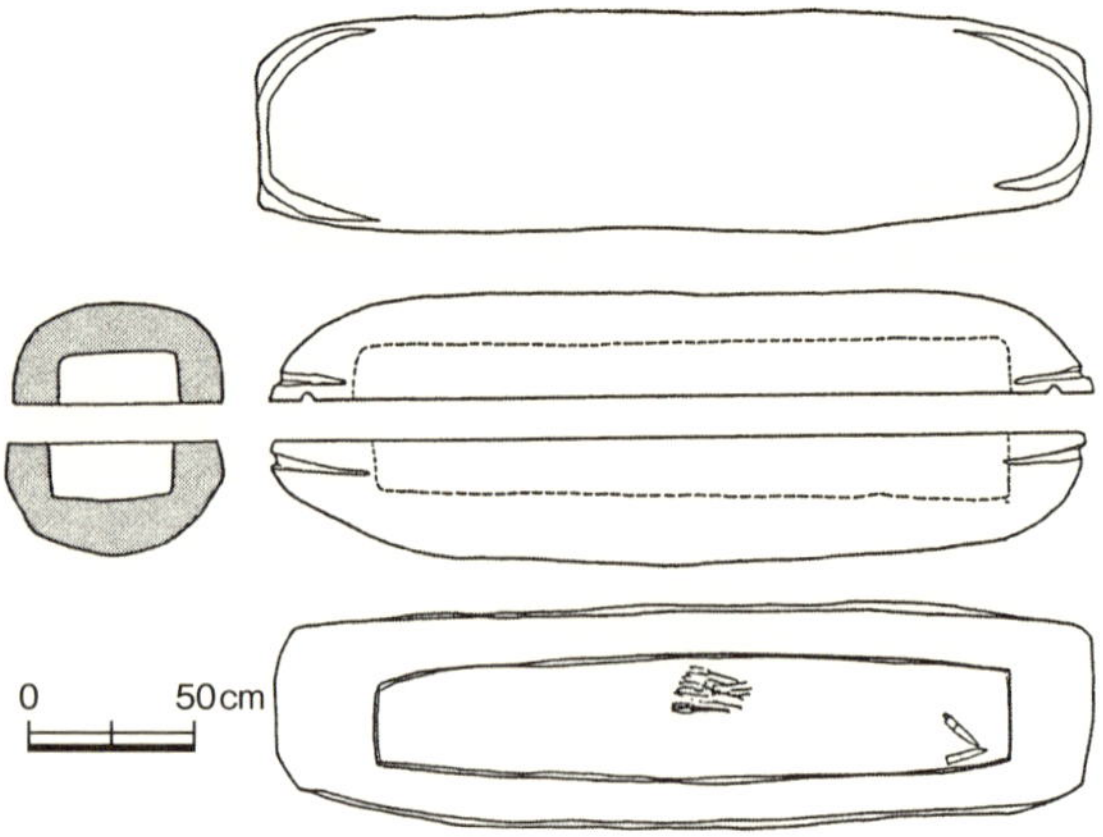

図77　伊達1号墳出土の船形石棺

形状の基層に「船」の存在をみいだすことに躊躇する向きもある。死体を納める容器（槽）としての機能がその「かたち」を生み出したと理解することも可能ではある。

金谷一号墓では、墳丘上面から八基の木棺遺構が発掘され、第一主体部を含む三基が刳抜式木棺で、のこる五基が組み合わせ箱形木棺であった（図27）。そのなかで本墳丘墓造営の契機となったとみられ、墳丘上面のほぼ中央に営まれた第一主体部は、その規模も全長三・九メートル、幅〇・九メートルで、全長が一・八メートルに満たない箱形木棺とくらべて群を抜いて大きく、それが明らかな船形に作られている点に留意すれば、のこるふたつの刳抜式木棺も「船」を造形した棺様式であったとみなすことができる。縄文時代以来、各地で発掘される丸木舟の大半が舳艫の区別がない。刳抜式木棺が作られる基層に「船形の棺を製作する」という造形思惟を認めてよいのではないか。

なお、赤坂今井墳丘墓の第二主体部での土層観察によると、棺の蓋が棺身と同様の丸木舟の形態をもつ可能性が高いという。平手町例で検出できた棺蓋は、墳丘の土圧のために板状を呈していたが、その本来の形状を検討するうえで留意しておくべきだろう。古墳時代後期の事例ではあるが、伊達一号墳（茨城県那珂市）では、丸木舟を忠実に写したとみられる同じ形態の刳抜式石棺が蓋と身として組み合わされていた（図77）。

◉拡大する船形木棺の分布域

日本海側以外の船形木棺の事例を概観しておこう。

香川県丸亀市に所在する平尾二号墓は、自然の狭長な丘陵を削り出すように墳丘が造成された墳墓で、長径二〇メートル×短径一五メートル、高さ一・七五メートルの楕円形の主丘に、長さ約一〇メートルばかりの突出部がある。さきの茶臼ケ岳八号墓とほぼ同時期の墳墓と考えられる。主丘部から七基、突出部から一〇基の埋葬施設が発掘され、その大半が箱形木棺を直葬するものだった。ところが中心埋葬施設とみられる第一主体部は、あまり例のない埋葬施設だった。それは安山岩板石で組み立てられた、長さ三・三メートル、幅四五～五〇センチ、高さ四五センチの長大な石槨内に設けられた二基の粘土床のそれぞれに木棺を安置したとみられる構造で、木棺は朽ち果てていたが、木棺の身の外形が粘土床に痕跡として遺っていた。ひとつの粘土床の形状は明らかに舳艫《じくろ》を造りだした木棺と容易に観察できた。他方の粘土床に遺存する木棺の痕跡をみると、小口側のひとつが箱形を呈する一方、ほかの小口が丸みをもち、そこにも刳抜《くりぬ》きの船形木棺が安置されていたことがうかがえる。木棺は全長一・五メートル程度とやや小型だった。

他方、東日本でも船形木棺とみられる遺構が報告されている。

植出遺跡は駿河湾を眼下にする愛鷹山《あしたかやま》のふもとにある弥生後期末の集落遺跡で、その一隅に営まれた、一辺が一三メートル前後の一号方形周溝墓から全長が三・五メートル、幅四十数センチの、U字形断面をもち、一方の小口がとがった丸木舟の形状をうかがわせる炭化材（アカガシ）が出土した。

周溝墓の中心からやや偏った位置で検出されているものの、その形状から船形木棺の可能性を考慮すべきであろう。しかも東海地方において、はやくから船形木棺が使用されていた事実を確かなものとした平手町例の発掘は、本例が船形木棺である蓋然性を高くする。

さらに、二〇〇一年、半島から渡来した集団による弥生早・前期の集落遺跡として知られる江辻《えつじ》遺跡（福岡県糟屋郡粕屋町）から、当該の集落居住集団が営んだ二群四一基からなる墓壙群が発掘された。なかにとがった舳先《へさき》と箱形の艫《とも》をもつ船形木棺の埋納遺構と推定される事例が三基あり、ほかに五基以上で横断面がU字形をした箱形の刳抜木棺遺構が報告されている。この江辻例は船形木棺の系譜とその基層にある葬送観を考えるうえで示唆的で、弥生文化誕生の当初から、死者を他界へ導く乗り物（容器）としての刳り船を模した木棺の存在を考えさせる。平手町例と江辻例の間を時間的・地理的に埋める船形木棺遺構の発掘例が報告されるのも遠いことではなかろう。

◉船形木棺の源流

江辻遺跡での船形木棺の発掘事例は、その習俗の淵源が朝鮮半島から中国にあることをうかがわせている。

第二次世界大戦後の中国では、長江《ちょうこう》（揚子江《ようすこう》）流域以南の各地で、戦国時代末から前漢時代の舟葬に関する発掘報告が相ついでいる。なかでも上流域の四川省《しせん》では、これまで多数の船形木棺の発掘が報告されている。

一九五四〜五五年に発掘調査された四川省の巴《は》県冬笋壩《とうじゅんは》と、昭化《しょうか》県宝輪院《ほうりんいん》の二遺跡では、総計百余基の木棺埋納遺構が発掘され、それらのうち、冬笋壩から二一基、宝輪院から九基の船形木棺が検出された。木棺はいずれもクスノキ製の刳抜式で、平均の全長が約五メートル、幅約一メートル前後で丸木舟の形状を採り、長方形に刳り抜かれた内側には、遺骸とともに多数の青銅器や土器などの副葬品が納められていた。そして宝輪院で発掘された九基の船形木棺のうち六基には、なかに箱形木棺が納められていて、船形木槨《ふながたもっかく》と呼ぶほうが正確な埋葬施設であった。宝輪院では一九九五年にも隣接地で発掘がおこなわれ、さらに八基の船形木棺遺構が発掘されている。

そして二〇〇〇年八月から翌年一月には、四川省の省都である成都《せいと》市の市街地から、巨大な船形木棺群を納めた大墓坑を地下に設けた、紀元前五世紀前後の建築遺構が発掘された。成都商業街船棺墓と呼ばれるこの遺跡は、すでに前漢初頭の頃に大盗掘を受けたとはいえ、なお巨大船形木棺四基を含む船形木棺九基、そのほか八基の箱形木棺が遺存し、青銅製の武器や印章、調度品や楽器、また装身具などの漆器のほか、多量の陶器類や竹器など、大量の副葬品を発掘。戦国時代の蜀《しょく》の王族、または蜀王自身とその家族墓と考えられている。

盗掘を免れた巨大な船形木棺のうち最大の一三号木棺は、身の全長が一八・八メートル最大幅一・五メートル、高さ一・一二メートルもある。その大きさに驚くばかりだ。船形木棺はクスノキの巨木を半截《はんせつ》し、その根元寄りを艫《とも》に、他方の小口を舳先《へさき》にみたて、棺底から身の上面先端に向かって斜めに削り上げて舳先が造形されている。大半の船形木棺には、上面の舳先に近い部位の左右に、身部の上面から側面に貫通する、縄などを通して運搬に使用したとみられる「えつり穴」があけられるのも注目される細工のひとつである。なお船形木棺の蓋は、身とは別のクスノキの半截材を用いてほぼ同じ形状に造作された。ただし、この木棺は実用の船と同じ形状に作られたものでない。それは遺骸や副葬品を納める空間が、木棺の外形にくらべてはるかに小さく刳り抜かれ、舳先側と艫側に大きな余

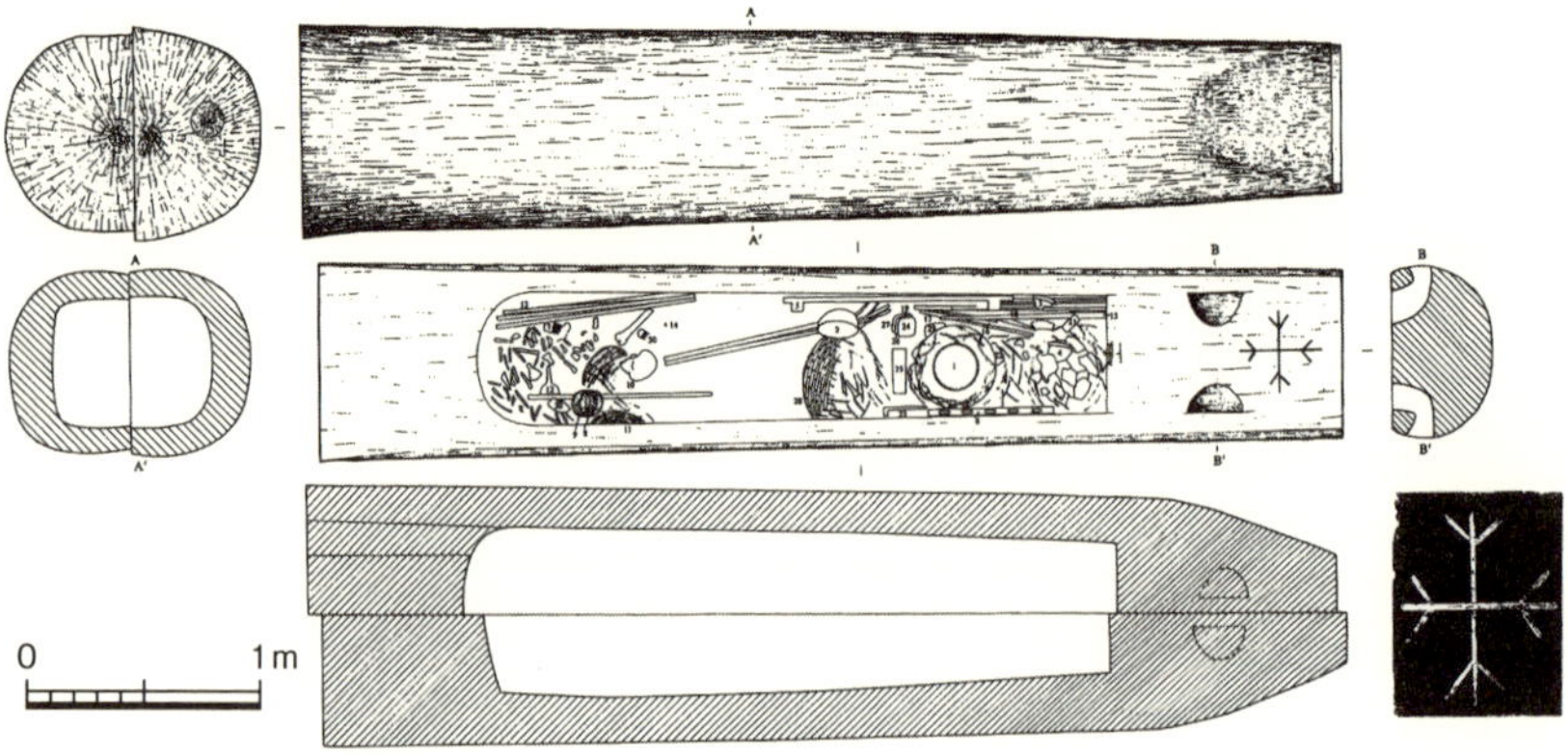
図 78　成都商業街船棺墓（中国）　8 号船形木棺と十字形図文

材部分の残ることから明らかで、まさに棺を船に見立てたところに造形の心意があることを物語っている。

◉木棺に刻まれた十字形

木棺内から出土した豊かな副葬品については別の機会に譲ることとして、本書の主題に関して、船形木棺に刻まれた記号について触れておかなければならない。

昨年夏のこと、手元に届いたばかりの報告書を繙読していた私の目は、木棺に刻まれたある図文に釘付けになった。墓坑の東南隅に並んで安置された、三基（八号・九号・一一号）の船形木棺に同じ図文が刻まれていたのである（**図78**）。十字形をなす線と、その先端を三叉《みつまた》としたそれは、棺身の舳先寄り上面に刻まれていた。それぞれの木棺にはほかにも個々に違った図文が刻まれるが、三基の木棺に共通して大きく刻まれる十字形図文が格別の意味をもつ記号であったことが推察される。被葬者間の類縁関係、職掌、性別、さらには単なる辟邪《へきじゃ》の意味等々、いろいろな推察が可能で、さらなる資料の蓄積を待つしかないだろう。しかし私がこの記号に注目した理由はほかにある。

それはわが国の東山《ひがしやま》田《だ》一本杉《いっぽんすぎ》遺跡（佐賀市）三〇号甕棺に線刻されていた図文（図79）ときわめて似ていたからである。弥生中期初頭段階（紀元前四世紀頃）の、金《きん》海《かい》式《しき》と呼ばれる大型甕棺の胴部上段に刻まれたその図文は、十字形に交差する線の先端を五つに分枝させた図形である。埋葬時、当該の甕棺は十字形図文を下にして斜めに埋められていた。そこに、地中の邪霊から被葬者を護る意味をもつ記号であるとする認識を導くこともできる。甕棺に描かれた図文の研究をする常松《つねまつ》幹《みき》雄《お》氏は、この十字形図文を「束ねた稲穂を十字に結わえた『稲魂』の象徴で、それぞれ十字の先端の線刻は、稲穂と解釈できる。カメ棺に葬られる人はやがて祖霊の仲間入りをし、祖霊は再び新たな生命として誕生する。この線刻は、人の生死の輪廻を稲魂の去来に見立てた表現と思える」（常松幹雄「カメ棺に描かれた弥生人の世界」『弥生人のタイムカプセル』福岡市博物館、一九九八年）と理解した。

　成都商業街の船形木棺に刻まれた十字形記号と、東山田一本杉遺跡三〇号甕棺に刻まれた十字形図文を並べ見る。両者がなんらの関連性をもたず、それぞれの地域で創出された図文とみなすのは難しかろう。木棺と甕棺というキャンバスの材質を異にするものの、両者はともに葬送の器（棺）として相通じる。また前者は棺蓋をかぶせると見えなくなる部位に図文が刻まれる一方、後者は図文を墓壙の底側にして埋葬される。両者はともに現世から見えない領域、換言すれば他界に向

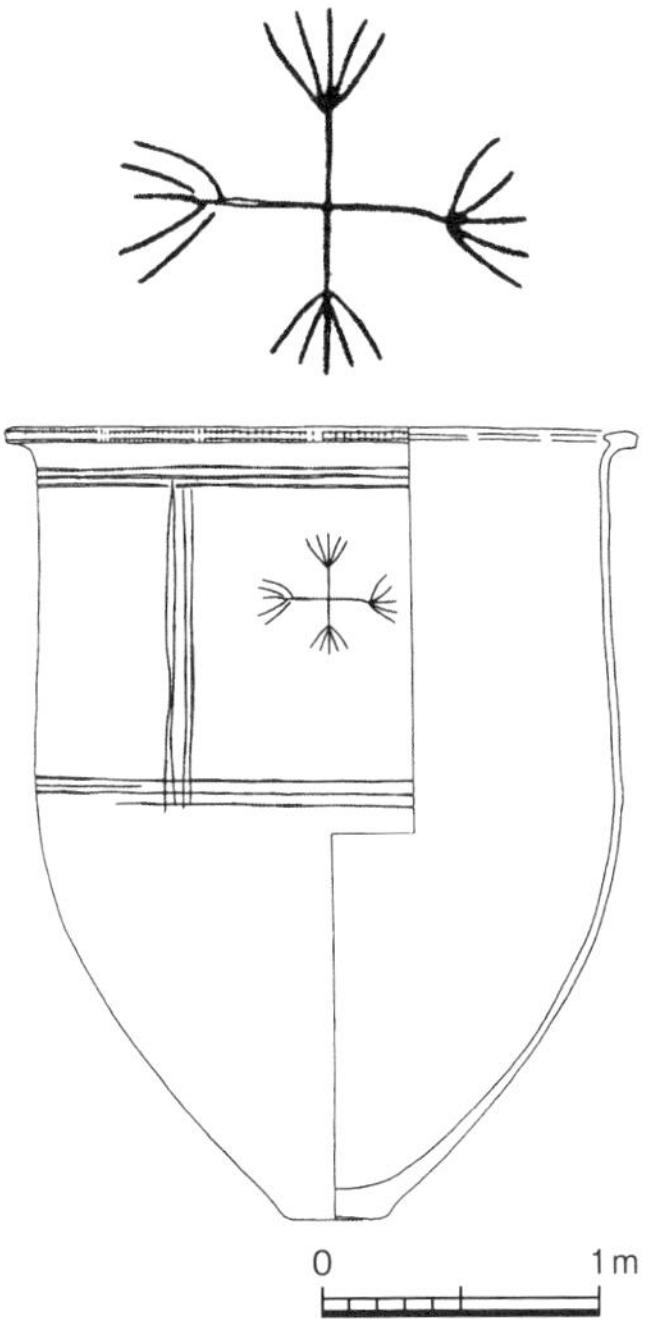

図79　甕棺に刻まれた十字形図文
（東山田一本杉遺跡）

かう記号という点でつながる。

さらに長江の中・下流域をセンターとする、大陸から日本列島への稲作伝播ルートの存在を考慮すれば、長江上流域の成都と北部九州の佐賀が根源においてつながっていたとみなすことに大きな問題はない。東山田一本杉遺跡の甕棺に刻まれた十字形図文は、長江流域に展開した稲作文化複合の版図《はんと》に日本列島が位置したことを語っている。そこに半島からの渡来人集団とその後裔が営んだ集落遺跡である江辻遺跡での、船形木棺を用いた列島最古の葬送事例がみいだせる事実を重ねれば、打ち寄せる大陸文化の波濤が胸に響く。

2　古墳時代の船形木棺—東日本

◉東北地方への拡がり

拙著『「黄泉の国」の考古学』（本書I篇）を上梓した一九九六年以降も、船形木棺の出土例は増加しつつある。なかでも前節で述べた弥生時代の事例の多くは近年になって明らかになったものである。いまや船形木棺が、古墳時代を通して各地で普遍的に葬具として用いられたことが明らかになりつつある（図80・82）。本節では、論の展開を簡明にするため、舳先《へさき》と艫《とも》を明瞭に表出した船形木棺遺構の新たな検出例を中心に東日本から紹介してゆくことにしよう。

弥生時代、東海地方で確認された船形木棺を採用する葬送習俗は、古墳時代前期前半には東北地方にまで及んでいる。

まず森北《もりきた》一号墳（福島県河沼郡会津坂下町）例がある（図80－1）。杵ケ森《きねがもり》古墳・亀ケ森《かめがもり》古墳など、会津盆地西部に次々と築かれる前期古墳のひとつである。全長約四一メートルの突出部を付設した方形墳（前方後方墳）の主丘に直葬された、長さ五・三メートル、艫側での幅九二センチと、弥生時代の船形木棺にくらべて長さが増す。その舳先などに赤色を呈する部分が認められ、木棺の表面に赤色塗彩を施した可能性が高い。それは宝塚《たからづか》一号墳や高廻《たかまわ》り一・二号墳などから出土した船形埴輪、また石貫穴観音《いしぬきあなかんのん》三号横穴に設けられた船形屍床が赤彩されていた事例とのつながりを考えさせるだけでなく、各地の古墳で確認される、被葬者を納めた棺の内外に水銀やベンガラを塗布したり、古墳築造のさまざまな過程で赤色顔料を散布する習俗が古墳時代に通有であったことをうかがわせる。

会津地方で出土する古式土師器《はじき》に北陸系土器が散見されることはよく知られ、また弥生後期の山陰・北陸地方に特徴的な四隅突出型墳丘墓《よすみとっしゅつがたふんきゅうぼ》が、会津盆地の北にある館《たて》ノ内《うち》古墳群（福島県喜多方市）で発掘されている事実は重要である。それは弥生時代の船形木棺が、丹後・但馬から北陸という日本海側に多く検出されている事実と符合して、森北一号墳木棺の系譜をおのずから語っている。

さらに六世紀には宮城県下でも船形木棺の発掘例が指摘される。大野田《おおのだ》一号木棺墓（宮城県仙台市、図80－3）や名生館官衙《みょうだてかんが》遺跡ＳＴ一五六六古墳（宮城県大崎市、図80－2）などである。

◉房総地方の船形木棺とその遺構

いっぽう、東京湾に臨む内房地域では船形木棺遺構が次々と明らかになっている。

まず古墳時代前期の中頃に築かれた直径約二〇メートルの円墳、辺田《へた》二号墳（千葉県市原市）で発掘された丸木舟の形状をした船形木棺遺構（図80－8）は、長さ三・七メートルで、両棺端がゆるやかに立ち上がり、舳先《へさき》と艫《とも》が明瞭にうかがえる平面形だった。しかも、両棺端から先に向かって板を張り出したかのような構造がみてとれ、あるいは蓋板の痕跡かと推察される。

　辺田二号墳が所在する市原台地には、初期古墳として著名な神門《ごうど》古墳群や、「王賜《おうし》」銘鉄剣を副葬していた稲荷台《いなりだい》一号墳など、古墳時代を通して多数の古墳が築かれ、幾多の発掘がおこなわれてきたことから、ほかにも船形木棺を埋葬施設とする古墳の存在が予察された。そして数々の発掘調査報告書を渉猟するなかで、前期の長大な船形木棺遺構を見いだすことができた。それは辺田二号墳の北東約五・五キロにある、直径四五メートル、高さが一〇メートル余りの大型円墳、大厩浅間様《おおまやせんげんさま》古墳である。

　大厩浅間様古墳では三基の木棺遺構が検出されたが、墳丘の中央に東西方向で埋置された一号主体部は、外形の全長が一一・三メートル、幅〇・九メートル前後と、ほかに例をみない長大な木棺遺構で（図80―6）、両小口の平面形は丸みをもった箱形に作られるが、底からは先端にむかってゆるやかに立ち上がりをみせ、なかでも木棺東端部には、底部から先端に向かって伸び上がる船の背骨にあたる稜線が観察され、船の舳先を造形したことが指摘される。木棺の横断面は箱形に近く加工される。さらに報告された木棺遺構の土層断面図を子細に検討すると、木棺の両小口（舳艫）から二・五メートルばかりの部位に、木棺の内側小口をうかがわせる垂直方向の土層ラインが指摘され、六・五×〇・七メートル前後の大きさの木棺内刳《うちぐ》りを復元できる。さきに述べた中国の成都商業街で発掘された蜀の船棺では、伐りだした巨木を半截し、その外形を船形に削り出し、なかほどに被葬者と副葬品を納める棺空間が刳り込まれたが、それと同じ形状を推し量ることができる。

　一号主体部の棺内には、二・二×〇・二五メートルの範囲に赤色顔料の散布が観察され

◀**図 80　古墳時代の船形木棺遺構 1**
1. 森北 1 号墳（福島）　2. 名生館官衙 ST 1566 古墳（宮城）　3. 大野田 1 号木棺墓（宮城）　4. 西谷 11 号墳（千葉）　5. 大寺山 1 号洞穴 1 号棺（千葉）　6. 大厩浅間様古墳 1 号主体部（千葉）　7. 同 2 号主体部（千葉）　8. 辺田 2 号墳（千葉）　9. 埼玉稲荷山古墳（埼玉）

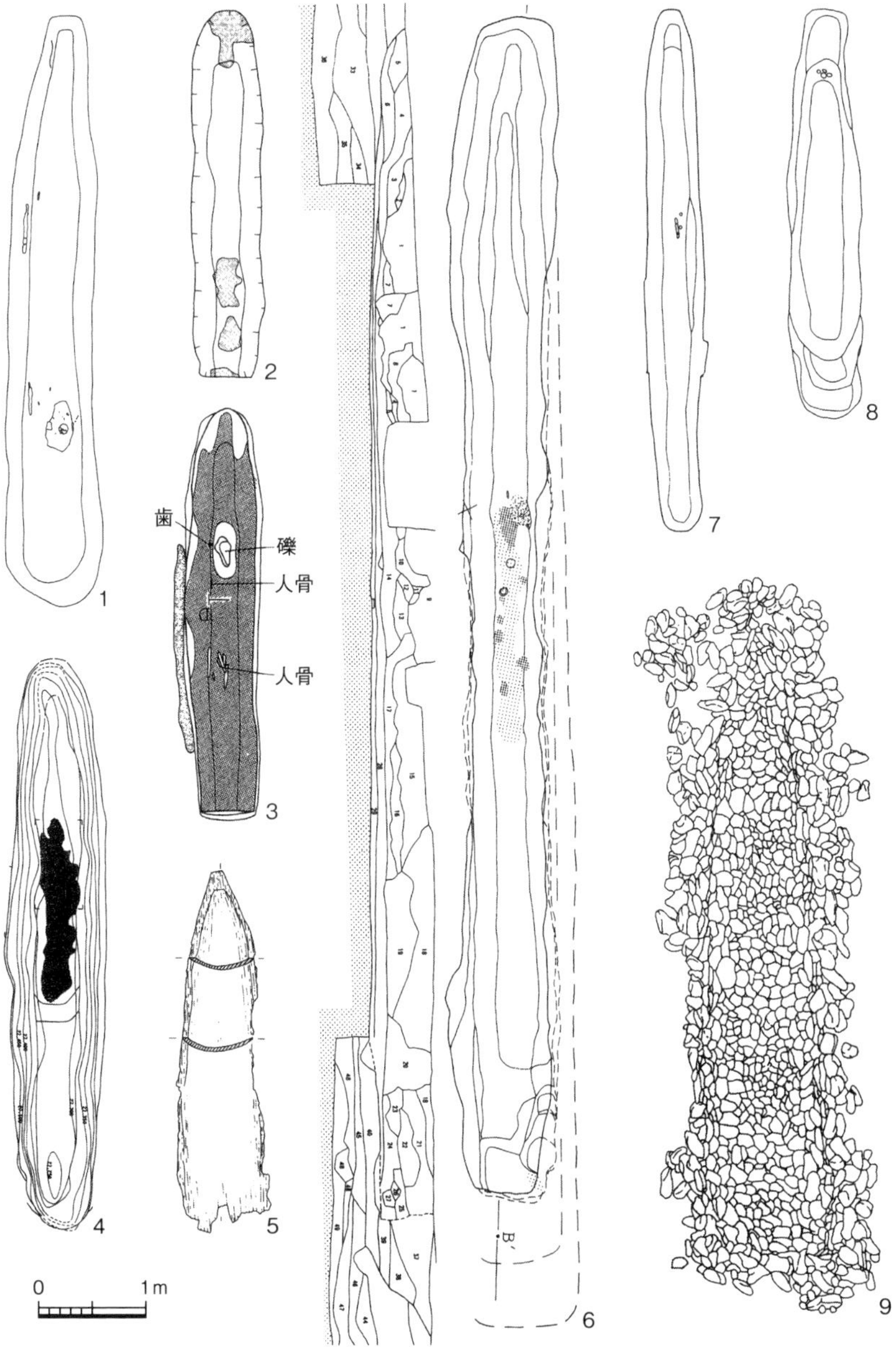
1
2
歯
礫
人骨
人骨
3
4
5
0
1m
6
7
8
9

た。とりわけ、その東寄り四〇センチばかりの部分に濃く散布され、そこにメノウ・コハク・碧玉《へきぎょく》・ガラスなど、さまざまな素材で作られた多数の玉類が集中して検出され、被葬者の頭部がそこに位置したことがわかる。また小型銅鏡や石釧《いしくしろ》、鉄製刀子《とうす》が副葬されていた。なお大厩浅間様古墳では、中央からややはずれた位置にも全長四・七メートルの船形木棺と推察される遺構（図80－7）が埋置されていたらしい。

現在、辺田二号墳があった一帯の丘陵地は、大規模な区画整理事業によってすっかり住宅地と化している。その事業にともなう道路計画のため、一九六三年にひとつの船形木棺遺構が検出されていた。翌年三月、県教育委員会によって刊行された『千葉県遺跡調査報告書』には、この船形木棺遺構について簡単な報告が収録されている。しかしその報文に目をとめる研究者はいなかった。埼玉《さきたま》稲荷山《いなりやま》古墳から船形木棺遺構（図80－9）が発掘される五年前、辺田二号墳が発掘される二五年前に、あきらかに船形をした木棺遺構がすでに発掘されていたのである。モチ塚古墳という、古墳時代後期とみられる直径三五メートルの円墳がそれである。

モチ塚古墳にはふたつの埋葬施設があって、そのひとつが船形だった。報文には「長さ三・七米、巾一米のベカ舟（東京湾内の海苔採取用の小舟）状の粘土床」とある。

現在では、ベカ舟を用いた海苔摘み作業はおこなわれず、そのタイプの舟を見ることはない。さいわい東京都大田区にある「〈大森〉海苔のふるさと館」に展示されている二隻のベカ船を見ることができた。全長が四・五メートル前後、最大幅〇・九メートル。五枚のスギ板を継ぎ合わせた小型船で、鋭角をなして、舷側がやや反りあがる舳先に対して、艫は箱形をしている。まさに本章で、船形木棺の存在を検証する典型例としている形状である。当該の木棺が刳り船であったかどうかを知ることはできないが、報文からは、小さな船形木棺を粘土で包み込んで保護したものと理解される。木棺が腐朽し去り、その外側の形状が粘土に押印されたかたちで遺存していたのである。棺内からは鉄剣と数本の鉄鏃、そして砥石が出土した。

　千葉市から市原市を経て南に延びる館山自動車道が木更津《きさらづ》北インターチェンジの出口にさしかかるあたり、小櫃《おびつ》川流域の平野を北に望む丘陵上に椿《つばき》古墳群がある。古墳の多くは六世紀以後に築かれるなかで、前期中頃に造営された、一辺二〇メートル弱の三号墳（方墳、袖ケ浦市）には丸木舟の形をした木棺が納められていた。全長三・三メートル、最大幅八〇センチ。U字形をした木棺の断面痕跡が、墳丘封土の土層に明瞭に観察される。棺の平面形は、両端がともに丸みをもちながらすぼまるが、北側がややとがりぎみで、舳艫の区別があった可能性がある。鉄剣・鉄槍のほか二本の矢が副葬され、被葬者はガラス玉を連ねた装飾品を身につけて葬られていた。

　椿古墳群の約六キロ南西、東京湾岸を走るJR内房線沿いまで延びた丘陵端に築かれた西谷《にしやつ》一一号墳（木更津市、図80－4）でも、前期末～中期初頭の船形木棺遺構が発掘されている。君津《きみつ》中央病院新院の建設事業にともなう発掘により明らかになったもので、一四×一〇メートル程度の長方形墳丘をもつ小型墳である。北東―南西方向に埋置された木棺は、全長五・七メートル、幅〇・九メートルの大きさで、中ほどの最大幅の部位から両端に向かい先細りしつつ、先端を丸くおさめる平面形で、北東側の端が、他方にくらべて棺底からゆるやかに立ちあがる点に、舳艫を区別した船形木棺であったことが知れる。

　木更津から東京湾岸沿いに南下すれば館山《たてやま》市。古墳時代の洞穴葬を再認識させる契機となった、大《おお》寺山《てらやま》一号洞穴（図80－5、図81）や鉈切《なたぎり》洞穴での五、六世紀の船形木棺の発掘については、本書の冒

図 81　大寺山 1 号洞穴 1 号船形木棺をみる

頭でくわしく紹介した。そこでは、棺を土中に埋めずに洞穴内に安置していた。洞穴空間が、横穴式石室や横穴の玄室にあたる墓室空間に見立てられたのである。しかもすべての木棺の舳先が洞穴の口、すなわち海に向けられていたという事実に、被葬者の魂が旅立つ先（他界）を奈辺にみていたかが理解される。洞穴はまさに此界と他界の接点にあたる場であった。人々が横穴式石室をはじめとする、後期古墳の墓室空間をいかなる性格の構造物とみなしていたかを考える手掛かりがそこにありそうだ。

おそらく千葉県での過去の発掘事例を詳細に検証してゆくと、船形木棺遺構の事例が増加することは間違いない。房総半島一帯での、船形木棺を納めた古墳の数々は、Ⅰ篇の冒頭で紹介した大寺山一号洞穴から発掘された丸木舟形木棺の諸事例が、けっして特異でないことを物語っている。房総地方における古墳や洞穴葬における船形木棺の調査事例は今後も増加することだろう。

◉関東平野の船形木棺

古墳時代に船形をした木棺が存在したのではという問題提起が、まず関東平野での考古学調査からなされたことはI篇でややくわしく紹介した。

一九二九年のこと、後藤守一《ごとうしゅいち》氏は赤堀茶臼山古墳（群馬県伊勢崎市）で、大小ふたつのゴンドラ形木棺をくるんだ木炭槨《もくたんかく》を発掘。船形をした木棺の事例を学界に報告するとともに、古墳時代における舟葬習俗の存在を学界に提示した。いわゆる「舟葬論争」のはじまりである。しかしそれにつづく船形木棺遺構の検出事例はしばらく報告されることはなく、考古学の分野において、舟葬が論じられることはなくなった。

赤堀茶臼山古墳の調査から四〇年近くたった一九六八年に発掘がおこなわれた、埼玉稲荷山古墳（埼玉県行田市、全長一一七メートルの壺形墳）の第一主体部で、ようやく船形をした木棺の好事例が確認され、また第二主体部も土壙の形状から船形の木棺を埋納していたことは確かであった。荒川左岸の北武蔵に、五世紀後葉から六世紀にわたる約一世紀の間、次々と大型壺形墳を築いた埼玉古墳群、その劈頭《へきとう》に築かれた大型首長墓、稲荷山古墳の埋葬に船形の木棺が用いられた事実は、古墳時代の葬送習俗において「船形」のもつ意味が小さくないことを語ってくれる。

そして二〇一〇年二月、同じ埼玉県の坂戸《さかと》市から船形木棺遺構が発掘されたという情報を入手した。六世紀初頭に築かれた直径が約二〇メートルの円墳、大河原《おおがわら》一号墳である。全長二五〇センチ、幅五〇センチの、やや小さな木棺遺構であった。棺の身と蓋の合わせ目を密封するため、棺の周囲に粘土を貼りめぐらせたようで、腐朽し去った木棺の外形が粘土に痕跡となって遺っていた。とくに木棺の側面にあたる位置に、舷側上縁、または蓋の縁端かとみられる凸帯が明瞭に認められた。鋭角にとがった舳先《へさき》と箱形の艫《とも》、U字形の横断面から、丸木舟形をした木棺の形状が容易に視認される。棺内に副葬品は確認されなかったが、周濠底に置かれていた土師器《はじき》の坏や壺が、同墳の築造時期を語ってくれる。

さてI篇で紹介した神奈川県三浦半島の洞穴葬を思い起こしていただきたい。さぐら穴洞穴（三浦市）や雨崎《あめさき》洞穴（同）では、古墳時代中期から後期にかけて、岩塊を船形に並べたなかに洗骨や火葬骨を納める習俗が調査されている。さぐら穴洞穴で発掘された船形遺構の規模は、長さが約二五〇センチ、幅五四センチと報告されている。それは大河原一号墳の船形木棺遺構とほぼ同大である。I篇では、報告に従って「石室」と記述したが、「石棺」とよぶほうが適切かもしれない。その呼称の違いは、俎上の諸資料を類別する習性をもつわれわれ研究者サイドの認識にすぎない。「船形」をした葬送の仕掛けが営まれた点に注目することこそが大切なのだ。雨崎洞穴では、さらに丸木舟形をした刳抜式木棺もみつかっていた。

私はI篇でつぎのように論じた。

「同じ雨崎洞穴で、ともに検出された船形の石室と船形の木棺。前者の場合、洗骨や火葬骨をまとめて納める墓室空間を岩塊で構築するに際して、その平面形をことさらに船形とするのは、古代人がその点に格別な意味をみいだしていたからにほかならない。すると後者においても、その棺が丸木舟を活用（再利用）したものであるか、またわざわざ丸木舟の形に木棺を製作したものであるかという、その違いが重要なのではなく、ここでも船形の形態をとる棺が用いられたという事実にこそ意義があったことが明らかとなる」と。

一五年前の結論は揺らぐことはない。

船形木棺を用いる葬送習俗が、すでに弥生時代の東海地方に指摘できることは中期後半の平手町遺跡（名古屋市）や、後期末の植出遺跡（静岡県沼津市）の諸例で紹介した。つづく古墳時代前期に、房総半島で指摘される船形木棺遺構が東海地方からの拡がりであることは確かだろう。

静岡県下での事例

さて埼玉稲荷山古墳での船形木棺遺構の確かな検出にもかかわらず、まったく忘れ去られた感のあった古代舟葬習俗の問題が、静岡県若王子《にゃくおうじ》古墳群の発掘によって、再び学界の俎上に乗ることになる経過についてはⅠ篇で紹介した。

若王子古墳群は狭長な丘陵の稜線上を削り出すように近接して造営された、大小二十数基の円墳や方墳が列状に並ぶ中・後期の群集墳である。発掘された一三基の中期古墳からは、合わせて一七の埋葬遺構が検出され、そのすべてが木棺を直葬するものだった。私が注目するのは、明らかになった木棺遺構の内訳が、割竹形四・船形二・箱形または箱形と推定されるもの一一と、さまざまな形式の棺が使用された事実である。しかし複数の木棺遺構がある一号墳や二号墳では、割竹形と箱形のふたつの形式の木棺が埋納され、墳丘の規模や副葬品と木棺形態の差異に、地域集団内でのそれぞれの被葬者が占めた位置や属性を指摘することは難しい。そうしたなかで木棺をあえて、屍体を納める容器という機能性を超えてまで船形に造形しようとした思惟にこそ留意すべきである（図82－1・2）。

若王子古墳群の発掘を担当し、忘れ去られた「舟葬」の問題を学界に再提起した磯部《いそべ》武男《たけお》氏は、その論文「古代日本の舟葬について（上）」（『信濃』第三五巻第一二号、一九八三年）で、埼玉稲荷山古墳のほか、静岡県下において小深田西《こふかだにし》一号墳（焼津市、前期中葉）と五鬼免《ごきめん》一号墳（藤枝市、前期後葉、**図82－4**）などの、若王子古墳群での船形木棺遺構より先行する船形木棺を埋葬した古墳の事例をあげている。

　平地に営まれた小深田西一号墳は、一辺一一メートル前後の方墳で、二基の木棺直葬遺構が存在し、うち一基が全長三・七メートル、幅五五センチ前後の丸木舟の形状で、東に舳先を向けて検出され、小型銅鏡（重圏文鏡《じゅうけんもんきょう》）が副葬され、ほかに勾玉《まがたま》二点、管玉《くだたま》二点、ガラス小玉二点を検出している。

　また五鬼免一号墳は、若王子古墳群から八〇〇メートルばかり北東の舌状に延びた丘陵先端に営まれた直径二〇メートルの円墳で、やはり二基の木棺が直葬され、その一方が南にとがった舳先をもち、北側が箱型の艫《とも》をなす、全長五・六メートル、幅〇・八メートルの丸木舟形の木棺を礫床《れきしょう》上に安置した後に、棺の周囲にさらに大きめの石をめぐらせ、封土をかぶせて墳丘を完成させていた。小型銅鏡（内行花文鏡《ないこくかもんきょう》）や櫛のほか、剣・斧・矢・ヤリガンナ等の鉄製武器や工具が副葬されていた。

　小深田西一号墳や五鬼免一号墳はともに、地域社会のなかで上位に属する人々を葬った墳墓であることは、焼津《やいづ》市から藤枝《ふじえだ》市一帯の志太《しだ》平野での遺跡の状況から明らかで、ほどなく形成が開始される若王子古墳群一二号墳や一九号墳での被葬者のありかたに共通しており、駿河地域西部の古墳文化に舟葬の観念が明確に指摘されることを、磯部氏の研究から再確認しておこう。

　その後、静岡県下では、西部の遠州灘《えんしゅうなだ》近くの元島《もとじま》遺跡（磐田市）において、古墳時代中期と推定される径五メートルの小円墳（元島二号墳）から、乳幼児を葬った舟形の埋葬遺構が検出された（**図82－3**）。報告書によれば、長さ二五〇センチ（東西）・幅一二〇センチ（南北）の土壙の底に敷いた小さな板を芯にして粘土を敷き詰め、そのうえに全長一三〇センチ、最大幅四五センチの大きさにとがった舳先を西に向けた船形に粘土を盛りあげ、なかに乳幼児の屍《しかばね》を納めたのち、蓋板をかぶせて封土を築いた遺構だとされる。副葬品の出土はなく、遺存した被葬者の歯からその年齢が推定された。

元島二号墳の報告者は、遺構を「墳丘内に平面形が船形に築かれた粘土棺」と理解した。遺構は平手町例をひとまわり小さくした平面形をしている。報告書に掲載された遺構実測図を検討すると、遺構の中央部分に、土壙の底に敷いたという板の一部がみえる。その材種を知ろうと、分厚い報告書をくまなく読んだが、なぜか記載がない。静岡県埋蔵文化財調査研究センターの西尾太加二《にしおたかじ》氏に保存されている遺構の一部を再分析していただき、ヒノキ材と判明した。実測図から、遺存したヒノキ材を船形木棺の残片と理解しても不自然ではない。船形に粘土を盛り上げたというのは、粘土を用いて船形の棺空間を作ろうとしたわけではなく、船形木棺の側面を粘土で包み込み、いわゆる粘土槨《ねんどかく》を作ろうとしたと私には理解される。

ヒノキ製の船形木棺といえば、本章の冒頭に紹介した、平手町遺跡の方形周溝墓Dで検出された弥生時代中期後半の事例を思い出す。元島二号墳例もまた、ヒノキ製の葬送用船形棺だった可能性が高い。

3　古墳時代の船形木棺—西日本

◉日本海側の拡がり

近畿地方の日本海側、京都府北部（丹後《たんご》）から兵庫県北部（但馬《たじま》）地域で、弥生時代後期段階の船形木棺遺構がいくつも検出され、それが福井県（越前《えちぜん》）にまで及ぶことをさきに指摘した。古墳時代になると、船形木棺遺構はいっそうの拡がりをもって確認される。

弥生後期中葉の船形木棺遺構を検出した茶臼《ちゃうす》ケ《が》岳《たけ》八号墓（京都府京丹後市）と同じ丘陵稜線上には、古墳時代前期前半の五号墳で二基（図82－7・8）、また七号墳から一基、それぞれ舳先《へさき》と艫《とも》を明瞭に造形し、やや長さを増した船形木棺遺構が検出され、同じ被葬者系譜で船形の木棺が継続して使用される点が指摘される。なお、五号墳と七号墳の間に営まれた六号墳の中心埋葬遺構や、八号墳に隣接する丘陵先端に造営された九号墳の二基の埋葬遺構は箱形木棺であり、集団内での棺の形状について社会的な規制が存在したと認識することはできない。とくに六号墳では、組合わせ箱形木棺遺構に隣接して、船形木棺を埋納したとみられる形状の長さ一・六メートル、幅〇・六メートルの土坑が検出されている事実は重視されるべきである。だが報告書では「棺痕跡や遺物もなく用途・性格は不明である」という記述で処理されてしまっている。私にはいますこし検討されるべき遺構のように思われる。

丹後に西接する但馬地域。日本海へ北流する円山川に沿って、中国山地を分け入った朝来《あさご》市和田山町の丘陵上に築かれる梅田東《うめだひがし》一〇号墳（二四×一七メートルほどの長方形墳か、前期前半）では七基の埋葬遺構が検出され、その中央に営まれた第一主体部が船形木棺遺構であった（図82－6）。木棺は約二メートルの深さで掘り込まれた大土坑の底に直葬され、検出された面での大きさは全長三・二五メートル、幅七〇センチを測る。被葬者は両手首に青色のガラス小玉を連ねた腕輪を装着していた。なお、残る六基の埋葬遺構はいずれも組合式石棺で、第二・第五主体部では頭部側小口の幅が足元側小口

◀**図82　古墳時代の船形木棺遺構2**
1. 若王子12号墳（静岡）　2. 同19号墳（静岡）　3. 元島2号墳（静岡）　4. 五鬼面1号墳（静岡）　5. 新宮東山2号墳2号棺（兵庫）　6. 梅田東10号墳第1主体部（兵庫）　7. 茶臼ケ岳5号墳第1主体部（京都）　8. 同第2主体部（京都）　9. 久里双水古墳（佐賀）　10. 塚山古墳（島根）　11. 塩津山1号墳第3主体部（島根）　12. 塩津山4号墳第2主体部（島根）

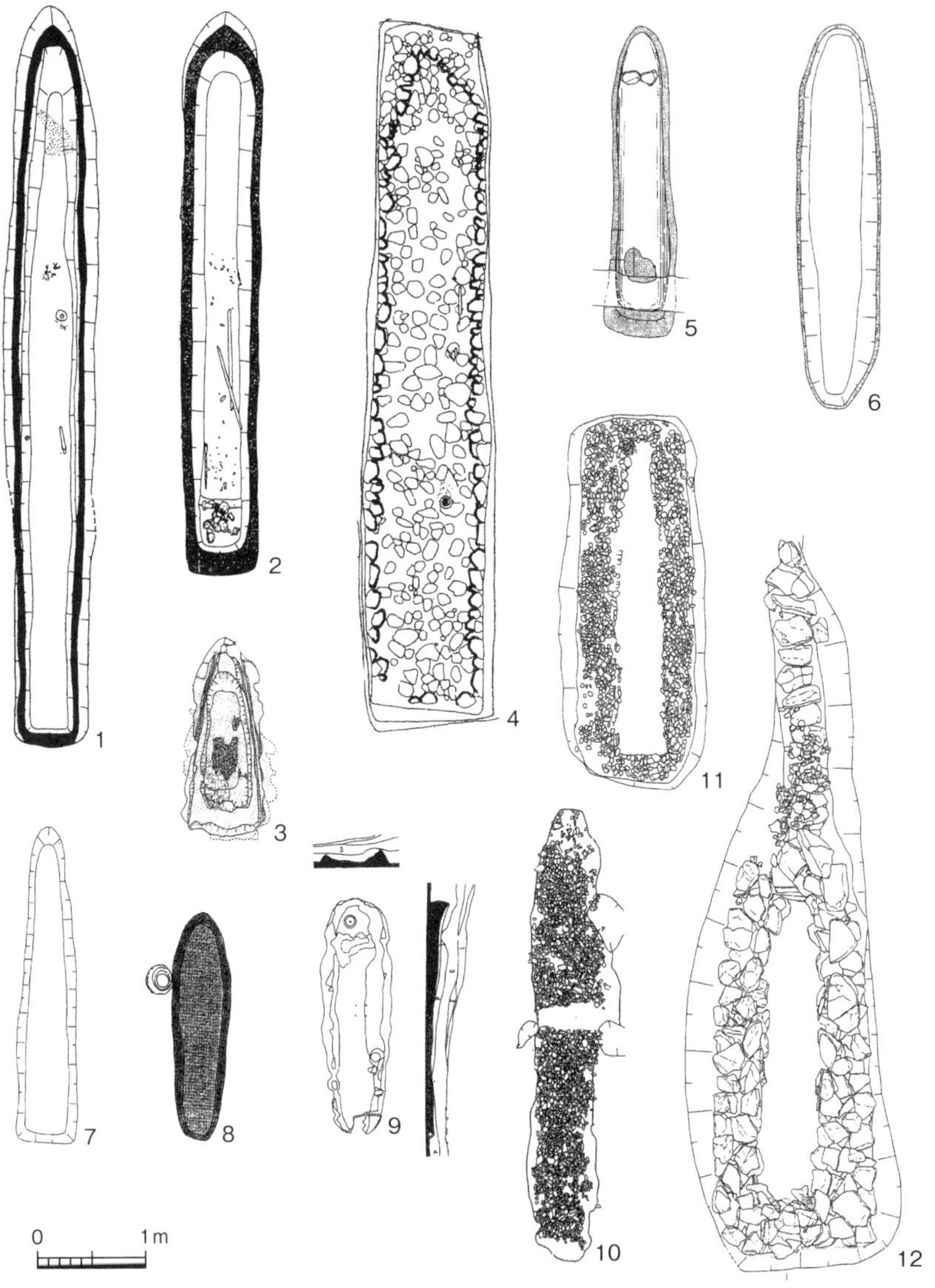
1
2
3
4
5
6
7
8
9
10
11
12
0
1m

の二倍以上と、足先側が極端に狭く作られるのも、第一主体部の形状と考え合わせ、私には船形を意識した造形とみえる。

但馬からさらに西、山陰の出雲東部でも古墳時代初頭の船形木棺遺構が確認されている。島根県安来《やすぎ》市の塩津山《しおつやま》四号墳第二主体部（図82―12）では、墓壙内に礫を敷いたうえで白砂を薄く撒いて整地した上に全長二・六メートルの船形木棺を据え置き、丸い木棺底を土や礫《れき》で安定させた後、棺を包むように板石を二〜三段積み上げるとともに、棺の舳先から前方へと、板石を組んだ排水施設が設けられていた。塩津山四号墳にみる木棺の埋納の仕方は、静岡県藤枝市の五鬼面一号墳に非常によく似ている。

出雲地方での船形木棺を用いる葬法は、中期後半にも確認できる。松江市街地の北郊にある一辺三三メートルの方墳、塚山《つかやま》古墳では全長三メートル余の船形木棺の痕跡が円礫を敷いた棺床の形状に残され（図82―10）、三角板鋲留短甲《さんかくいたびょうどめたんこう》や、四本の鉄剣のほか、銅鏡や鉄刀・鉄槍、総数が一〇〇点近い滑石《かっせき》製やガラス製の小玉や櫛などの装身具といった豊富な副葬品が検出された。

これら出雲における船形の葬送装置（木棺）の事例は、Ⅰ篇第二章の冒頭で紹介した、猪目《いのめ》洞穴の発掘成果をよみがえらせる。『出雲国風土記』出雲郡条に「黄泉の坂・黄泉の穴」と描写された猪目洞穴では、五世紀頃の人骨が三枚に分割された準構造船の舷側板でおおわれていた事実にも、船へのこだわりがみえる。

また松江市玉湯町、玉造温泉の市街に直径が一五メートル余の円墳、玉造築山《たまつくりつきやま》古墳（中期）がある。なかば崩れた墳丘に二基の船形石棺が露出した状態になっているので、見ることができる（図83）。幕末の安政前後の発掘により、墳丘に直接埋められていた石棺が掘り出されたものだ。地元で

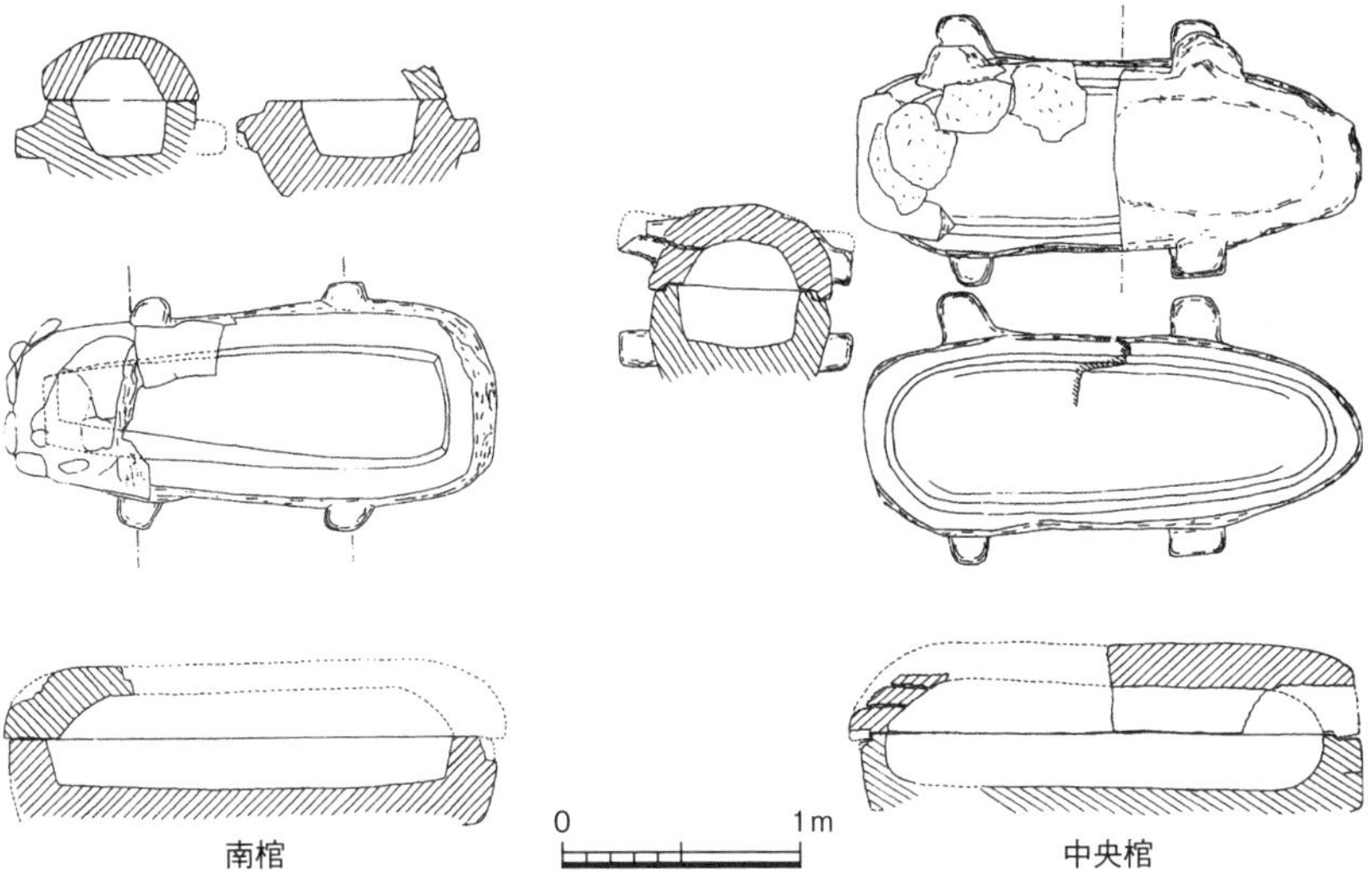

図 83　玉造築山古墳の船形石棺

「白粉石《しろこいし》」と呼ばれる凝灰岩《ぎょうかいがん》を利用して作られた刳抜式石棺である。両者ともに、蓋石の損壊が著しいので、かえって棺身の内側をよく観察できる。ふたつの石棺は、墳丘中央と、その南約一メートルをへだて、やや深く埋納されている。

　中央棺は全長が二・一メートル、最大幅〇・八メートル、まさに「船形」の呼称がぴったりの外形で、ややとがりぎみに丸みをもって仕上げられた舳先と、丸みをもった箱形に削り出された艫側が明瞭に造形される。蓋と身の側面に、それぞれ二つずつの突起が削り出され、蓋と身の合わせ面は、いわゆる印籠《いんろう》口状に造作される。他方、南側の船形石棺は、全長が二・〇三メートル、最大幅〇・八二メートルと中央の石棺とほぼ同じ大きさで、箱形に作られた艫側で最大幅が得られ、そこから幅をせばめながら先端は〇・四三メートルの箱形に舳先を作り出す。そうした舳先の形状をはじめ、突起が身にだけ削り出される点、また蓋と身の合わせ面が平淵に作られる点、またやや直線的な身の内刳《うちぐ》り造作などの諸点に差異が認められるものの、墓処を同じくして埋納される、同じ石材でほぼ同大に作られたふたつ石棺をながめると、両者の「かたち」に船の寓意を読みとることは容易である。

出雲の人々のあいだに、葬送習俗の基層にある舟葬観念が指摘できそうだ。また玉造築山古墳の船形石棺南棺と同じ形状をもつ刳抜式石棺は、九州地方や群馬県で数多く指摘することができ、船形木棺の「かたち」を石棺の「かたち」として写しとったものと理解される。

◉瀬戸内から九州

日本海側から瀬戸内に目を移せば、そこにも古墳時代に属する船形木棺遺構の存在がわずかながら指摘される。

兵庫県の西南、たつの市の丘陵端に築かれた新宮東山《しんぐうひがしやま》二号墳は、南北一四・五メートル×東西一三メートルの方墳で、四世紀後葉～五世紀第2四半期の間に営まれた、四つの埋葬遺構が検出されている。墳丘の北西に寄って検出された二号棺が船形木棺遺構で（図82－5）、本墳の四番目に営まれた埋葬施設である。木棺遺構は、身を包むように敷かれていた、かすかな黄色みを帯びた粘質土を探るようにして発掘された。その結果、北に舳先を向けた全長二・四メートル、幅〇・五メートルを測る木棺の埋納が明らかになった。屍体は頭を艫側に向けて納められていたらしく、頭部付近にわずかな赤色顔料の塗布が認められるとともに、勾玉・管玉・臼玉《うすだま》などの装身具が発掘された。

新宮東山二号墳では、まず刳抜式割竹形木棺《くりぬきしきわりだけがたもっかん》を用いた四号棺が、つぎに組合せ式箱形石棺の一号棺が、つづいて両小口に板石を用いた（または小口板を押さえるために板石が使用された）割竹形木棺を用いた三号棺、そして船形木棺を使用する二号棺の順に、いずれもが南北方向に主軸をそろえて埋葬されるという、埋葬施設の形式がそれぞれ異なる一方で、すべての棺で二個の板石を葬枕《そうちん》として用いた点に共通した葬送習俗が指摘される。船形木棺を使用した二号棺でも、舳先側に葬枕とみられるふたつの板石が存在する。したがって二号棺にはふたりの被葬者が、たがいに頭位を違えて納棺されたものと考えられる。

考古学者は棺型式の違いを、被葬者の出自をはじめとする社会的・政治的な規制という概念で理解しようとする。しかし、棺型式を異にする四つの棺のすべてに板石を用いた葬枕が用いられていたという発掘結果は、そうした思考に再検討の余地があることを提起している。

一方、それぞれの棺の副葬品を整理すると、興味ある事実が浮かびあがる。壮年男性人骨が遺存した一号棺には、ゴホウラ貝製腕輪のほか鉄刀と鉄剣が、三号棺には二点の鉄斧と鉄刀と鉄剣、また四号棺では頭部を飾った縦櫛《たてぐし》や勾玉・管玉・ガラス玉・琴柱《ことじ》形石製品などの装身具のほかに鉄刀が副葬されていた。このように一号・三号・四号棺には必ず鉄製武器が副葬されるのに、二号棺からは上述した玉類が一方の頭部あたりから出土したのみだった。この事実から私は、船形木棺を用いた二号棺の被葬者が、女性または子どもだった可能性を想定したい。

香川県丸亀《まるがめ》市の平尾二号墓（弥生後期）では、安山岩の板石で組み立てた石槨内に二基の船形木棺を納めていたことが粘土床の形状から想定された（図76－7）。その平尾墳墓群内に築かれた、直径約一〇メートルの古墳時代前期の円墳、五号墳の中心埋葬施設は黄白色粘土でくるまれた、全長約三メートルの船形木棺遺構だった。また香川県さぬき市の奥《おく》一四号墳（前期前半、全長約三〇メートルの壺型墳）でも、報告書に載せられた実測図を見ると、東西に主軸をもつ一号竪穴式石槨内に遺る粘土床は、東側が箱形を呈する一方、西端の平面形は鋭角にとがり、棺底も徐々にその深さを減じて棺端に至る、明らかに船形木棺の身の形状がみてとれる。

さて、目を九州に移そう。さきに弥生早・前期の江辻遺跡（福岡県糟屋郡粕屋町）で発掘された三例の船形木棺を埋納したと推定された遺構の存在に、そうした葬送習俗が稲作文化複合のひとつとして列島に伝播した可能性に言及した（二五〇ページ）。しかし現在までのところ、九州地方での弥生時代に属する船形木棺の確かな遺構の発掘にはいたっていない。

九州での船形を指向したと認識される木棺遺構の例に、古墳時代の初頭、佐賀県唐津市の久里双水《くりそうずい》古墳（全長約九〇メートルの壺形墳）があげられる。長さ二・六五メートル×幅〇・九二メートル、高さ約一メートルの竪穴式石槨内に、横断面が丸い刳抜式の木棺を安定させることを目的にした粘土床が設けられ、棺の底部の形状がそこに押印されていた。木棺はすでに朽ちて存在せず、棺身の全形を明らかにできないのは残念だ。

全長約二メートルの粘土床の上には、長軸の一方の端近くに直径が一二センチばかりの一枚の銅鏡（平縁盤龍鏡《ひらぶちばんりゅうきょう》）があり、死者の頭近くに置かれたとみられる。なお粘土床の中央付近から碧玉製の管玉二点が出土している。

粘土床に遺る木棺底部の痕跡は、両小口平面が丸く、また頭位側は先端に向かい徐々に高さを増し、脚側にくらべて大きくせり上がる。そこに船の舳先を連想することはたやすく、当該の木棺が死者の霊魂を他界へ送るという、屍体を納めるフネ＝槽という機能性を超えた、精神的世界観のうえに表出された「船」の形であることを語っている。

民族の基層にひろがる葬送観念が、社会的な強制力をもつものでないことは、木や石を素材とするさまざまな棺形式がひとつの墳墓に混在する事例から明らかである。屍体を納める容器としての棺であれば、箱形で用が足る。事実、弥生時代以来おおかたの木棺遺構が刳抜きや組合せによる箱形や、また刳抜きの割竹形という形状を採るなかで、まれに舳先と艫を明瞭に造形した船形の棺が、地域を違えて出現するところに古代人の心の深層をかいまみる思いがする。

第五章

船のシンボリズム

1 船形木棺が語る地域性

前章では、各地の墳墓から検出された船形木棺遺構を概観した。そこから、東日本と西日本のそれぞれに船形木棺遺構の偏った分布圏がみえてくる。

まず関東地方を中心に、愛知県以東、宮城県に及ぶ表日本地域〔A地域〕と、京都府北部から兵庫県北部を中心に、島根県以東、福井県以西の日本海側の地域〔B地域〕のふたつの地域が指摘できる。なお、江辻《えつじ》遺跡（福岡県）と久里双水《くりそうずい》古墳（佐賀県）は日本海沿岸部に立地する点、また新宮東山《しんぐうひがしやま》二号墳（兵庫県）と平尾《ひらお》墳墓群（香川県）については兵庫北部の但馬から円山川—市川沿いに東瀬戸内へと拡がったものと解釈し、いずれもB地域からの拡散として理解が可能である。

さらにそれぞれの地域における当該墳墓の分布をみると、A地域では奥羽山地の山稜に築かれた森《もり》北《きた》一号墳をはじめ、関東平野のただ中の埼玉稲荷山《さきたまいなりやま》古墳や大河原《おおがわら》一号墳（埼玉県）、さらには群馬県の赤堀茶臼山古墳《あかぼりちゃうすやま》、またB地域では中国山地に分け入った円山川上流域の山稜に立地する梅田東《うめだひがし》一〇号墳（兵庫県）などと、内陸部に築かれる事例が少なくない。それは「船形」という木棺の「かたち」をもって、ただちに被葬者と被葬者が所属する集団を、海人や舟運といった職掌や日々の生業を表象したとする見解が妥当ではないことを語っている。さきに新宮東山二号墳の船形木棺の被葬者像を通して分析したように、船形木棺が往時の「民族の心の奥底に流れる他界観念」の表象であることは間違いない。

反論があろう。列島に生を得たわが祖先たちの基層にある他界観念のうえに船形の木棺が現れるなら、列島各地に普遍的な分布が認められるはずである。なかでも古墳文化の中心ともいえる畿内地方から船形木棺遺構の発掘例がないのはなぜかと。

おそらく弥生時代段階の畿内地域では、埋葬施設に箱形の組合せ式木棺があまねく普及し、しかもその用材にコウヤマキを多用するという木棺形態が定着しつつあり、やがて古墳時代になると長大な割竹形や箱形の刳抜式《くりぬきしき》や組合式のコウヤマキ製木棺の使用によって、葬送行為のいっそうの荘厳化・儀礼化がはかられるようになったという背景があったのではないか。

2　埴輪船画と船形埴輪

◉円筒埴輪に描かれる船

ところがその畿内地域には、古墳時代前期前半の段階から、円筒埴輪の表面に船の線刻画を描く事例が散見される（図84）。本篇第二章で詳細な分析をくわえた東殿塚《ひがしとのづか》古墳（奈良県天理市、前期）例をはじめ、唐古《からこ》・鍵《かぎ》遺跡（奈良県磯城郡田原本町、前期）採集品や、鞍岡山《くらおかやま》三号墳（京都府相楽郡精華町、前期末〜中期初頭）、カラネガ岳二号墳（京都府長岡京市、中期）、久津川車塚《くつかわくるまづか》古墳（京都府城陽市、中期）、梶塚《かじつか》古墳（同、中期）、土師《はじ》遺跡（大阪府堺市、中期）、今城塚《いましろづか》古墳（大阪府高槻市、後期前葉）や川西《かわにし》四号墳（同）とその製作地である新池《しんいけ》埴輪窯跡（同）など、船画を描いた円筒埴輪が断続的に後期前葉まで畿内各地の古墳に立てられる。他方、畿外では神明山《しんめいやま》古墳（京都府京丹後市、中期初頭）が船形木棺分布のB地域に含まれるものの、ほかの船画は亀塚《かめづか》古墳（大分市、中期初頭）、沖出《おきで》古墳（福岡県嘉麻市、前期末）と常森一号墳（山口県下松市、後期前葉）と、やはり船形木棺の分布域に重なることはない。

円筒埴輪に描かれる線刻絵画のなかで、船はもっとも早く出現するモチーフ。東殿塚古墳の三つの船画が初期の事例である。三つの船画のうち一号船画と三号船画は舳艫《じくろ》を大きくせりあがらせたゴンドラ形で、二号船画は舳艫に波除け用の竪板を備えた準構造船であった。いずれもが外洋を航行できる大型船を表現する。線画には、船上に何本もの旗をたなびかせ、衣笠や屋形とみられる建物が描かれ、とくに一号船画にみる衣笠と、その頂きに描かれる鹿角《ろっかく》の立ち飾り、さらには舳艫の鰭《ひれ》状の装飾によって、当該の船が貴人に所属することが知られる。またいずれの船画にも、その推進具として数本の櫂《かい》と操舵《そうだ》用の大きな櫂が描かれ、大きくしなる旗竿や風にひるがえる衣笠の先端の房などの表現に、目的地へと急ぐさまが活写される。

また唐古・鍵遺跡採集と伝えられる船画は、船のゴンドラ形表現と鰭形の上に屋形が乗るように描かれる点で東殿塚古墳一号船画と共通し、また衣笠の笠の形と立ち飾りの描写が同二号船画ときわめて似ている点など、両者が同一埴輪工房での製作になる蓋然性が高い。

東殿塚古墳より後出する鞍岡山三号墳は、南山城の木津川流域を一望する丘陵上に築かれた直径四〇メートルの大型円墳で、二〇〇八年の発掘調査で舳先《へさき》と艫《とも》に立ちあがる大きな波除け板をつけた準構造船の船画がみつかった。埴輪表面の風化が進むものの、甲板に数本の竿が描かれ、なかのひとつが上端にV字形の装飾をもつ石見型聖標である。また別個体とみられる円筒埴輪のかけらにも、おおきくひるがえる旗と石見型聖標の線刻画がある。船画がもうひとつあったようだ。

鞍岡山三号墳例に描き込まれた石見型の聖標は、同古墳よりさほど時を経ることない中期前葉に築かれた宝塚一号墳（三重県松阪市）の、墳丘くびれ部裾に置かれていた装飾豊かな船形埴輪の船上に立つ二本の石見型土製形代《かたしろ》を思い出させる。鞍岡山三号墳の船画は宝塚一号墳の船形埴輪と同じ心根《こころね》のうえに表出された造形ではなかったか。

◉進むデフォルメ・つながる心

中期以降、埴輪船画はデフォルメが急速に進む。カラネガ岳二号墳では船上の装飾は姿を消し、船体をはじめ波除け板や櫓櫂など、船画のすべての部分で簡略化がすすむ。久津川車塚古墳やその北に隣接する梶塚古墳出土例では、上向きに開く大きな二重の弧線で船体を表現し、その中央に立つ竿の上に大きな山形が描かれる。東殿塚例や唐古・鍵例を見れば、それが衣笠をデフォルメした図形であることは確かである。しかし、久津川車塚古墳出土の二例がともに埴輪棺として使用されていた点に、前章で検討した船形の棺につながる心意をいまだみてとることができるではないか。さらに注目されるのは土師遺跡例にみる、一本の上向きの弧線と、その両端近くに分枝する短かい線からなる図文である。デフォルメの果てにある準構造船の事例である。

中期・後期

13. 久津川車塚古墳

14. 久津川車塚古墳

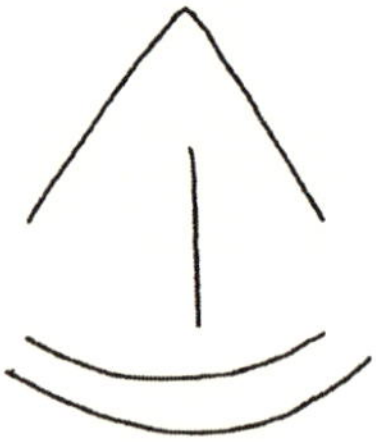

15. 梶塚古墳

16. 土師遺跡

17. 私市円山古墳

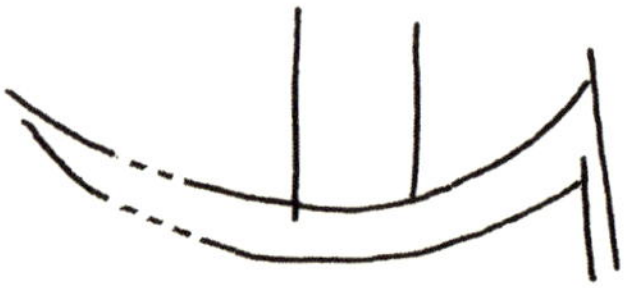

18. 新池埴輪窯跡

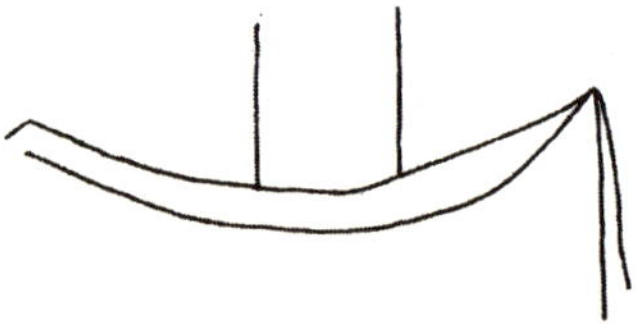

19. 新池埴輪窯跡

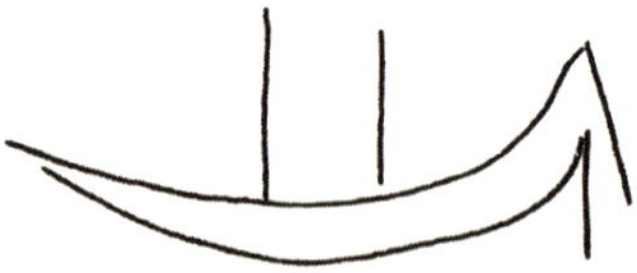

20. 今城塚古墳

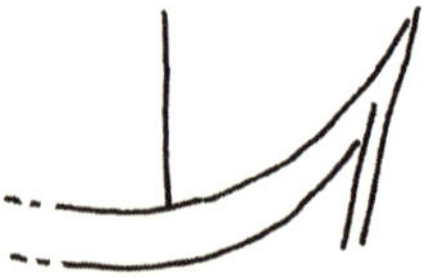

21. 今城塚古墳

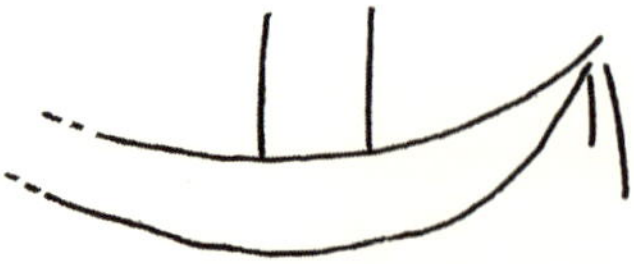

22. 川西４号墳

23. 常森１号墳

前期・中期

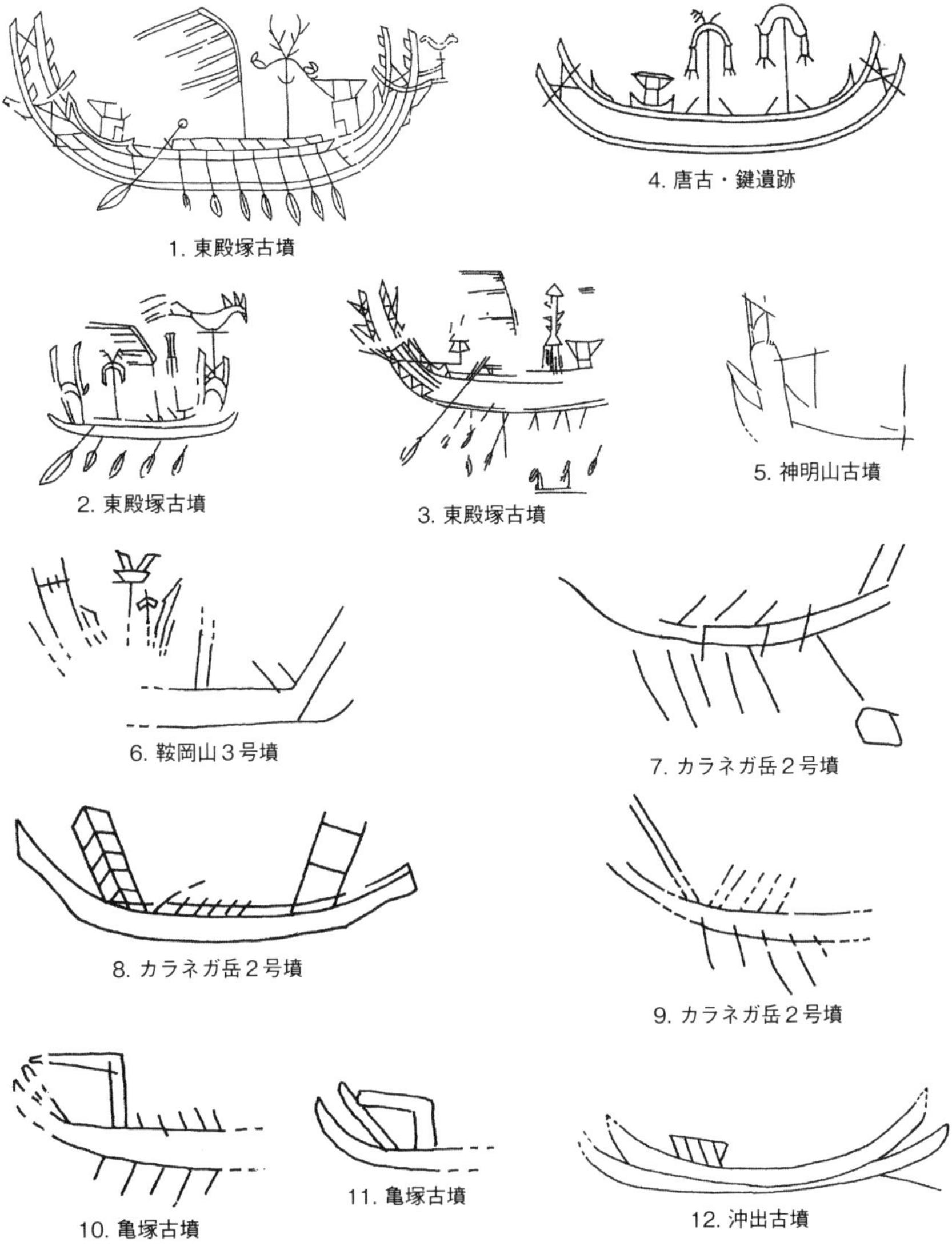

図 84　埴輪船画集成

今城塚古墳出土の船画もそうした省略の進んだ事例である。

今城塚古墳の船画は、その製作所である新池埴輪窯跡（大阪府高槻市）とあわせ二〇点ばかりが出土している。いまや衆知のことだが、今城塚古墳は継体天皇の真陵であり、六世紀の前葉というその築造年代は間違いない。さて当該の船画の表現は二本の弧線で船体を表し、一方の端部からやや短い二本線を引き下げる。森田克行《もりたかつゆき》氏はこれを碇綱《いかりづな》だという（森田克行「淀川と継体大王」『継体天皇の時代』吉川弘文館、二〇〇八年）。船上には二本の並び立つ竿が描かれる。森田氏はこれをマストとみて、二本マストの大型帆船が碇を降ろし停泊した状態を描いたと理解する。しかし私は埴輪船画にみるデフォルメの流れから、マストとされる二本の竿を衣笠とみる。唐古・鍵例の船上に立つ二本の衣笠や、久津川車塚例や梶塚例のなかば図文化された衣笠を時系列上に並べると、それが貴人の象徴である衣笠を究極にまでデフォルメした図文と理解されるからである。衣笠はすでに東殿塚一号・二号船画にも描かれ、埴輪船画に描かれるべき器財とする認識が存在したとみえる。宝塚一号墳をはじめ、今城塚古墳と同時期の殿村遺跡出土の船形埴輪にも衣笠の形代が造形される点に考えをめぐらせるならば、新池例や今城塚例にみる船上の竿が衣笠である蓋然性は高いといえる。なお、山口県下松市の常森一号墳の埴輪船画が、今城塚古墳や新池例に極似した船の図文であるのも注意される。

◉船形埴輪再説

さきに提示した全国出土の全国船形埴輪集成をご覧いただこう（二二四・二二五ページ）。船形埴輪の過半は畿内地域、なかでも奈良県と大阪府に集中する。上述の円筒埴輪に描かれた船画出土古墳の多くが、船形埴輪の分布域に重なることがわかる。ただ埴輪船画が、すでに前期前半に築かれた東殿塚古墳出土の円筒埴輪に見え、唐古・鍵遺跡採集の埴輪船画もその表現からみて同時期と考えられるなど、前期後半に出現する船形埴輪に先行する点から、まず舟葬《しゅうそう》の観念が円筒埴輪に船画として描出され、やがて壺形をはじめ、衣笠・家など、墳丘に配置される形象埴輪の表出に触発されて船形埴輪が誕生したと理解される。

本篇前半で詳細な分析をおこなった宝塚一号墳の華麗な船形埴輪の「かたち」を遡及したところに東殿塚古墳の船画が存在することは間違いなく、そこに船画から船形埴輪へという系譜がみてとれる。そのことは宝塚一号墳の船形埴輪の船上に立てられていた石見型土製形代が、時間的にわずかに先行する鞍岡山三号墳の船画に描かれる点でも証明される。

さらに東殿塚古墳出土の船画にみえる、いわゆる鳥船のモチーフも、中期の大王墓群である古市古墳群の一角にある林遺跡（大阪府藤井寺市）で、古墳の周濠とみられる遺構から出土した舳先に鳥と推定される鳥が止まる船形埴輪に先出する事例である（図49）。また宝塚一号墳出土のくだんの船形埴輪も、鳥船だった可能性が高い。

埴輪船画と船形埴輪の分布地域の重複と、造形表現にみる共通性と出現時期の異同は、前者が後者の誕生をうながしたことを物語るとともに、埴輪船画はすべてが船形埴輪に置き換わることなく、円筒埴輪によって囲繞《いじょう》される他界空間との観念上の隔たりを認識させるかのように、デフォルメを深めつつも描かれつづけたと理解される。

◉埴輪船画の新展開

古代人の造形心意を考えるうえで興味深い資料がある。

六世紀末〜七世紀はじめに築造された一ノ瀬二号墳（大分県国東市）。そこから円筒埴輪を思わせる須恵器が発掘された（図85）。同古墳は直径一三メートルの円墳で、横穴式石室はすでに徹底した破壊にあっていたが、石室が開口する南側の周濠からまとまった須恵器の出土をみた。くだんの須恵器もそのひとつ。

直径二一〜二三センチ、高さ五八センチの円筒状で、四本の凸帯によって五段に区画された体部の上部四段には、丸い透かし穴があけられ、最上段は大きく外に開いて、壺を載せる器台や、壺の口縁部を連想させる。なにより本資料のユニークさは、その外面にいろいろな小形の形象が付けられている点である。

まず上側三本の凸帯上には、それぞれ三〜四個の小さな壺が体部に貼り付くように寄生する。小壺はそれぞれ、下段から突起したアーム状の柱に支えられる。本体の円筒最上段の形状を壺の口縁とみなせば、親壺に寄生する多数の子壺にあたるわけだ。さらに、上から四段目には、最下段から伸び上がる数本の支柱の先に別作りの船が組み合わせられ、船上には人物のほか、竿とおぼしい柱が立つ。三個体の船が復元され、船底のあけられた穴に、支柱の先を差し込んで本体と結合させたらしい。そのさまは本体の円筒の周囲を船が周回するかのよう。支柱のひとつには羽根をひろげる鳥が止まる。ほかに附属する大小三つの鳥形パーツがあって、腹側に支柱の先端を受ける凹みをもつもの（鳥1・鳥3）もある。おそらく船上に立つ竿の先端に組み合わせられたのであろう。人を乗せた鳥船が造形されたと推察される。

さらに、大きく外反して開く口縁部の内側には、一〇センチばかりの長さをもつ屈曲する粘土紐が貼り付けられる。よくみると角が、さらに短いが前足とみられる表現もみられる。先が欠損している

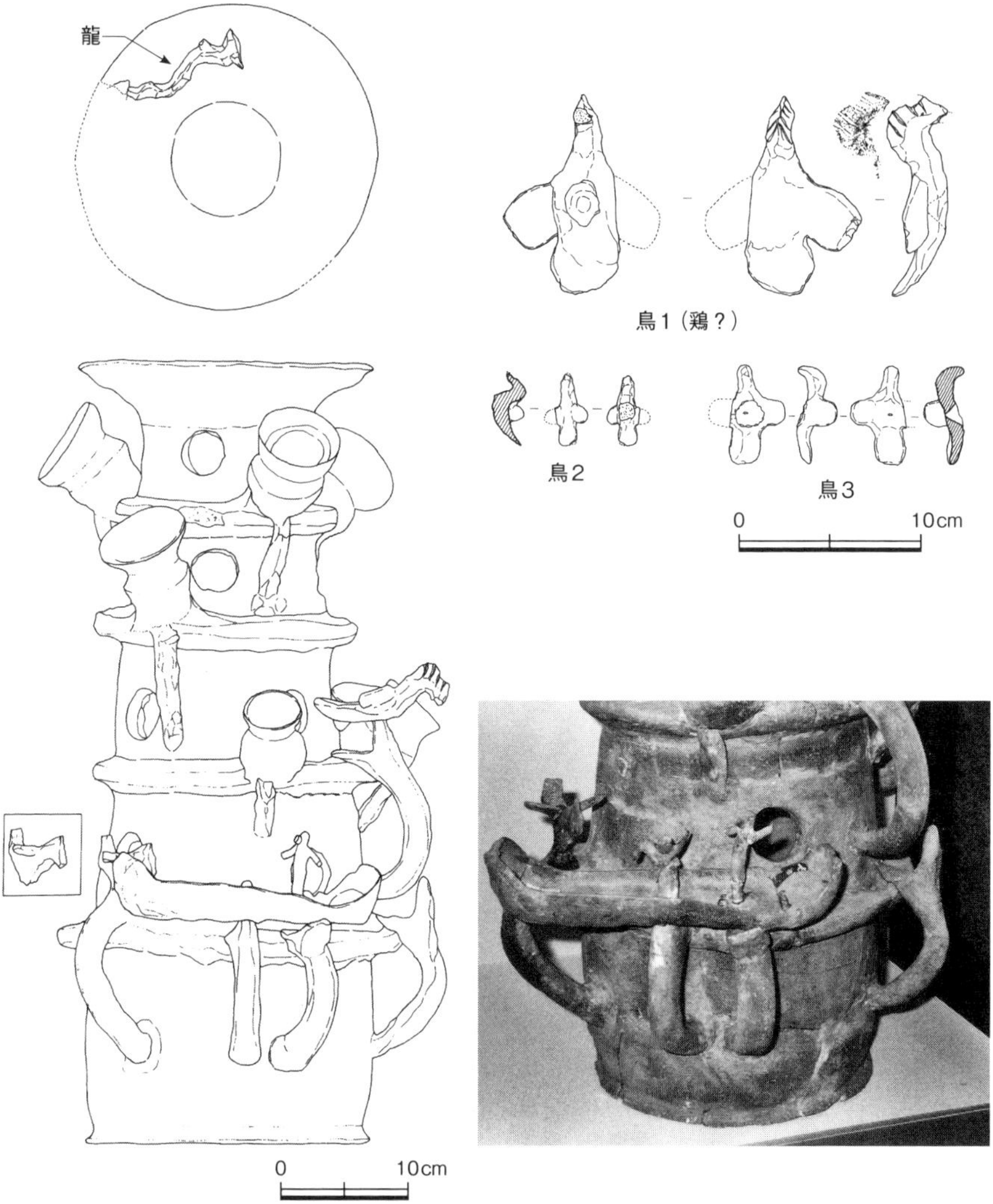

図85　壺や鳥船を寄生させた円筒須恵器（一ノ瀬2号墳）

ようだ。どうやらこの粘土紐は、龍を表出したらしい。

そこから、この須恵器がもつ壮大な造形思惟がみえてくる。

私はI篇第六章において、古墳時代の人々が壺形を、神仙界を象徴する「かたち」と認識し、そこに前方後円形をした墳丘の造形思惟があることを論じた。ひとたび当該の須恵器本体が、器台上に壺を載せた、いわゆる朝顔形の「かたち」とみなせば、さまざまな小造形を寄生させた全体の姿に、死者の魂を乗せた鳥船が円筒形の柱を周回しながら壺形の神仙界へ導かれるさまを造形したものとする理解が可能となる。円筒形をした須恵器の本体は崑崙山《こんろんさん》や蓬莱山《ほうらいさん》などの仙山を意図している。なにより口縁部内面に表出された神仙界の瑞獣である龍の姿体が、それをよく語っている。くだんの須恵器は、神仙思想と舟葬の観念が重層した造形と認識されよう。

ひるがえって円筒部を周回する鳥船に目を注げば、その情景を円筒に刻み込んだところに東殿塚古墳例などの埴輪船画の存在が顕現する。支柱上に組み合わせられる鳥形品のなかに、鶏冠を表現したやや大きな雄鶏《おんどり》の姿を表現したもの（鳥1）がある点に、東殿塚の二号船画が連想されるではないか。表現手法の違いに惑わされ、「かたち」を顕現させる心を見誤ることのないよう細心の注意が求められる。

3　船のシンボリズム

◉ゴンドラの葬送施設

北部九州では久里双水古墳のように、古墳時代前期に船形木棺の存在を推察させる遺構を指摘できるものの、いまだ資料数は限られる。しかし後期になると、横穴式石室や横穴の壁画、屍床《ししょう》の仕切りに船の「かたち」が表出される。

熊本県北部の横穴には、羨道《せんどう》につながる通路を挟むかたちでコの字形に削り出さたベッド状の屍床と呼ばれる施設が削り出され、その屍床の通路側仕切りがゴンドラ形に造形される石貫穴観音横穴群（玉名市）などの例をI篇（図38）で紹介した。

岩原《いわばる》横穴群の周辺に分布するほかの横穴群にもゴンドラ形仕切りの造形が散見される。なかでも桜《さくら》ノ上《うえ》横穴群第I支群は大半の屍床仕切りがゴンドラ形で、一号横穴では両端を大きくせり上がらせた仕切りに線刻した連続三角文を赤と白で塗り分けた華麗な仕様で、壁には同心円文が刻まれ、いわゆる「太陽の船」を表出しようとしたとみられることはさきに触れた（一二三ページ）。また同六号横穴では、ゴンドラ形の仕切りをもつ奥壁側の屍床仕切りに対し、左右の屍床仕切りには、赤色顔料で小さくゴンドラが描かれる。死者はゴンドラ形の葬送装置に納められたわけだ。この装置を船形棺の変容とみなすことに異論はなかろう。

ゴンドラ形の葬送装置といえば、我国の古代に舟葬習俗の存在をみた後藤守一《ごとうしゅいち》氏が、赤堀茶臼山古墳の木炭槨に遺された断面U字形を呈する一号木棺の両端について、「高さ及び幅を減じつつ、即ち細まりつゝ、高く頭を上に揚げ、恰もゴンドラ式の船を見るが如くにつくられている」（後藤守一『上野国佐波郡赤堀村今井茶臼山古墳』帝室博物館、一九三三年）と記述した報告書のくだりが浮かぶ。その報告書に載る当該木炭槨の縦断面図をみると、ほぼ水平の棺底が先端近くを急に七〇～九〇センチばかりせり上げる様子が確かに認められる。後藤氏は、このような棺の形状を考える参考資料として西都原《さいとばる》一七〇号墳（宮崎県西都原市）出土の船形埴輪や、高井田《たかいだ》横穴群中の「人物の窟《いわや》」壁画に描かれる他界へと死者の霊魂を導く船画などをあげ、両端（舳艫）を高くあげたゴンドラ形をした木棺の存在を説いた。それは本篇第三章で分類した船形埴輪B型のような形状をした木棺に該当するのであろう。

赤堀茶臼山古墳の木炭槨に遺る木棺遺構から、船形埴輪や古墳壁画に表出された船の形態と木棺の形態がそのタイプを共通するとみる後藤氏の見解は、今後の船形木棺遺構の検出が、さまざまな型の船を念頭に進められるべきことを語っている。

◉櫂を添えた屍床

後藤氏の視点は、岩原横穴群（熊本県山鹿市）の第Ⅰ群一四号横穴でコの字形に設けられた三つのゴンドラ形屍床仕切りに再び私の目を向けさせる。三つの仕切りのうち、奥と左側の屍床仕切り上縁には、片方に寄ってそれぞれ二つの瘤《こぶ》のような突起が削り出される（図86）。いうまでもなくその間に櫂を挟み、そこを支点として船を漕ぐ櫂座にあたることはⅠ篇で述べた。

阿蘇《あそ》溶結凝灰岩《ようけつぎょうかいがん》が露出する急斜面に削り込まれた四号横穴の、短く狭い通路をくぐるように玄室空間に身を滑り込ませる。そこは淡い日ざしがわずかに差し込む程度の、暗い空間。目をこらしてどうにか屍床の存在を知ることができる。その上縁に削り出された櫂座を視認することは難しい。まして屍床に死体を納めれば、横穴の通路（羨道）は板や石で閉鎖され、なかは漆黒の闇となる。櫂座をもったゴンドラ形の仕切りをもつ屍床は、あくまでも死者の世界に属する造形であることが明白である。死者の乗るゴンドラが他界へ導かれるためには、推進具である櫓や櫂がなければならない。船を描く古墳壁画として知られる鳥船塚《とりふねづか》古墳（福岡県うきは市）や珍敷塚《めずらしづか》古墳（同市）で、船を操る人物

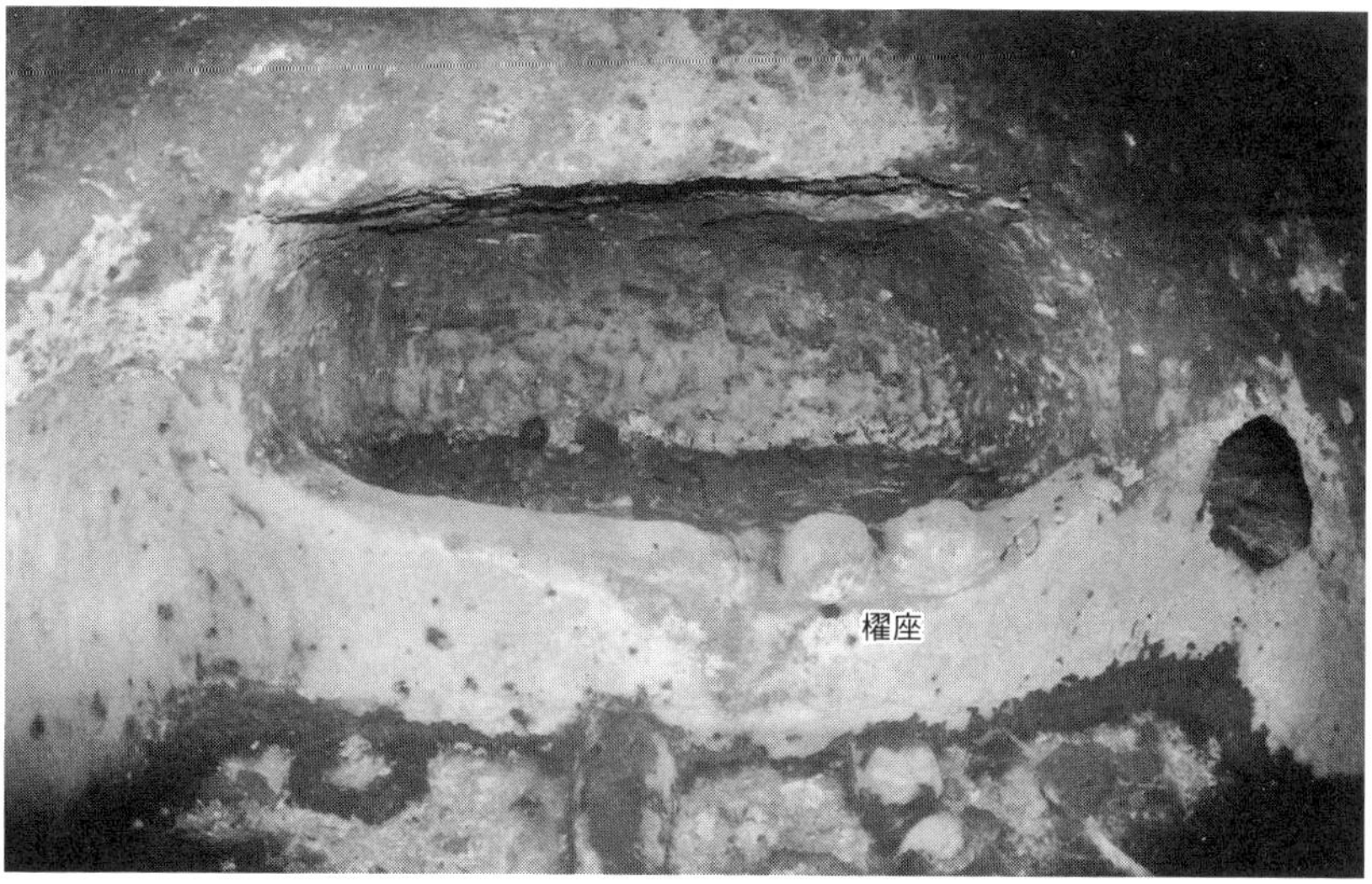

図86　岩原第Ⅰ群14号横穴の屍床仕切りに表出された櫂座

（おそらく死者の姿を観念した像であろう）が描かれるのも、その基層にある同じ心意の発動であろう。しかし岩原第Ⅰ群一四号横穴のゴンドラ形屍床に設けられた櫂座に、櫂の表出はない。そこに木製の櫂が添えられていたとみなさなければ、その造形の意味を読み取ったことにならない。さらに進んで、横穴にもうけられた屍床に木製の櫂を添えられることが通有であったとみなすべきかもしれない。また桜ノ上第Ⅰ群六号横穴の玄室左右に設けられた屍床に削り出された低平な仕切りの外面に、小さく描かれたゴンドラの絵がそれを語っていよう。仕切りをゴンドラ形に表出しなくとも、古代人はそこに死者の船を見ていたのである。

さきに船形埴輪にも木製の櫂や操棍櫂が取りつけられていたことを論じた。殿村遺跡（長野県飯田市）出土の船形埴輪（図68）の舷側には、左右それぞれ三本ずつの櫂が埴輪本体に土で表出されていたのがなによりの証拠であった。

横穴にみえる櫂が添えられた屍床の風景は、船形埴輪・埴輪の船画・古墳壁画の船に通じる。

古墳時代後期、九州地方の奥津城《おくつき》に表出される、船をモチーフとしたさまざまな葬送の仕掛けと、前期の久里双水古墳に想定される船形の木棺遺構との間における時間的な乖離は大きいものの、その心意を同じくすることは間違いなかろう。列島における、船形木棺の分布域と、その空白域を埋めるように分布する埴輪船画と船形埴輪が、同じ葬送観念を背景に古墳という他界空間に顕現した「かたち」と認識される。

◉箱形木棺のこころ

先年、奈良県立橿原考古学研究所の岡林孝作《おかばやしこうさく》氏から、同氏らによる「静岡市杉ノ畷《すぎなわて》出土木棺の研究」が載る東京国立博物館の研究誌『MUSEUM』第六一四号をいただいた。若いころ静岡県教育委員会に在職していた私は目を疑った。それは一九二四年に静岡市南部の平野から出土した巨大な木棺に関する研究報告で、一九三〇年に刊行された『静岡県史』に簡単な報文が写真とともに掲載された程度にすぎず、それが大型の木棺であることは認識していたものの、出土以来すでに半世紀以上の時間の流れから、実物が現在まで良好な状態で保存されていたとは想像すらしなかった資料であった。早速、手元の『静岡県史』第一巻を開いてみた。「安倍郡大谷村杉畷木棺発掘古墳」という項に三葉の写真とともに、簡略な報文があった。その末尾に「因に曰ふ、本墳発掘の木棺は、側板の一部を除く他全部東京帝室博物館の所蔵品となつてゐる」とみえる。うかつにも、そのくだりに目が止まることはなかったか、木製品ゆえ、当時のままに遺存するとは考えなかったのであろう。木棺は発掘されて三年後、帝室博物館に買い上げられていたのである。岡林氏らの詳細な報文を読んで、あらためて

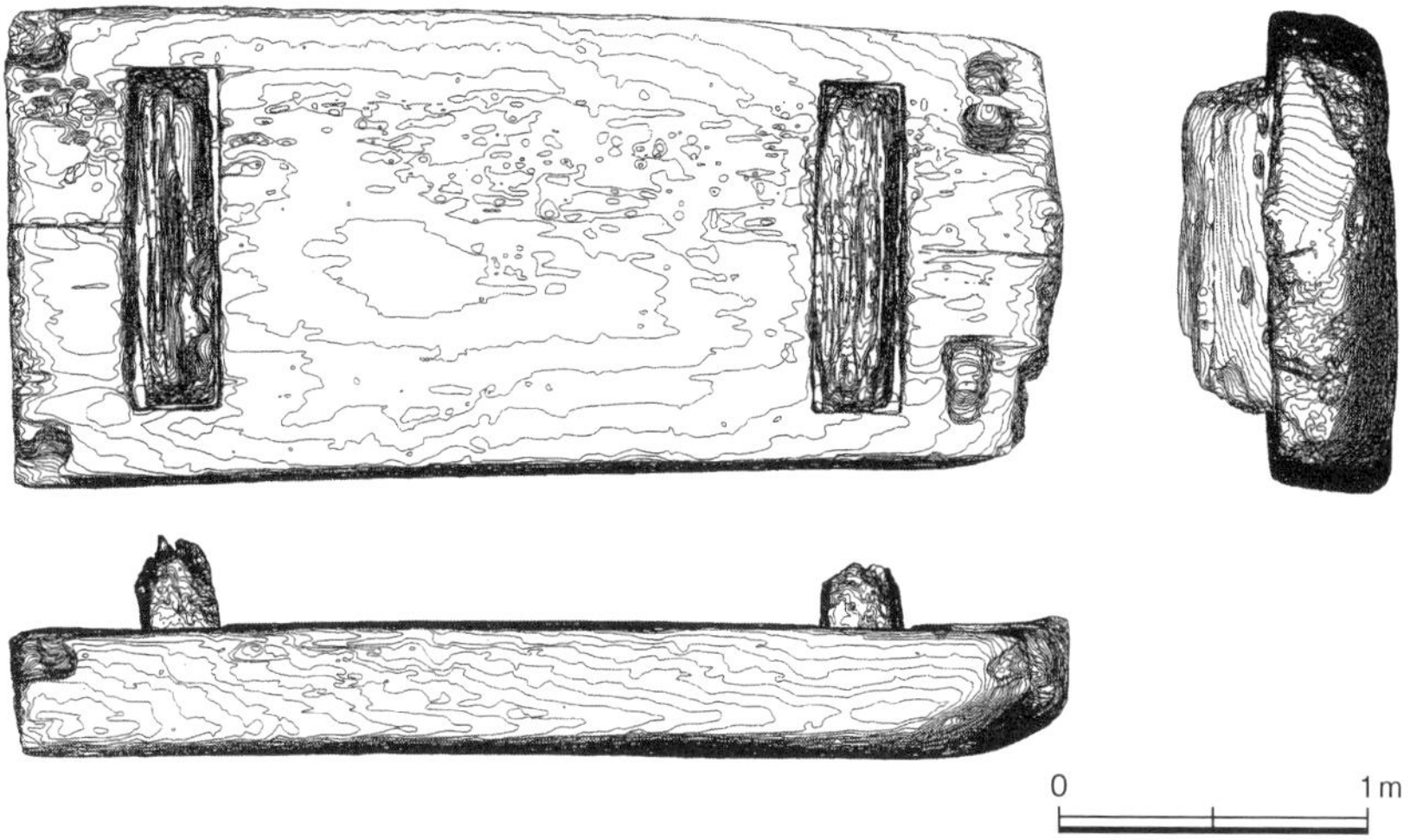

図87　杉ノ畷古墳出土の巨大な木棺底板

当該木棺の巨大さに驚くとともに、その形状が気になった（図87）。

樹齢五五〇年を超えるスギを利用して作られた組合式木棺は、底板が長さ三四七センチ、最大幅一五二センチ、厚さ四二センチという巨大なものである。残念ながら、蓋板は出土時に失われており、副葬品も認められなかったらしいが、岡林氏らは古墳時代中期の木棺と考察されている。

報告された実測図のなかで私が注目したのは、木棺底板表面の一方の短辺側の造作であった。そこには両隅に筏穴（えつり穴）を思わせる綱を通すためと想定される穴がU字形に空けられ、また当該短辺の中央先端がわずかに反りあがるとともに、前方にやや飛び出すように造形され、くわえてその部位の底面が前方に向かって丸くせりあがるような細工が施されていた。

岡林氏ら報告者は「見方によってはあたかも舟の舳先を意識したかのよう」と記述する一方、当該の「木棺が全体として外観上は箱形を呈する組合式木棺であって、舟との接点を見出しにくいという事実は看過されてはならない」と、「舟葬」説に慎重である。しかし私は、これまで述べきたった古墳という葬送空間にかかわるさまざまな船の「かたち」の存在から、当該木棺の底板に施された諸細工が「船の舳先を意識した」と理解される点を無視すべきではない。「かたち」あるところ「こころ」ありだ。杉ノ畷古墳出土の組合せ式箱形木棺は、弥生・古墳時代に通有の箱形に製作された棺が、ただ屍体を納める容器（槽）としてあるのではなく、他界へ向かう死者の霊魂を運ぶための乗物（船）と認識されていたことを示唆している。

杉ノ畷古墳の木棺底板に施された諸細工のなかで私が注視するのは、筏穴の存在とその裏面の丸い仕上げである。そこに、この木棺が筏穴に綱を通し、古墳まで何処からかソリのように曳かれた可能性が考えられる。そこに殯《もがり》儀礼の場からの葬送行為が推考される。

古墳への埋葬行為に移る前段階に殯の儀礼が存在することは、すでに『三国志』魏書東夷伝倭人条（いわゆる「魏志倭人伝」）が、「始《いま》し死《し》したれば、喪《なきがら》を停《とど》むること十余日、時に当たりては肉を食わず、喪主は哭泣《こくきゅう》すれど、他人は就《つ》きて歌舞飲酒す。已《すで》に葬らば、家を挙《こぞ》りて水中に詣《いた》りて澡浴《そうよく》し、以って練沐《れんもく》の如くす」と語り、さらに『隋書』倭国伝が倭の葬送習俗を「貴人は三年外に殯し」とするくだりに確かめられる。さらに『隋書』が「葬に及んでは、屍を船上に置き、陸地にてこれを牽《ひ》く」とつづける点は、杉ノ畷古墳の箱形木棺の底板にみる船を志向した「かたち」の本質を考えるに十分であろう。

◉棺を牽く船形の山車

『隋書』にいう「陸地を牽く船」の存在をさらに具体的に物語る資料が巣山《すやま》古墳（奈良県北葛城郡広

陵町）から発掘された。巣山古墳は中期初頭に築かれた全長が約二二〇メートルもの大王墓級壺形墳で、大規模に造成された周濠外堤がよく遺っている。国中《くんなか》盆地の西を画する馬見《うまみ》丘陵の東麓から南麓にかけて、前期後半〜中期に次々と築かれて大古墳群をなす馬見古墳群中、最大の古墳である。一〇年前から、その史跡整備のための発掘調査が継続して実施されている。

二〇〇五年度の第五次調査では、前方部隅角の対岸にあたる外堤内側の隅角から周濠底にかかる地点から、葬送の次第の過程で使用されたとみられる木製品がまとまって発掘された。なかでも全長約三・七メートル、幅四五センチの船の舷側板の一部と、全長二・一メートル、幅七八センチの波除け板（竪板）をはじめ、船の部材とおぼしい木製品の出土は耳目を集めた（図88上）。

波除け板の表面には、直弧文のなかに鏡を表現したとみられる大きな同心円文を重ねた図文が半肉彫りされる。また舷側板にも同じ同心円文の並びに帯文様が重なる半肉彫りが施され、赤く塗られた痕跡がわずかに残っている。舷側板は表出された文様の配置からみて、中央近くで折損しており、八メートル近い全長が推定できる。残念ながら船底にあたる部材は出土していないが、全長が一〇メートル前後の波除け板を備えた準構造船の部材であることがわかる。直弧文や同心円文など船体を飾る半肉彫りの装飾図文が、古墳壁画に共通する点、さらに丹塗りが施される点、なにより他界空間である古墳を結界する周濠から出土している点などから、当該の船が古墳への葬送の次第に用いられたとみて間違いなかろう。『隋書』が語る、死者を乗せて地上を牽く葬送船がそこにある。

殯の儀礼を終え、黄泉の存在となった亡骸は他界空間（古墳）まで運ばれる。上述の杉ノ畷古墳の木棺では、底板にあけた筏穴に綱を通して牽かれたことが推察された。巣山古墳の波除け板をもつ準構造船は、突き出した船底の先端に穿孔し、そこに綱を打ち掛けるか、または巨大なソリに船を載せ、死者を古墳まで牽いたのであろう。かつて三ツ塚古墳（大阪府藤井寺市）の周濠底から出土した大小ふたつの修羅《しゅら》は、おおいに参考となる同時代の資料である。

巣山古墳出土の船やいっしょに出土した木製品の多くは意図的に折損され、廃棄したとおぼしい状態だった。おそらく殯の場から古墳までの葬送の果て、船に乗る被葬者の亡骸をはじめ、副葬の品々を埋葬施設に納めた後、槨を封じて墳丘を完成させ、葬送の次第に用いられた牽き船をはじめ、葬列が掲げた幟や幡、また被葬者に捧げられた食物や水とそれを盛った什器類と副葬品を収めていた櫃《ひつ》、さらに墳丘を完成させるのに使用した土木具等も廃棄されたとみられる。とくに死者に直接かかわる葬送船は意図的に折損されたと推測される。そこに被葬者を乗せた船に従う近親者のほか、葬列を構成する多くの人々の姿がみえる。古墳の周濠底を発掘するとしばしば出土する、さまざまな木製品や土器にはそうした視点からの考察が必要であろう。

東殿塚古墳一号船画や唐古・鍵遺跡採集の船画などにみえる屋形は、葬送船の上に造られた木棺をおおう施設の存在をうかがわせる。周濠からまれに出土する小規模な建物の一部とみられる部材も、牽き船の甲板にしつらえられた、死者を納めた屋形と理解することが可能となる。

そうした葬送船を挽く長い葬列が復元できるなら、古墳までの葬送の道行きに流れたであろう歌の存在に思いをめぐらすことはたやすい。牽（挽）き歌、まさに挽歌《ばんか》である。『古事記』景行天皇段に、能煩野《のぼの》に没し、八尋白智鳥《やひろしろちどり》と化したヤマトタケルを追う后や御子等が歌う次の歌群はそうした場面で歌われたか。

なづきの田の　稲幹《いながら》に　稲幹に　匍《は》ひ廻《もとほ》ろふ　野老蔓《ところづら》

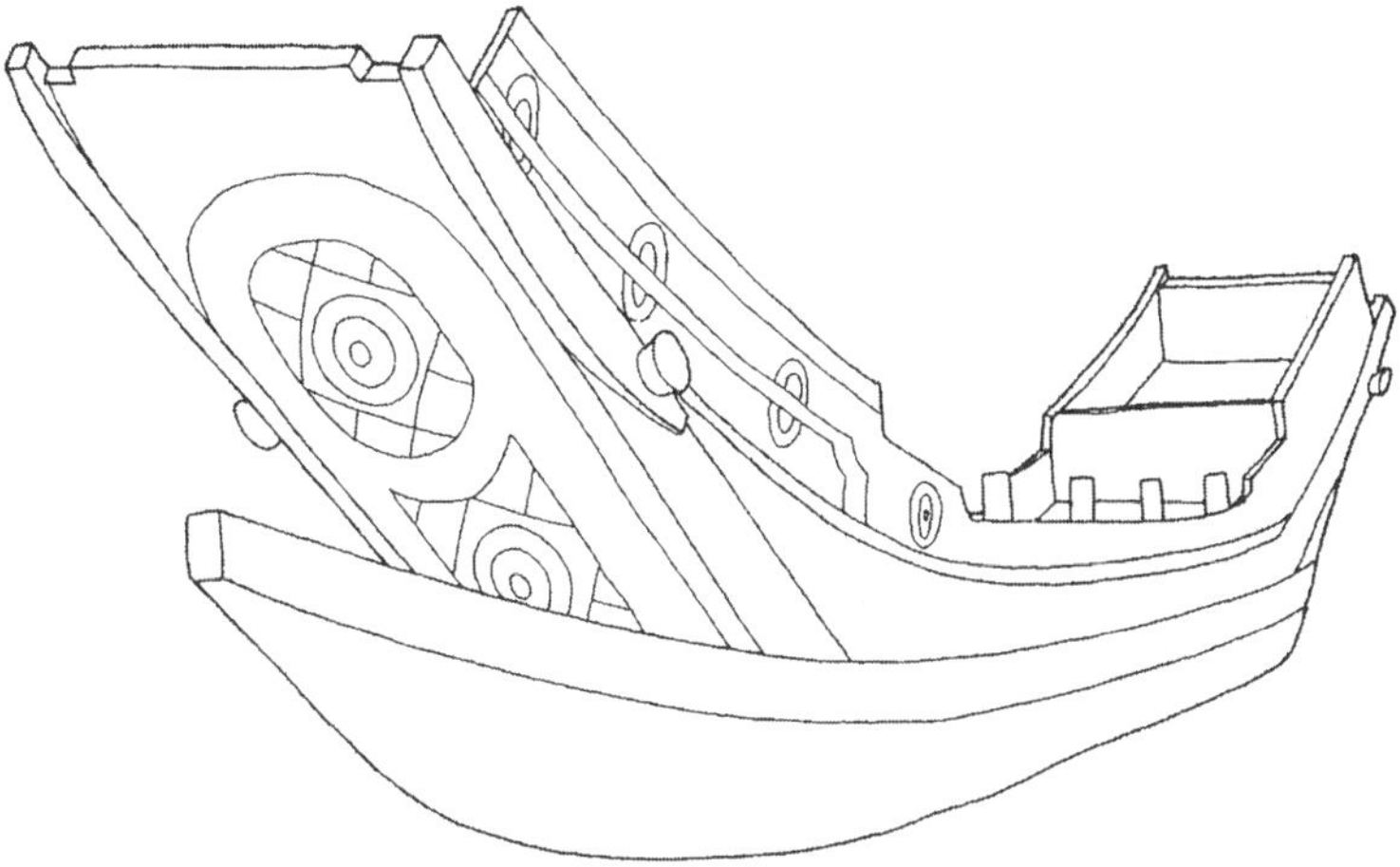

図 88　巣山古墳出土の葬送船の舷側板（上）**と復元図**（下）

浅小竹原《あさじのはら》　腰なづむ　空は行かず　足よ行くな
海處《うみが》行けば　腰なづむ　大河原《おほかはら》の　植《う》ゑ草《ぐさ》　海處《うみが》はいさよふ
濱《はま》つ千鳥《ちとり》　濱よは行かず　磯傳《いそづた》ふ

歌につづいて『古事記』は次のように語る。「是の四歌《ようた》は、皆其の御葬《みはふり》に歌ひき。故、今に至るまで其の歌は、天皇の大御葬《おほみはふり》に歌ふなり」と。

さらには『日本書紀』武烈天皇即位前紀が語る、平群鮪《へぐりのしび》の葬送の次第に歌われる次の歌群も、同じ性格をもつ牽き歌と思われる。

石の上《いすのかみ》　布留《ふる》を過《す》ぎて　薦枕《こもまくら》　高橋過《たかはしす》ぎ　物多《ものさは》に　大宅過《おおやけす》ぎ　春日《はるひ》　春日《かすが》を過《す》ぎ　妻隠《つまごも》る　小佐《をさ》保《ほ》を過《す》ぎ　玉笥《たまけ》には　飯《いひ》さへ盛《も》り　玉盌《たまもひ》に　水《みづ》さへ盛《も》り　泣《な》き沾《そほ》ち行《ゆ》くも　影媛《かげひめ》あはれ
あをによし　乃楽《なら》の谷《はさま》に　鹿《しし》じもの　水漬《みづ》く辺隠《へごも》り　水灌《みなそそ》く　鮪《しび》の若子《わくご》を　漁《あさ》り出《づ》な猪《ゐ》の子《こ》

また継体朝、新羅征討のために渡海した近江毛野臣《おうみのけなのおみ》が、天皇に召されて帰国の途上、対馬《つしま》に病死し、近江国まで淀川を船で送葬されるおりの妻の歌もそれに該当しよう。

枚方《ひらかた》ゆ　笛吹《ふえふ》き上《のぼ》る　近江《あふみ》のや　毛野《けな》の若子《わくご》い　笛吹《ふえふ》き上《のぼ》る

葬列が進むなか、楽器が奏でられ、牽き歌が流れる。

III
古代人の他界観

序章

魂の行方

私たちの肉体に宿る魂はどこから来て、どこへ往くのか。人類永遠の問いである。アンチエイジングについて人々の関心がたかまりをみせる昨今、そのさきに立ちあらわれる魂の行方を探し求める営みもさらなる深化をみせている。

しかし、数え切れない先人たちの墓を発掘し、過去の喪葬習俗に関する膨大なデータを蓄積する考古学の領域から、この問題について積極的な発言がなされてきたとは言い難い。ことに「古墳時代」という世界史上にも例をみない時代呼称をもつわが列島の古代にあって、巨大な墳丘や豪華な副葬品を納める葬送習俗の基底にある宗教観や他界観に寡黙であったことは、「人の学」としてのその存立基盤を危機に陥らせているといっても過言ではない。

さいわい『古事記』の語るコスモロジーには仏教の影響がまったくうかがえず、前代（古墳時代）以来のイデオロギーを基層にした神語りと説話の集積として読み解くことができる。こうした認識のもと、古墳時代の喪葬習俗から立ちあらわれる、往時の人々が抱いたであろう「魂の行方」について古代学の立場から迫り、本書の総論としたいと思う。

第一章　創出される異界空間

1　壺形の墓

古墳時代は前方後円形の巨大な墳丘に象徴される。それは三輪山麓に営まれた纒向古墳群（奈良県桜井市）の出現に始まる。現在のところ、三世紀初頭の纒向石塚《まきむくいしづか》古墳がその嚆矢《こうし》とされ、勝山《かつやま》・ホケノ山など、全長一〇〇メートル近い大墳丘墓が陸続と築かれる。それらは円形に近い主丘に撥《ばち》形や台形の突出部を付設した形の墳丘平面を、その周囲に濠を掘削することで結界する。いわゆる前方後円墳である。学界では、三世紀後半に出現する全長二八〇メートルもの巨大で整美な前方後円形墳丘をもつ箸墓《はしはか》古墳（図89）以降を古墳時代とみる見解が根強い。私は、古墳時代の王墓を象徴するきわめて特異なこの墳丘の「かたち」が誕生する時点にこそ、宗教的・思想的な画期をみいだすべきだと考える。

そもそも前方後円墳という名称は、江戸後期、蒲生君平《がもうくんぺい》が『山陵志《さんりょうし》』で用いた、「前方後円」とい

図 89　壺形の他界空間・箸墓古墳（奈良県桜井市）

図90　墳頂をめぐる壺形土器（作山2号墳、京都府与謝郡与謝野町）

う墳丘表現を踏襲したものである。この用語にとらわれて、天を「円」、地を「方」ととらえる古代中国の宇宙観がその墳形の由来になったと説き、それが天神《てんじん》地祇《ちぎ》を祀る祭壇を造形したもので、亡き先の支配者の霊威を受ける場としてふさわしいとする説がある。しかし前方部とされる墳丘突出部の平面が矩形《くけい》に築かれる例は、その誕生の当初に皆無であり、この説の成り立つ余地はない。考古資料に即して考えてみよう。

多くの古墳は円筒埴輪で墳丘を幾重にも結界する。しかも埴輪列の要所には、器台とそこに乗せられた壺を合体させた形に由来する「朝顔形」と呼ぶ円筒埴輪が立てられる。なかには円筒埴輪に替えて壺の形を埴輪に作って墳丘に並べ置く例もある（図90）。墳丘を前方後円形に造作できず、円形や方形の墳丘を築いた場合でも、墳丘を壺形や朝顔形の埴輪で結界する事例は後期までつづく。こうした考古事象は、「壺」が被葬者の眠る場＝異界を象徴する器物であることを、外なる世界（此界）に言挙げしている。

あらためて前方後円形の墳丘に目を注いでみよう。

円形の主丘を下、撥形や台形の突出部を上にして上空から眺めたなら、それが壺形であると容易に了解されよう。古墳を象徴する器物としての「壺」に留意するなら、もはや墳丘を壺形とみるに躊躇はない。壺形の墓が思惟されたところに前方後円墳の誕生があった。それは「前方後円墳」でなく、「壺形墳」と名づけられるべきである。では古墳時代人にとって「壺形」がもつ意味は何か。

葛洪《かっこう》撰の『神仙伝《しんせんでん》』には、費長房《ひちょうぼう》という町役人が、遠来の薬売りの壺公《ここう》に導かれて壺のなかに飛び込むと、そこは不老不死の神仙界だったという話が語られる。壺中に永遠の楽土ユートピア＝異界があるとする観念である。壺公の商う薬が仙薬であったことはいうまでもない。古代中国の神仙思想では、西方はるかに来世の仙界である崑崙山《こんろんさん》が、一方の東海には現世の仙界である蓬萊《ほうらい》・方丈《ほうじょう》・瀛州《えいしゅう》の三神山が浮かぶとされ、西王母《せいおうぼ》と東王父《とうおうふ》がそれぞれの世界を司ったといい、それら仙界は壺形に観想された。山東省沂南《きなん》にある漢墓、将軍塚にあって、墓門の東西立柱に刻まれた壺上に座す王父母とその眷属《けんぞく》の画像はよく知られる。

2　神仙の教えと古墳文化

古墳時代の倭人が神仙思想に強くあこがれていたことは、前・中期古墳に副葬される銅鏡のなかで、西王母や東王父などの神仙像と霊獣を鋳出した神獣鏡や画像鏡が好まれたことにもうかがえる。とくに箸墓古墳が築かれたころに製作が開始された、直径が二二・五センチ前後の三角縁神獣鏡《さんかくぶちしんじゅうきょう》と呼ばれる銅鏡群の出土は、すでに五〇〇面を超え、それが倭国の支配者層にとって重要な葬具であったことを明示している。黒塚《くろづか》古墳（奈良県天理市）や椿井大塚山《つばいおおつかやま》古墳（京都府木津川市）で、三十余面の三角縁神獣鏡が木棺の周囲を護るように配されていた様は象徴的である。

葛洪が著した『抱朴子《ほうぼくし》』の内篇は、神仙の道や仙薬の処方、また不老長生の法などを説くが、そこに径九寸（約二二センチ）以上の優秀な鏡には、神仙にまみえることができるだけでなく、命を延ばし、将来を予知する力を獲得でき、またさまざまな魑魅魍魎《ちみもうりょう》の正体を明かす呪力が備わっていると説かれる。三角縁神獣鏡は図文や銘文、その大きさなどの諸点から、『抱朴子』がいう径九寸以上の呪鏡を具現したものと考えられる。仙界を表出した大型銅鏡をたくさん副葬すればするほど、被葬者の霊魂の護りと登仙がいっそう保証されると理解されたのであろう。

黒塚古墳の東南にある天神山《てんじんやま》古墳で、周囲に二〇面の銅鏡をめぐらせた木櫃に注ぎこまれた四一キロを超える水銀朱が検出されたように、被葬者の屍体に水銀朱をはじめとする赤色顔料を塗布する行為はしばしば見受けられる呪作である。仙薬として丹砂や水銀を服用することの効能は『抱朴子』や『神農本草経《しんのうほんぞうきょう》』などに説かれる。銅鏡の呪的意味とあわせ、ここにも神仙の教えが指摘される。藤ノ木古墳（奈良県生駒郡斑鳩町）の横穴式石室奥に安置された家形石棺が、内外面ともに丹塗りであったことを思い出す。

壺形墳は纒向の地に出現した当初から、周囲に濠をめぐらせていた。私は壺形墳がきわめて宗教的かつ精神性の高い造形物であることを主張している（辰巳和弘『古墳の思想―象徴のアルケオロジー―』白水社、二〇〇二年）。濠にたたえられた水は、古墳と此界《しかい》を結界する仕掛けであるにとどまらず、壺形の仙山を浮かべる東海になぞらえたのではないか。濠の水が寄せる墳丘の縁は、異界の渚である。

古墳は、被葬者が神仙となって転生する新たな世界＝異界を、壺の形をもって此界に創出したものである。

3　卑弥呼の鬼道

神仙の教えは、弥生時代の倭にもたらされていた。唐古《からこ》・鍵《かぎ》遺跡（奈良県磯城郡田原本町）の中期後半の溝から一部が欠損した褐鉄鉱《かってっこう》の殻が出土した。それは、砂礫土層中の鉄分が小さな粘土塊を核にして、砂礫を巻き込みながら粘土のまわりに褐鉄鉱の層を形成してできた自然物で、なかの赤紫色をした粘土は仙薬のなかでも上薬の「禹余粮《うよりょう》」とされる（図91）。出土した殻はすでに一部を打ち割り、なかの仙薬を取り出した後、ヒスイの大型勾玉《まがたま》二個が納められていた。ヒスイは越後国頸城《くびき》郡沼河《ぬなかわ》郷（現、新潟県糸魚川市）を北流する姫川と青海川流域産とみられる。古代、姫川は沼名河と呼ばれ、流域で採れる玉は『万葉集』に、

沼名河《ぬなかは》の　底なる玉　求めて　得し玉かも　拾《ひり》ひて
得し玉かも　あたらしき　君が　老《お》ゆらく惜《を》しも
（巻第十三―三二四七）

と歌われ、永遠の象徴として珍重された。勾玉は古代中国

図91　ヒスイ勾玉を納めた褐鉄鉱の殻（唐古・鍵遺跡、奈良県磯城郡田原本町）

にはない玉で、弥生時代中期の倭ではヒスイ製勾玉が禹余粮と同じ効能をもつ呪物とみなされたらしい。また銅鐸絵画には、枠《かせ》を持つ西王母の姿をデフォルメした人物像が描かれる（伝香川出土鐸、桜ケ丘四・五号鐸など、図52上）。倭人たちは、西王母の信仰を核に、登仙の修法や仙薬の服用とあわせ、登仙の呪具としてヒスイ勾玉や銅鐸を製作するなど、その教えを咀嚼し消化（倭化）していたことがうかがえる。そうした文化的背景のうえに邪馬台国は出現する。

『三国志』魏書倭人条は、女王卑弥呼が鬼道を奉じて人々をよく統率し、「男弟」が彼女を補佐して統治したという。魏書は、道教の一教団である五斗米道《ごとべいどう》を創祀した張陵《ちょうりょう》の孫、張魯《ちょうろ》が鬼道をもって民をよく教化したといい、蜀書には張魯の母は鬼道によって若々しい容貌を保ったと書く。

私は『後漢書』が卑弥呼の鬼道を「鬼神の道」と表現する点に注目する。「鬼神」とは死者や祖先の霊をいう。卑弥呼の鬼道とは祖霊の祀りを通してみずからの長生を願う道教的な教えを根幹とした新たな宗教体系であったと理解される。壺形の異界空間はそこに創出される。

4　纒向遺跡の風景

纒向遺跡（図92）は、倭国の女王卑弥呼が都する邪馬台国の王宮の地であり、それは初期ヤマト王権へとつながる。壺形の異界空間は、まず邪馬台国の支配者層の墓として創出された。卑弥呼の鬼道創祀が壺形墳を生み出したのである。纒向古墳群には卑弥呼や「男弟」らが眠っているのであろう。邪馬台国は弥生時代のクニではない。

二〇〇八～二〇〇九年、纒向石塚古墳の東方から、東西方向に中軸線をそろえて並ぶ三世紀前半に

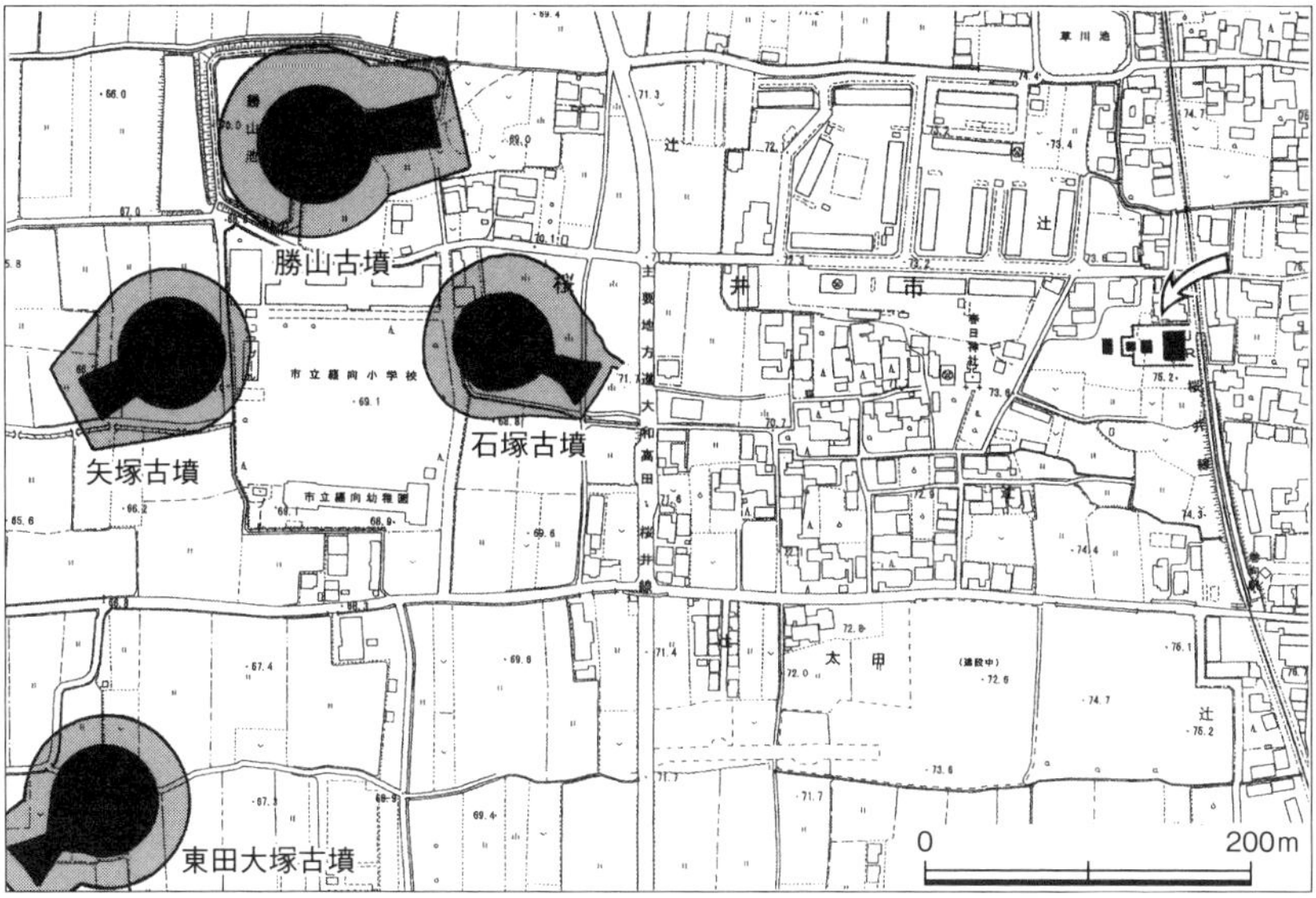

図92　纒向遺跡の宮室遺構（矢印）**と初期の壺形墳群**

所属する四棟の掘立柱建物遺構が発掘された。しかも東寄りの三棟は柵を囲繞《いじょう》させ、もっとも東側の建物遺構は四間四方で、床面積二四〇平方メートルに復元される、当時の最大規模の大型建物であった。中軸線をそろえた建物群は、さらに東へ延びると推定され、そこが初期纒向遺跡の祭政空間であったことをうかがわせる。まさに卑弥呼の生きた時代の宮室に比定される。二〇一〇年の調査では、その大型建物跡の南に四・三×二・二メートルの長楕円形土坑が検出され、二七〇〇個を超える桃の種が竹製の籠とともに出土した。なかには果肉が遺存するものも含まれ、籠に桃果の盛られた風景が想像される。土坑からは近海魚を含む多様な魚骨のほか、シカ・イノシシ・カモなどの骨角、また多種類の植物の種や実が、祭儀に用いられた土器や木製品とともに出土。多量の桃果を供物として用いた祭儀の後に土坑に納められた一括遺物と認知される。古代中国で、桃は西王母を象徴する仙果とされ（小南一郎「桃の傳説」『東方学報』第七二冊、二〇〇〇年）、桃果の実る季節に、それを供えて西王母の祭りがおこなわれたのであろう。邪馬台国の時代、神仙思想に基づいた祭儀行為のひとつが明らかになった例である。

壺形の異界空間＝古墳は三世紀後半に築かれた箸墓古墳の段階にいたり、いっそうの整備をみることになる。外表には葺石《ふきいし》が施され、長大な竪穴式石槨《たてあなしきせっかく》には三角縁神獣鏡などの大型銅鏡をめぐらせた割竹形木棺《わりだけがたもっかん》が納められる。墳丘上は加飾器台に載せられた加飾壺や壺形埴輪によって結界された空間であることを主張する。一九九八年に実施された箸墓古墳主丘部裾の発掘調査は、周濠が築造後ほどない四世紀前半には土砂の堆積により湿地化していたことを明らかとした。墳丘は円筒埴輪列や濠によって此界とは結界された空間、世人の立ち入りを拒む異界空間である。被葬者を埋納した後、当該の古墳に対する祭祀が継続して繰り返しおこなわれたことを語る具体的な考古学上の事例はない。箸墓古墳の濠の状況はそのことを明示している。記紀にみる大王たちの墓がいずれの古墳にあたるのかを特定できないのも、完成した後の古墳祭祀がなかったからである。異界へと送られた死者の霊魂に此界への再生はなく、被葬者はそこで永遠の生を送ると観念された。

第二章

魂のなびき、異界への渡り

1　古墳文化にみる船と馬

高廻《たかまわ》り二号墳（大阪市平野区）は、周濠をめぐらせた径二〇メートルの中期の円墳である。墳丘の中段に配置された壺形埴輪の列が、古墳世界を結界・象徴する。形象埴輪の大半が墳頂に配置されるなかで、船形埴輪がひとつ、濠の底に置かれていた。此界と異界を隔てる濠の底に置かれた船。異界に霊魂を運ぶ葬霊船である。船形埴輪の舷側には櫂《かい》を漕ぐ支点になる櫂座（ローロック）が造作される。当然、ミニチュアの木製櫂がそこに添えられていたとみなさなければ「かたち」を生みだした古代人の「こころ」を理解したことにならない。艫《とも》寄りの舷側に操舵櫂《そうだかい》を結わえつけたとみられる小穴がうがたれる点にも目を向けよう。

船形埴輪の船底中央にも、しばしば穴が開けられている。東殿塚古墳《ひがしとのづか》（奈良県天理市）の墳丘裾から出土した円筒埴輪に描かれた三隻の船の絵には、いずれも中央に大きく旗竿が描かれる。船形埴輪

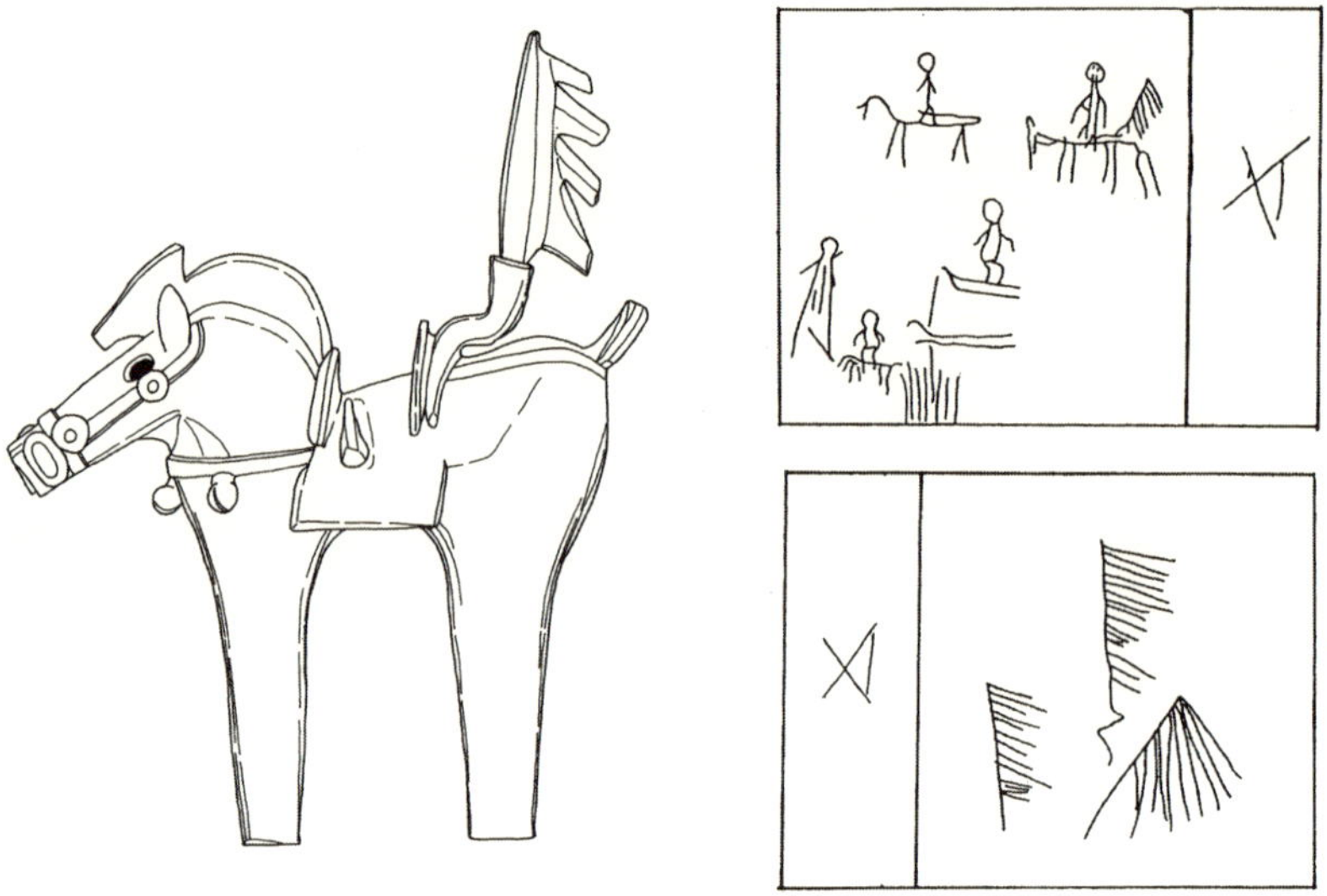

酒巻14号墳出土馬形埴輪　　高井田横穴群第Ⅱ支群23号横穴の壁画

図93　旗を立てる馬

の船底の穴に旗竿が挿し込まれたことが想定できる。この船画には、舷側に並ぶ櫂の列とともに、ひときわ大きく操舵櫂が描かれる。船形埴輪から想起される葬霊船と同じ形だ。竿に掲げられた旗は布帛で作られ、風になびいたことだろう。東殿塚古墳の船画にみる旗は風を受けて真横になびき、翩翻《へんぽん》と跳ね返るように描かれる衣笠の先に下げられた房とともに、船に命を吹き込む。そういえば高井田横穴群（大阪府柏原市）の「人物の窟《いわや》」でも、異界に赴く船に乗る被葬者が片手に捧げる竿の先に、大きくひるがえる旗が描かれる。船の横には、同じ容貌の人物が描かれ、彼が持つ竿の旗は垂れさがって描かれる。この壁画は、ひとつの画面に時間の経過を表現するために同じ人物像を描き、被葬者の霊魂が船に乗って異界へ旅立つ様を旗のなびきに象徴させたのである。

　船が異界へ赴く霊魂の乗り物であったように、馬もまた同様に観念された。中期以降の古墳にみられる馬具の副葬や馬形埴輪の背後にある思惟である。それゆえ壁画や形象埴輪などに表現される馬にも旗竿が取りつけられる。酒巻《さかまき》一四号墳（埼玉県行田市）出土の馬形埴輪には、後輪《しずわ》から屈曲して伸びた突起に、別作りの旗竿がソケット状に組み合わされる（図93左）。さらに高井田横穴群第Ⅱ支群二三号横穴の壁画では、羨道《せんどう》壁の一方に尻に旗を掲げた馬に乗る被葬者が描かれ、他方には幾本もの旗をなびかせた旗竿だけが三つ並び描かれる（図93右）。しかもその一本は、さきの馬形埴輪と同様、竿の基部が屈曲して描かれる。なびく旗を表出することに意義があったらしい。

2　青の世界

旗のなびきに霊魂の発動を観念する古代人の心理は、『古事記』允恭天皇段、木梨軽王《きなしのかるのみこ》が軽大郎女《かるのおおいらつめ》（衣通王《そとおし》）とともに死に臨んだおりの次の歌によくうかがわれる。

隠国《こもりく》の　泊瀬《はつせ》の山の　大峡《おほを》には　幡《はた》張り立て　さ小峡《をを》には　幡張り立て　大峡にし　仲定める
思ひ妻あはれ　槻弓《つくゆみ》の　伏《こや》る伏りも　梓弓《あづさゆみ》　起《た》てり起てりも　後《のち》も取り見る　思ひ妻あはれ

従来、その歌意を、初めの六句を序詞とし、七句以降を「大きな山のようにしっかりと二人の仲が定まっている思い妻がいとしい。伏しても立っても可愛い姿の思い妻を、後には纏き寝よう、その思い妻がいとしい」（土橋寛・小西甚一『古代歌謡集』日本古典文学大系、岩波書店、一九五七年）と、恋歌ととらえ、初めの六句に積極的な解釈を加えない。「隠国」とは、大和国中《くんなか》からみて入り込んだ谷あいの地形を意味するとともに、現世から隠れた地、すなわち他界を意味する言葉である。その「隠国」を枕詞とする「泊瀬の山」は現在、長谷寺の背後にある初瀬山だけをさすのではなく、西流して奈良盆地へと流れ入る初瀬川《はせがわ》を臨む南北の山塊の総称である。この初瀬谷の南側に展開する外鎌山《とがまやま》丘陵には、多数の群集墳が分布し、また万葉歌に「土形娘子《ひぢかたのをとめ》を泊瀬の山に火葬《やきはふ》る時に、柿本朝臣人麻呂の作れる歌一首」の詞書をもつ「隠国の泊瀬の山の山のまにいさよふ雲は妹にかもあらむ（巻第三―四二八）」をはじめ、葬送の場として歌われる「泊瀬の山」である。そこはまさに他界として大和人に意識されていたのである。

かように「隠国の泊瀬の山」を理解してはじめて、「大峡には　幡張り立て　さ小峡には　幡張り立て」の意味が明らかになる。すなわち泊瀬山を構成する大小の丘陵に幡をおし立てるという意であり、それは泊瀬山に葬られた人々の霊魂が他界へ無事にたどり着くことを祈って幡（旗）が立てられた状況を歌っているのである。幡を張り立てる行為は現実ではなく、作者の脳裏におけるものかもしれない。したがってその歌は恋歌ではなく、亡き妻を偲ぶ挽歌と理解される。

外鎌山の西南麓一帯の粟原《おうはら》川に面した丘陵地は忍阪《おしさか》と呼ばれる地で、舒明《じょめい》天皇陵、鏡女王《かがみのおおきみ》墓、大伴皇女墓などの王族の葬地でもあった。『万葉集』巻第十三所収の挽歌に忍坂（忍阪）がみえる。

隠国の　泊瀬の山　青旗の　忍坂《おさか》の山は　走出《はしりで》の　宜《よろ》しき山の　出で立ちの　妙《くは》しき山ぞ　惜《あたら》しき山の　荒れまく惜しも　（巻第十三―三三三一）

妻を泊瀬山に葬った夫の挽歌群のひとつ。妻の墳墓の地である泊瀬の山や忍坂（忍阪）の山が美しく、愛惜すべき山であることを歌い、山の様相に亡き妻を偲びみる夫の姿が浮かんでくる。ここで「青旗の忍坂の山」と「隠国の泊瀬の山」が対置される。いずれの山も葬送の地であった。しかも「忍坂の山」には「青旗の」という枕詞がかけられる。この「青旗」も「隠国の泊瀬の山」に「張り立て」られた「幡」と同じ意味をもつものであり、そのはためきに霊魂が無事に他界へとなびき行く心意を込めて墳墓に立てられたのであろう。

他界への乗り物として、古墳の場に埴輪や壁画として表出される船や馬の「かたち」に、翻る旗を表現する心根が痛く身に迫る。五郎山《ごろうやま》古墳（福岡県筑紫野市）の奥壁中央に描かれる騎射人物像が、馬上に翻す青緑色の大きな旗の心意は明らかだ。

「青旗」といえば、I篇第四章で触れた天智后倭姫《やまとひめ》が亡き夫の霊魂を「青旗の木幡《こはた》の上を通ふ」と詠んだ万葉歌（巻第二―一四八）が思い浮かぶ。そこで「青旗の」という初句が歌全体に重要な意味をもつことを述べ、さらに「人魂のさ青なる君がただひとりあへりし雨夜の葉非左し思ほゆ」（巻第十六―三八八九）の歌を引き、人魂・霊魂が青色をしていると認識されていたことを説いた。それゆえに霊魂の他界への渡りを象徴する旗（幡）にも同じ色を見ることにより「青旗の」という枕詞が誕生したと理解される。さらに言えば、古代人にとって霊魂が渡りゆく先は青い世界ととらえられていたようである。

仲松弥秀《なかまつやしゅう》氏は南島の宮古島では「死んだら青の島に行く」と答える古老の話を採集している（『神と村』梟社、一九九〇年）。また谷川健一氏は「沖縄本島とその属島には『青の島』と呼ばれる地先の島があった。青の島と呼ばれるゆえんは、そこに死体を風葬するからであった。青は死者の色である」と説き、「青の島」と同じ性格をもつ土地を本土の各地に渉猟し、そこに南島につながる他界観念をみいだして次のように結論した。すなわち「南方から渡来した海人は、海岸の地先の島に死人を埋葬する習俗を保ちながら、西から東へと動いていった。その痕跡が『青』なのであった」（『常世論』平凡社、一九八三年）と。古代人が他界を「青」の世界と認識していたがゆえに、霊魂も青い色で現れると考えられていたのである。

仲松氏は『神と村』で、「青は、青空・青葉・青海の語によっても推測されるとおり、空色・緑・淡黄・碧などの色をあらわしている。そしてこれらの色彩は赤と黒に対して中間色といってよいであろう。したがって青の世界は暗黒でもなければ、赤・白をもってあらわす明るい世界でもない。むしろそれは明るい世界に通ずる淡い世界」「うすぼんやりとした明」の世界であるという。『神と村』を読む私の脳裏を、五郎山古墳壁画の旗が青緑色で描かれる点、また副葬品の宝器や装身具を模した石製品に、濃緑色を呈する碧玉《へきぎょく》が好まれ、またコバルトブルーのガラス玉が多用されるという考古学上の事実が次々とよぎる。

第三章

勾玉のシンボリズム

1 魂振りの呪具

前期の壺形墳、紫金山《しきんざん》古墳（大阪府茨木市）に副葬されていた銅鏡のひとつに、内区に王父母と霊獣からなる神仙界を表出し、外区に三五個の勾玉文《まがたまもん》をめぐらせた径約三六センチの大型倭鏡がある（図94）。内区の神獣像がおなじみの図文であるように、外区には鋸歯文《きょしもん》・櫛歯文《せっしもん》・流雲文《りゅううんもん》などの圏帯デザインを用いるのが通例である。しかし本鏡では、外区文様の中心に勾玉文という独創的な図文を採用したところに、単なる装飾性を超えた鏡工人の明確な造形思惟の存在が指摘される。それは勾玉文が、ひとつの鏡面を構成する図文として、主文たる内区に鋳出された神仙界と密接不離の関係にあることを語っている。

また久津川車塚《くつかわくるまづか》古墳（京都府城陽市）では、長持形石棺のなかから五〇〇〇個を超える多量の滑石製勾玉が出土した。勾玉の数の多さに驚くとともに、そこに副葬品を超える意味があることをうかが

図 94　勾玉文をめぐらせた大型倭鏡（紫金山古墳）

わせる。『抱朴子《ほうぼくし》』は、滑石の大塊中に、一斗を服用すれば千年の寿命を得ることができる秘薬の石脳子が稀に含まれると述べ、また神丹の調合に使用される薬品のひとつに滑石をあげる。また『神農《しんのう》本草経《ほんぞうきょう》』でも、滑石は上品《じょうぼん》にあげられる。勾玉の量の多さは、被葬者を包み込むかのよう。しかも棺に蓋を架ける前にかなりの量の水銀朱が流し込まれたようで、報告書によれば「遺骸遺物は何れも（中略）多量の朱に混じて存在せる」状態だったという。銅鏡や勾玉など、棺内から出土した品々には今も鮮やかな朱の付着が認められる。石棺のなか、水銀と勾玉の海に浸る屍《しかばね》がある。水銀朱が仙薬の第一にあげられることは上述した。勾玉文鏡に表出された勾玉文帯とあわせ、勾玉は霊魂を神仙界にいざなう登仙のための魂振りの呪具であることを主張してやまない。それは仙薬と同じ効能をヒスイ製勾玉に期待した弥生人（本篇第一章参照）にさかのぼる造形思惟でもある。

2　葬枕と立花

古墳時代、死者もまた頭を枕に置いて葬られた。石棺に造り付けられた枕のほか、石を削り出した枕、器台や壺・高坏などの土器の一部を打ち欠いたり組み合わせた土器枕、粘土を固めただけの粘土枕、自然石を組み合わせた枕、横穴式の墓室内に設けられた屍床《ししょう》に彫り込まれた枕、また終末期の大阪府阿武山《あぶやま》古墳のガラス玉を銀線で貫き結んだ玉枕の例など多種多様である。腐朽し、痕跡すら遺さない布や皮革製の袋に植物の種子やその殻を入れた枕の存在も考えておくべきだろう。

兵庫県たつの市にある前期前半の権現山《ごんげんやま》五一号墳は、木棺内に据えられた別作りの木製枕が遺存した数少ない例である。しかも北枕で横たわる被葬者の頭部をコの字状に囲む五面の三角縁神獣鏡《さんかくぶちしんじゅうきょう》が、鏡面を被葬者の頭に向けるように副葬されていた。さながら被葬者の頭部を護るかのような出土状況だった。三角縁神獣鏡は鏡背に古代中国の神仙や霊獣の姿を表出し、しばしば来世での不老長生と子孫繁栄、社会での栄達を願う銘文を鋳出した葬具である。五面の鏡はいずれも直径がほぼ二二センチ前後とそろっている。

その呪力ある銅鏡で頭部を囲む権現山五一号墳例は、当時の人々が体のなかでもとりわけて頭に〝いのち〟（〝魂〟と言い換えられよう）が宿るとみていたことをうかがわせている。論より証拠。被葬者の枕元に銅鏡を副葬する事例は数え切れない。

同じ観念をうかがわせる往時の事例がいくつかある。

弥生時代後期末の赤坂今井《あかさかいまい》墳丘墓（京都府京丹後市）第四主体部では、被葬者の頭部外周に三連の玉飾りをめぐらせていた。外列と内列はガラス製の勾玉と管玉、中央列はガラス製勾玉と碧玉製管玉を組み合わせて連ねた頭飾りだった。ガラス製の玉は、勾玉は緑色、管玉がスカイブルーを呈していた。くわえて被葬者の耳の位置からは、細い碧玉製管玉を四〜五段で六列の簾状に組み、その下端に数個の小さなガラス製勾玉を取り付けた垂飾が検出された。これら玉飾りはその連なりがきわめて良好で、被葬者の頭に飾り付けたというよりも、木棺に屍を納めたのち、頭部外周や耳の位置に静かに玉飾りを置いたことをうかがわせる検出状況であった。

讃岐地方には枕を造り付けた刳抜式石棺《くりぬきしきせっかん》が多く見られる。前期後半に築かれた磨臼山《すりうすやま》古墳（香川県善通寺市）例もそのひとつ（図95−2）。石棺の底部よりやや高く削り残した枕部の中央を丸く凹ませて、死者の頸部と頭部を安定させるよう造形がなされている。その凹みの外縁、側頭部から頸部につながる位置に大きな勾玉形の浮き彫りがある。長さ七・五センチ、頭と尾が外に向かうように造り出

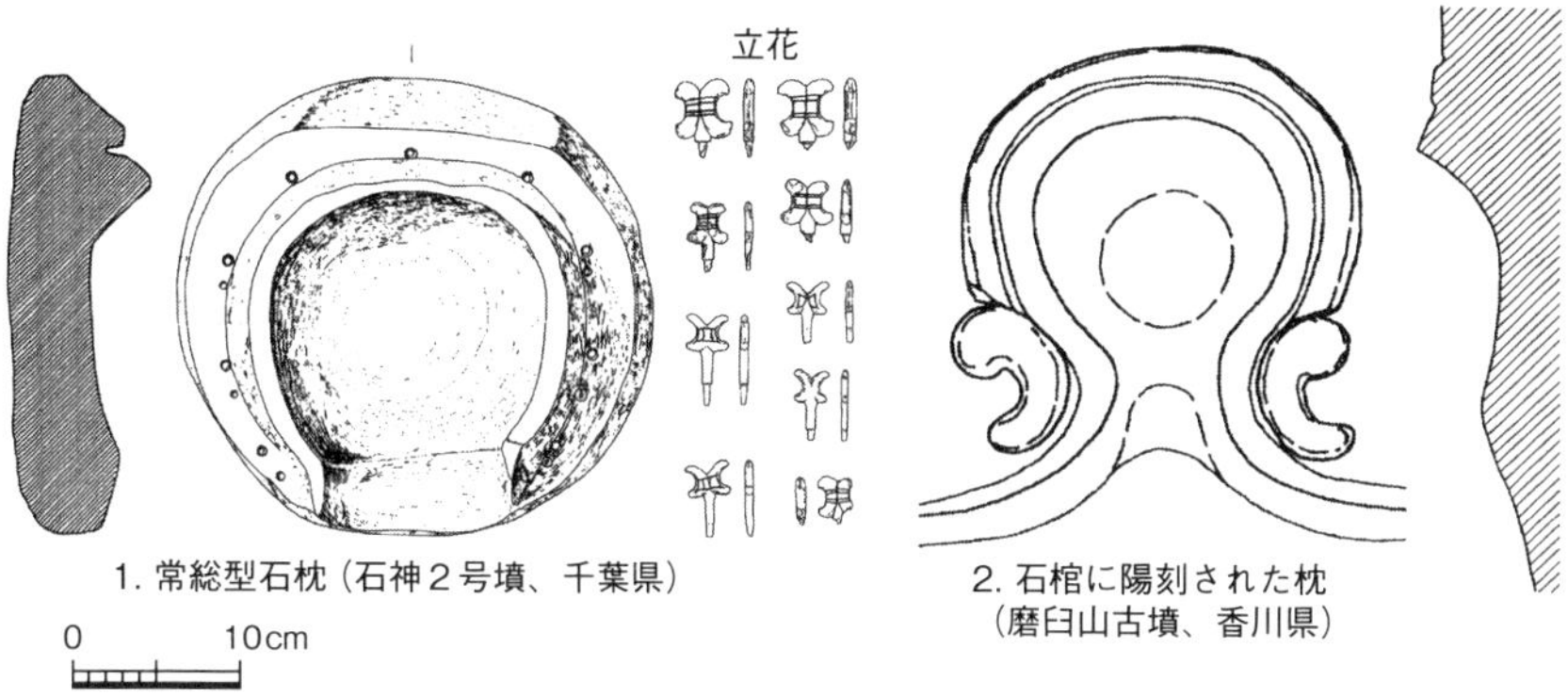

図95　石枕二態

される。そこに屍を横たえると、ちょうど死者の両耳に勾玉を垂下させたようにみえる。勾玉形浮き彫りの大きさに際立つ象徴性がみえる。勾玉がもつ魂振りの属性をうかがわせる資料である。

他方、五世紀の常陸・下総地方では、木棺内に収めた滑石製石枕《いしまくら》に死者を横たえる事例が集中する（図95－1）。石枕は、頭受けの周りに二〜三重の高い段をめぐらせ、段のひとつに小さな穴をうがち並べ、そこに一本の軸の先にふたつの勾玉を背中合わせに連結させた立花《りっか》と呼ばれる滑石製装飾を挿入する。死者の頭部を勾玉で飾り、喪葬儀礼を荘厳するための葬具だ。常総型と呼ばれる当該石枕の出土数は、すでに七〇例を超える。ところが、立花を挿し込んだ状況での出土例は皆無で、立花は石枕の周囲に散在するか、失われて遺存しない。他方、小穴の中に立花の軸が折れて遺存した事例があり、儀礼の次第のなかで石枕に立花が立てめぐらされたことは証明される。かような考古情報から、死者が棺内に据え置かれた石枕に寝かされて、古墳に埋葬されるまでのいわゆる殯《もがり》の期間、立花は死者の頭を囲んで立てめぐらされ、やがて殯が解け、棺に蓋をする直前に石枕からはずされて、頭の周囲にバラまかれたり持ち去られるという、その使用法が推定される。

殯の終了は屍から魂が離脱し、他界の存在と確認された段階であり、棺に蓋が架けられることになる。その際、死者に離別の呪言を放つ「ことどわたす」呪儀がおこなわれる。もはや立花に付託された魂振りの願いは達せられた。死者の霊魂は他界に転生したものと了解され、他界である墳丘への埋葬に移ることになる。古墳は被葬者が永遠の生を送るユートピアとして此界に創出された他界空間にほかならない。

第四章

黄泉国訪問神話と喪葬の習俗

1　魂呼びの伝承

『三国志』魏書東夷伝倭人条は倭の喪葬《そうそう》習俗について、「死者がでると、埋葬までの十日余りの期間は肉食を絶ち、喪主は哭泣し、他の者はそばで歌舞飲食する。埋葬が済んだ後は、一家を挙げて水中に入って沐浴する」という。前半に殯《もがり》の様子が、後半に葬送後の禊祓《みそぎはらえ》の所作が記される。殯とは、霊魂の復帰を願い、喪屋等に死体を安置し種々の魂振りの祭儀をおこなうことで、『古事記』上巻が語る、アメノワカヒコの死に際して、

其処《そこ》に喪屋《もや》を作りて、河鴈《かはがり》を岐佐理持《きさりもち》とし、鷺《さぎ》を掃持《ははきもち》とし、翠鳥《そにどり》を御食人《みけびと》とし、雀《すずめ》を碓女《うすめ》とし、雉《きぎし》を哭女《なきめ》とし、如此《かく》行ひ定めて、日八日夜八夜《ひやかよやよ》を遊びき

というくだりは、魏書倭人条の記述が往時の喪葬習俗をよく伝えた記事であることを確認させるとともに、ふたつの記事の間に横たわる古墳時代の殯の実態をも語っている。

また『日本書紀』は、アメノワカヒコの死後、

喪屋《もや》を造《つく》りて殯《もがり》す（中略）八日八夜《やかやよ》、啼《おら》び哭《な》き悲《かなし》び歌《しの》ぶ

と、記が「遊び」と述べる殯の実態が、死者の霊魂を揺り動かし、そのよみがえりを念じる、いわゆる魂呼びの呪的祭儀であったことを教えてくれる。

書紀は、王位をオホサザキ（仁徳）に譲り自死したウヂノワキイラツコの薨去後三日を経て、オホサザキは己が胸を叩き叫び哭《な》き、髪を解き屍《しかばね》にまたがって三度「我が弟の皇子」と呼びかけると、ワキイラツコはたちまちによみがえり、オホサザキと語り合ったという。殯の場で実修された魂呼びの場面の神話化である。

2 黄泉国とは

こうした殯の祭儀は、イザナキの黄泉国訪問神話の検討に新たな視界を開いてくれる。念のため『古事記』に従って、そのあらすじを述べておこう。

「イザナキは、神避《かむさ》った妻イザナミを黄泉国《よみのくに》へと追う。そして『殿の縢戸《とざしど》』から出迎えたイザナミに現世へ還るよう請う。しかしイザナミは、すでに黄泉の世界の食物を口にしたため（黄泉戸喫《よもつへぐい》）、夫

神の請いに従うのは難しいが、黄泉国を支配する神と相談するあいだ、自分の姿を見るなと告げて御殿の内に戻る。やがて待ちきれなくなったイザナキは、櫛の男柱《おばしら》の一本に火を灯《とも》して御殿内に入り、そこに『(蛆《うじ》)たかれころろき』、腐りただれた妻神の恐ろしい姿を見て遁走する。見るなのタブーを犯したイザナキは、イザナミの追跡を必死に逃れ、現世と黄泉国の境をなす黄泉比良坂《よもつひらさか》を千引《ちび》きの石《いわ》で塞ぎ、ようやく現世に還り着く。そして両神は千引きの石を間に、離別の言葉を言い放つ(ことどわたす)」。

考古学の分野では、この神話が語る黄泉国を横穴式石室とみる考えがすっかり定着した観がある。石室への追葬時に経験する玄室の暗い空間に灯した明かりのなかで、さきに納められた死体が腐乱するさまを目にした体験や、死の汚れを振り払いながら長い羨道を明るい現世へひたすら急ぎ、やがて石室の入口を石で閉塞するまでの光景とこころの動きが神話化されたとみる。そして石室内から出土する食物を供献した土器や、小型の竈《かまど》や甑《こしき》といった炊飯具に黄泉戸喫の儀礼を、墓室を閉塞する際に「ことどわたす」儀礼をみようとした。私も拙著『「黄泉の国」の考古学』(本書I篇)を執筆した一五年前には、おおかたの見解に従った。しかし記紀を精読すると、その読みの浅いことに気づく。

まず書紀が語る一書では、妻神に会うためにイザナキが訪れた場を「殯の処」だと明言し、二神は生きている時と同じように共に語り合ったという。それはオホサザキの魂呼びによってよみがえったウヂノワキイラツコが、兄(オホサザキ)と語り合う仁徳即位前紀のくだりを想起させる。さらに、さきのアメノワカヒコの喪の終盤、弔いにあらわれたアジスキタカヒコネが、生前のアメノワカヒコに瓜二つであったという記紀の語りとあわせ、殯の期間が霊魂のよみがえりを思念し、死者との交感が可能と考えられたことをうかがわせる。さらにこの神話は、死者に間違われたことを怒ったアジスキタカヒコネが、己の剣で喪屋を切り伏せる事態へと展開する。それは殯の終了を告げる呪作と理解される。書紀には天皇の殯宮は崩御があった宮の南庭や近傍に起こされ、埋葬地たる古墳やその周辺に起こされた例は皆無である。一般にあっても、喪屋は住まいやその近傍に営まれたとみるべきである。したがってイザナミが夫神を出迎え、会話をかわした「殿の縢戸」は墓処のなかにはなく、殯の場に建てられた喪屋の戸口に比定するのが穏当な理解であろう。

また書紀の一書は、黄泉国訪問譚の終盤、黄泉比良坂について「別《こと》に処所《ところ》有《あ》らじ、但《ただ》死《まか》るに臨《のぞ》みて気絶《いきた》ゆる際《きは》、是を謂《い》ふか（どこか特定の場所があるわけではない。人の臨終の際のことをいうか）」と語る。それは「気絶ゆる際」という、一瞬の「時」の認識に顕現した「場」である。書紀は、さらに黄泉比良坂を塞いだ千引きの石について、「所塞《ふさ》がる磐石《いは》といふは、是泉門《よみど》に塞《ふたが》ります大神《おほみかみ》を謂《い》ふ」と、実際の大きな岩を指すのではなく、現世と黄泉国の間を仕切る境の神（塞《さい》の神）をいうとつづける。時の境界に立つ神がいる。その向こうに「蛆たかれころろ」くイザナミの屍がある。黄泉国とは、腐乱し消滅しつつある肉体から魂が離脱し、やがて異界の存在となって、完全な死を迎えるまでの過渡期をいうのであろう。西郷信綱氏はいう、「黄泉の国とは『唯死人の往て住国』ではなく、神話化された一つの通過儀礼の表象にほかならない」と（西郷信綱『古代人と死』平凡社、一九九九年）。従うべき見解である。

3 殯の光景

記紀はイザナキがひとつ火の明かりのなかに見た「蛆たかれころろ」き随所に雷神が宿り、腐乱するイザナミの姿を活写する。それは伊波普猷《いはふゆう》氏による南島での喪葬習俗の報告（伊波普猷「南島古代の葬制」『民族』第二巻五号、一九二七年）にみるような、喪屋に納められた屍をのぞき見る習俗が殯礼の次第にあったことを推察させる。また書紀では、イザナミの屍を「膿沸《うみわ》き虫流《うじたか》る」と記述した後を「世人夜一片之火《よのひとよるひとつびともすこと》忌む（中略）此其《これそ》の縁《ことのもと》なり」とつづける。夜の闇にひとつ火を灯すことを忌むのであって、たくさんの火で明るく照らすことを否定しているのではない。書紀が仲哀天皇の殯をことさら「无火《ほなし》殯斂《あがり》をす」と述べるのは、仲哀の死を天下に隠すため、あえて火を灯さなかったがゆえであり、本来の殯の場は、昼夜ともに明るい空間であったと考えるべきだろう。

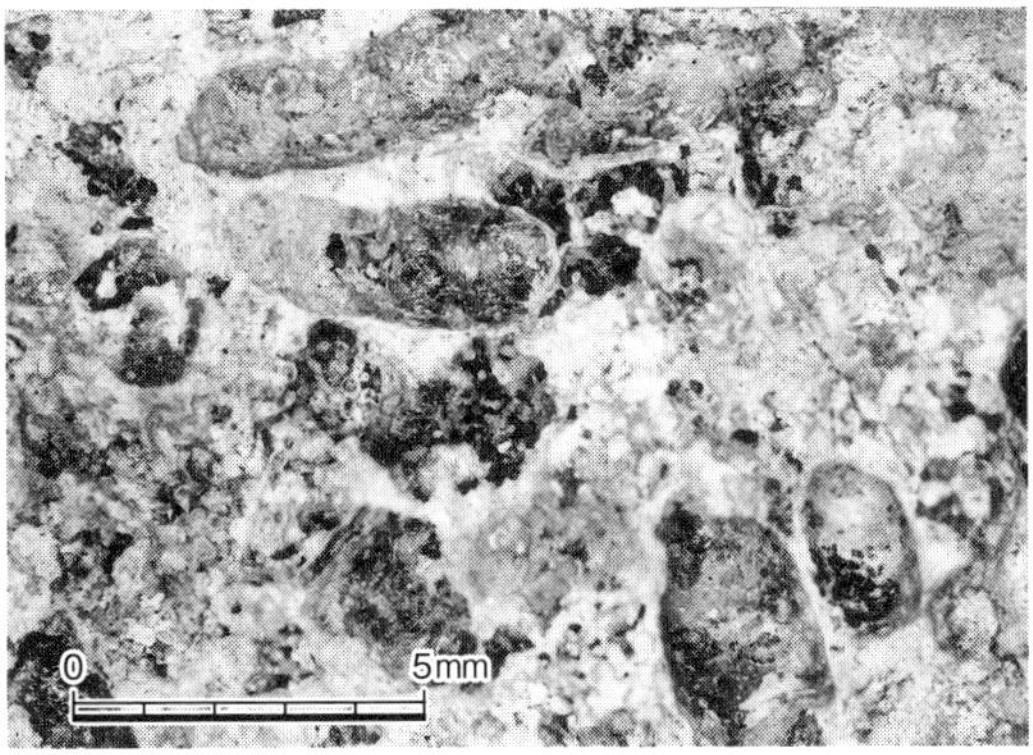

図 96　鏡片上に残るハエの蛹殻（鶴見山古墳）

ここで興味深い考古事象を紹介しよう。葉佐池《はざいけ》古墳（愛媛県松山市）の一号横穴式石室から出土した三体の人骨のひとつ（B号）には、腐肉にたかる生態をもつヒメクロバエ属の蛹《さなぎ》の殻が多数付着していた。当該の人物はハエの繁殖期である夏を中心にした春から秋にかけて亡くなったらしい。そして死後数日を経て、腐臭ただようなかでハエが遺体に産卵したと考えられる。蛹殻《ようかく》の状況から、卵が羽化したことも確認された。ハエは暗闇では活動しないことから、遺体はある程度の光量があり、ハエが容易にたかることのできる環境下に置かれていたことになり、そこが暗闇の石室内ではないことを語っている。そこに殯の期間が想定できる。このようなハエの蛹殻は、鶴見山古墳《つるみやま》（福岡県八女市）出土の銅鏡にも付着していて（図96）、遺体が副葬品とともに棺に納められ、蓋を開けた状態で殯がおこなわれたことを推察させる。

横穴式の墓室にあらたな追葬をおこなうために参入した人々は、腐臭ただよう惨烈な情景を目にすることもあっただろう。しかし、そこに納められた屍の霊魂はすでに異界へ転生し、よみがえることはなく、交感することもない。考古学者がしばしば自明の事柄のようにいう、古墳を首長権継承の場とみる余地はまったくない。古墳は異界。完全なる死の状態の先の首長に、継承されるべき首長権は、もはや存在しない。旧首長からの首長権継承の儀礼が実修されるなら、それは殯の場をおいてほかにない。

黄泉国訪問譚の終盤、両神は千引きの石をなかに離別の言葉を言い放つ「ことどわたす」こととなる。書紀は、その行為を「絶妻之誓建す」と表記する。文字どおり離縁の約定をなす意味であり、とりもなおさず生者と死者が住む世界を異にすることを宣言する呪儀にほかならない。殯の終了を告げる儀礼である。殯は果て、屍を墓処へいざなう葬列が棺を挽く。そこにヲハツセノワカサザキ（武烈）と大伴金村《おおとものかねむら》に謀殺された平群鮪《へぐりのしび》を逐う影媛《かげひめ》の、

玉笥《たまけ》には　飯《いひ》さへ盛《も》り　玉盌《たまもひ》に　水《みづ》さへ盛《も》り　泣《な》き沾《そほ》ち行《ゆ》くも　影媛《かげひめ》あはれ　（武烈即位前紀）

という挽歌《ばんか》が想起される。

巣山《すやま》古墳（奈良県北葛城郡広陵町）の濠底から出土した、全長が八メートル余りに復元される長大な船形の板材とそれに付属する部材は、殯の期間、棺を安置し、殯の終了後は古墳まで挽かれる葬送

用の船の存在を明らかにした。棺や副葬品を墳丘内に埋置して一連の葬送祭儀が終了した後、殯と墓処までの葬送に使用された諸祭具は、濠に廃棄されたと想定できた。アメノワカヒコの殯の終盤、喪屋を切り伏せたアジスキタカヒコネの呪作が想起される。霊魂のよみがえりを願う埋葬以前の諸祭儀に使用された品々を異界まで持ち込むことは忌避されたのであろう。またそれが船形である点に、埴輪や屍床、壁画のモチーフなどに通底する「舟葬」の造形思惟をみることができる。

第五章　古墳時代と洞穴葬

1　常世波の寄せる葬送空間

「古墳時代」という時代呼称は、いずれの地域でも古墳が築かれたという印象をもたせるが、実はそうではない。他の葬法を採用した首長層の存在が全国各地で明らかになってきたからだ。その葬法は主にリアス式の海岸に岩肌をさらす岸壁の岩陰や、軟質の岩質部分が波の浸蝕をうけてできた海蝕洞穴で確認されるほか、過去の報告例のなかには内陸の洞穴でも葬送空間としての利用を指摘される例が増加しつつある。

三浦半島をはじめ、海を隔てた南房総及び伊豆半島では、古墳時代に葬送の場として利用された海蝕洞穴が多数確認されている。大寺山《おおてらやま》洞穴（千葉館山市）は西に開口する幅約六メートル・奥行約三〇メートル・高さ約四メートルという大規模な洞穴遺跡である。洞穴内の南半分の発掘で、五世紀前半～七世紀前半に及ぶ総数一三隻を数える丸木舟形の木棺が重なり合うように検出された。いずれの船形木棺も、その舳先を洞穴の入口、すなわち海に向けて、人々が観想した他界への道筋をうかがわせている。木棺を封土でおおった痕跡はない。洞穴が棺を納める空間として利用されていたわけである。注目されるのは五世紀代に製作された二つのタイプの短甲《たんこう》をはじめ、冑《かぶと》や大刀《たち》・剣《つるぎ》などの鉄製武器、木製漆塗の盾や弓・歩揺《ほよう》をもつ金銅製品・銅製鈴のほか多数の装身具や土器が副葬されていた点である。

大寺山洞穴出土の品々は、大規模な壺形墳の副葬品に匹敵する。そこに納められた船形木棺の被葬者たちが在地有力首長層に属する人々であったことを物語る。しかるに彼らは墳丘を築かず、洞穴に棺を納めるだけだった。見るものを威圧するかのように巨大な墳丘は、第一に墓としての宗教的・精神的な記念物である一方、墳丘の築造に加え、埋葬施設の構築や埴輪の製作、またなにより葬送にともなう盛大なセレモニーの執行などに投入された労働量の膨大さにおいて、きわめて政治的な産物でもある。大寺山洞穴を葬地として営んだ人々が、古墳に価値をみいだそうとしなかった事実はおおいに注視すべきである。

そうした彼らが、手近にあった丸木舟を棺として間に合わせたとは考えづらい。船形の棺に死者を納めることに意味をみいだしていたと理解するべきである。三浦半島の雨崎《あめさき》洞穴（神奈川県三浦市）や、さぐら浜洞穴（同）では岩塊を船形に並べたなかに、別の場所で骨にした人骨を納めていた。ここにも「舟葬」観念が指摘される。

さらに三浦半島とは相模湾を隔てた対岸にあたる伊豆半島の辰ケ口《たつがくち》岩陰遺跡（静岡県賀茂郡西伊豆町）では、海岸に崩落した巨岩がつくり出した三角形の空間を埋葬の場として、大刀・鉄鏃・須恵器などの副葬品が出土したほか、了泉寺《りょうせんじ》洞穴（下田市）や波来《はらい》洞穴（賀茂郡河津町）、姥子《うばこ》窟《くつ》洞穴（伊東市）などの海岸洞穴が葬送空間として営まれる。

洞穴葬は北日本でも確認されている。仙台湾を望む五松山《ごしょうざん》洞穴（宮城県石巻市）では一九体を下らない多数の人骨とともに、衝角付冑《しょうかくつきかぶと》や圭頭大刀《けいとうのたち》・刀子《とうす》・鏃《やじり》などの鉄製武器のほか、骨や貝製の武器や装身具の副葬も認められた。

はやく知里真志保《ちりましほ》・山田秀三《やまだひでぞう》の両氏は、北海道各地の海岸や川岸近くの洞穴に伝えられる「あの世へ行く道の入口」というアイヌの人々のあいだに語られる古伝承を渉猟したが、それらのなかには古代にさかのぼる遺跡が存在することを考慮しておくべきだろう（知里真志保・山田秀三「あの世の入口」『北方文化研究報告』第一一輯、北海道大学、一九五六年）。

紀伊半島の磯間岩陰《いそまいわかげ》遺跡（和歌山県田辺市）も、海蝕洞穴である。そこでは死者を納めた石棺の床に貝殻やサンゴ、また海砂を敷き詰めていた。同様の事例は関東や北部九州の横穴や横穴式石室の床にもしばしば認められる。柏谷百穴《かしやのひゃっけつ》横穴群（静岡県田方郡函南町）ではウミガメの甲羅を敷き詰めた例もあった。海岸の洞穴と古墳、それぞれの具体的な葬法に違いはあるものの、基層をながれる民族のこころの共通性を認識させる葬送習俗である。

瀬戸内西部、別府湾を南に望む城山《しろやま》遺跡（大分県速見郡日出町）では前期の洞穴葬が発掘されている。わずかな事例ではあるが、瀬戸内海に臨む洞穴や岩陰にも目をこらす必要を語っている。

Ⅰ篇で触れたことだが、日本海に面した猪目《いのめ》洞穴（島根県出雲市）では、弥生から古墳時代におよぶ一三体以上の人骨が発掘された。『出雲国風土記』には、この洞穴について述べたとみられる「黄泉の坂・黄泉の穴」という人口に膾炙《かいしゃ》されたくだりがある。洞穴が他界への通路と観念されたことがわかる。

図 97　加賀の潜戸（島根県松江市）

　また、猪目洞穴から東に約三五キロ離れた加賀《かか》の潜戸《くけど》という巨大な海蝕洞穴（図97）も風土記に語られる。すなわち、赤貝の精である母神キサカヒメが金の弓矢をもって暗黒の洞穴を射通し、貫通させた光りのなかに佐太大神《さだのおおかみ》が生まれたという。宮古島に残る太陽が誕生する洞穴「太陽《てだ》が洞穴《あな》」の話につながる神話である。黒潮の大きな流れを実感させる。

　巨大な海蝕洞穴は、他界への旅立ちの場であるとともに、新たな命を誕生させる母胎でもあった。洞穴の口のむこうには茫洋と広がる海原（海＝アマ）と、それにつながる空（天＝アマ）がある。「壺中の天」として創出された古墳の造形思惟に通じる観念がそこにある。

2　内陸の洞穴葬へのまなざし

内陸、千曲川の一支流、依田川に面して開口する幅二五メートル・奥行一五メートル・高さ一〇メートルという巨大な鳥羽山《とばやま》洞窟（長野県上田市）も、古墳時代の葬送空間であった。洞穴内での人骨の出土状況から、遺骸をそのまま曝《さら》して骨化を待つ風葬や、その人骨を焼く葬送行為の存在が認められた。遺骸には馬具や石釧《いしくしろ》のほか、多種類の装身具や土器が副葬され、彼らが古墳を造営してもおかしくない社会的階層に属する人々だったことを示している。

鳥羽山洞窟から依田川を四キロばかり下った左岸、急峻な岸壁に貼り付くように岩屋堂宝蔵寺《いわやどうほうぞうじ》が見える。岩壁の一段高みに一九三〇年ころ発見された、入口付近で幅約九メートル、高さ約三メートルばかり、奥行きは一〇メートルを超える規模の洞穴がある。小型銅鏡のほか、大刀や鏃などの鉄製武器、滑石製紡錘車《ぼうすいしゃ》、須恵器や土師器と、五世紀後半以降の古墳に副葬品される遺物組成から、当時「岩窟古墳」の名で学界に報告された。その後、一九八六年にも小規模な調査がなされ、五体分を超える人骨と勾玉をはじめとする玉類が出土。現在は岩屋堂洞窟と呼称されるこの遺跡でも、鳥羽山洞窟と共通する葬送行為の存在が明らかになってきた。

また諏訪湖の東南、湖を眼下に望む海抜一〇〇〇メートル余の高所にある古岩窪と呼ばれる小洞穴（諏訪市）は、はやく一九二七年に中学生だった藤森栄一《ふじもりえいいち》氏らによって確認された遺跡で、石製刀子や鉄鏃が土師器片とともに検出されている。ここにも洞穴葬の跡が確認される。

どうやら古墳時代の長野県下各地に、洞穴を葬送の場とする習俗があったことが想像される。それに関連して、安曇野市の有明山神社近くにある魏磯鬼《ぎしき》の窟《いわや》に触れておかなければなるまい（図98）。安曇平の西縁丘陵にあって、沢に臨む巨岩下にできた洞穴状の透き間を、巨岩をそのまま天井石として利用し、板石と角礫を用いて片袖式の横穴式石室とした特異な構造をなす葬送施設である。まさに洞穴と古墳を合体させたと理解される墓室だ。馬具や鉄鏃のほか、須恵器片が出土しており、六世紀末〜七世紀前半に営まれたことは間違いない。周辺には約一〇〇基近い後期古墳（穂高古墳群）が分布し、そのいずれもが横穴式石室であるなかで、岩の透き間を活用した魏磯鬼の窟のあり様は、洞穴

図98　魏磯鬼の窟（長野県安曇野市）

葬と横穴式石室への埋葬行為とのあいだにさほどの隔たりがなかったことを認識させる。

さきに伊豆半島沿岸における洞穴葬のいくつかを紹介したが、半島の中央を駿河湾に北流する狩野川流域の平野を眼下に望む笠石山《かさいしやま》洞穴（伊豆の国市）でも、二〇〇九年の発掘調査で鉄鉾や古式須恵器の副葬が確認された。周辺は、江《え》ノ浦《うら》・大北《おおきた》・大師山《たいしやま》など、大規模な横穴群が後期〜終末期に次々と営まれる地域である。それに先行して、半島内陸部に出現する洞穴葬の存在にも目を向けておくべきだろう。

さて目をおおきく山形県に転じることとする。

最上川の最上流に展開する米沢盆地の一角、東置賜郡高畠町《ひがしおきたまぐんたかはたまち》には、蔵王山から連なり福島県との県境をなす山嶺斜面に屹立する岩山の随所に洞穴がある。一九五七年、地元の中学生により発見された同町加茂山の山林内にある小洞穴（加茂山《かもやま》洞窟と呼ぶ）もそのひとつ。洞穴は平面が四メートル四方、高さ一メートル余の大きさで、勾玉七点・大刀六口・鉄鏃三点に土師器などが人骨とともに検出された。古墳時代後期の洞穴葬の遺跡である。『高畠町史』など、当該の遺跡に触れた文献はこれを「加茂山古墳」や「加茂山洞窟古墳」と呼称する。その命名は古墳時代の葬送にかかわる遺跡をすべて「〇〇古墳」と名づけた結果と推察される。適切ではない。

また加茂山洞窟の北約五キロにある大師森《たいしもり》洞窟に二基の組合せ式箱形石棺が納められるのも興味深い。石棺の一部に赤色顔料の塗布が認められ、一方の石棺には枕を表出したとみられる浮彫りがある。石棺は、はやく江戸時代、宝暦のころに発見され、そのおりに検出されたという碧玉製勾玉がひとつ伝えられている。ここでも洞穴が墓室に見立てられたことは間違いない。

高畠町には、日向《ひなた》洞窟や大立《おおだち》洞窟・火箱岩《ひばこいわ》洞窟など、縄文時代草創期を中心とした著名な洞穴遺跡群があるが、それらの遺跡においても、上層から土師器や須恵器が検出されており、古墳時代後期の洞穴葬の存在がうかがえる。

他方、高畠町に西接する南陽市には前期末～中期前初頭に築かれたとみられる稲荷森《いなりもり》古墳（全長約九六メートルの壺形墳）が、また西南に接する米沢市には中期後半～後期に営まれた戸塚山《とづかやま》古墳群があり、最上川上流域の置賜地域に古墳を築く葬送習俗が拡がっていたことは確かである。高畠町域でも羽山《はやま》古墳をはじめ、横穴式石室を主体部にもつ多数の後・終末期古墳が営まれる。加茂山洞窟は、そうした古墳が築かれる同じ丘陵に開口する洞穴である点を考慮すれば、既存の洞穴を墓室として活用する洞穴葬に比較して、墳丘の造営と空間の占有、さらには石室の架構などの諸点において古墳被葬者の優位性は否定できず、上述した長野県下の洞穴葬とは出現の事情をいささか異にすると理解される。しかし洞穴空間を墓室とみなすという一点でつながることはいうまでもない。

これら内陸部での洞穴への葬送を語る事例はいまだわずかな報告にとどまっている。また、古墳の築造を、その時代を認識する大きな指標とする考古学界では、その葬法に目が向けられることもほとんどない。だが上記の諸例は、内陸部の各地に古墳時代の洞穴葬の存在を予測させる。その葬法について、山間部における特異な習俗と理解してかたづけるべきではない。

第六章

古代人のこころ

私は本書において、古墳時代を生きた私たちの遠い祖先のこころの奥底にある他界観念を主題として、考古学の新たな成果を組み込みつつ、記紀や風土記、万葉集をはじめとする古代文献、さらには民俗学・神話学など、関連する諸分野を視野にいれて古代学的な考察を重ねてきた。

おそらく民俗学を研究する方々から、「他界観には海上他界や山中他界、また天上他界・地下他界があるが、本書では、古墳時代人がそのいずれの他界観をもっていたか明確に述べていないではないか」とか、「船形木棺や船形埴輪、さらには船をモチーフにした古墳壁画や船形の屍床、また墓室の床にサンゴや貝殻を敷く葬送習俗、また海蝕洞穴を葬送空間とした遺跡など、海とかかわりをもつ古墳時代の葬法に多くの紙幅を費やしているからには、海上他界の立場にたつのか」といった指摘や問いを受けることだろう。

しかし私は、そのいずれにも答えることはできない。なぜなら、古墳時代の日本には、亡き人の霊魂が船によって他界へといざなわれるという「舟葬」の観念がひろく存在するいっぽう、馬もまた他界への乗り物と考えられ、さらに内陸山間部でも洞穴葬が存在するからである。ある民俗学者は、土

図 99　海の彼方（神奈川県毘沙門洞穴より）

を積み上げた古墳をヤマ（山）とみなし、そこに山中他界の観念をみようとする。

大寺山洞穴をはじめ、海に臨む海蝕洞穴と、そこに収められた船形の葬送施設は、海の彼方に他界をみた人々がいたことを物語る。いっぽう、山間部の鳥羽山洞穴でも、船形の木棺は確認できないものの、洞穴空間が他界へ参入する場と認識されたという一点でつながる。おそらく鳥羽山洞穴を葬所とした人々は、その前面を流れる依田川の源にあたる南佐久の山並や、その彼方に他界を観念したことだろう。さらに、古墳壁画の船のなかには、棺を乗せて、日月や星辰輝く天空を翔る図柄がみえる。そこからは他界が天上にあるようにも受け取れる。これらを個別に理解しようとすると、それぞれ海上他界・山中他界・天上他界とでもなるのだろうか。

そのように他界の所在を限定的に捉える

必用はあるまい。古墳壁画の船は、五郎山古墳のように明らかに天空を往く一方で、高井田横穴群第Ⅱ支群一二号横穴の壁画では、波の上を航行する。また弁慶ガ穴古墳では船と馬が同じ壁面に描かれる。

海の彼方、山の彼方、また空の彼方。古墳時代の祖先たちは、彼らが生活の基盤とするそれぞれの地域における、漠然とした「はるか彼方」に他界をみていたのではないだろうか。

当時にあって、もっとも長い距離を往くことができる乗り物は船であり、また馬であったがゆえに、それらが亡き人の霊魂を、どことも知れぬ他界へと導いてくれると思考されたのである。

本書で紹介した多くの考古学の事例と、記紀や風土記に述べられる数々の神話や伝承から、海の彼方に霊魂の還る他界が観念されていたことは確かである。しかし茫漠たる海の彼方は水平線を境に、これまた茫々とした天につながる。海も天もアマである。山幸ヒコホホデミの海宮訪問の神話は、他界が海中にあるという。海中から天空まで、はるか彼方のアマなる世界に他界が観想された。

アマなる世界は内陸山間部の空につながる。鳥羽山洞穴などがそれにあたる。また長野県須坂市の鎧塚《よろいづか》古墳や、山梨県甲府市の甲斐銚子塚《かいちょうしづか》古墳に副葬されていた、南海産のスイジ貝で製作された釧は、アマ（海）の世界に属するものに呪力をみいだしたことのあらわれである。

もとより、「はるか彼方」に他界を観念したとしても、目前に横たわる屍をいかに処理するかは現実の大きな問題として残る。古代人は、新たにもたらされた神仙思想をもとに、現世に他界空間としての古墳を創出し、そこに死者を送り込むことで死の問題を処理しようとした。そこを永遠の楽土、神仙界とみなす大陸の思想（神仙思想）が、古墳文化の基盤にあることは間違いない。壺形の墳丘と、墳丘上を囲繞する壺形埴輪、また神仙界を表出した神獣鏡などはそうした心意のもとにある造形であり、周濠と円筒埴輪の並びは現世から他界を結界するための仕掛けである。

考古学の調査では、他界空間である古墳を常祭した痕跡がみられない。そこに葬られた人物は、ほどなく忘れられてゆく。大王墓ですら、誰が葬られたか忘却され、被葬者の名が伝えられることはない。古墳世界を構成する形象埴輪や壁画などに、被葬者個人の生前の業績や活動を顕彰する仕掛けがまったく指摘できないのも、古墳の築造に「個」がまったく反映することのなかった証拠である。古墳は現世に創出された他界空間。異界の存在となった被葬者は、そこに新たな生を得ると考えられた。

Ⅱ篇で論じたことだが、棺をはじめ形象埴輪、埴輪絵画、墓室の絵画、横穴の屍床など、古墳空間に表出されるさまざまな船の「かたち」の造形思惟が、弥生文化複合に淵源するという見通しは重要である。しかし古墳文化のなかにひろく舟葬観念が指摘される一方で、古墳を築くことなく、洞穴に丸木舟形の木棺を納める舟葬の事例は、なお各地に独自の葬送習俗が生きつづけた証しと理解される。舟葬習俗は認められないものの、内陸の洞穴葬もまたそうした事例とみなすことができよう。

仏教伝来前の古代人が抱いた他界観に関する研究のこれまでは、もっぱら民俗学や神話学の研究領域に委ねられ、数々の神話や列島各地に残る農耕祭儀や琉球弧の民俗に日本文化の古相をみいだし、そこから先人たちが抱いたであろう他界観に論及がなされてきた。葬送習俗に関する豊饒な資料の蓄積をもつ考古学が、この問題に寡黙であることはもはや許されない。遺跡・遺物に古代のこころを探る試みの実践がいま考古学に強く求められている。

あとがき

この世に生をうけた我々の魂は、死後、何処へ往くのであろうか。考古学の分野では、これまで数多くの墳墓の発掘や研究が積み重ねられてきたが、研究者はこの永遠のテーマに対する解答を積極的に用意してきたであろうか。わけても、巨大な墳丘の構築をもって時代区分の指標とする「古墳時代」の研究にあっては、なおさらこの問いかけが重い響きをもつ。古代人は他界をどのように考えていたのであろう。

この序言で『読売新聞』文化欄に、「海原の彼方へ—古代日本の他界観を探る—」と題して五回連載をおこなったのは一九九五年三月のことだった。墓としての古墳が存在する根本に、往時の人々が魂の行方をいかに考えたかという視点が考古学界に希薄であることに気づいたのは『埴輪と絵画の古代学』（白水社、一九九二年）執筆の過程でのこと。

形象埴輪や古墳壁画、また弥生時代の土器絵画などが表出される背景にある古代人の心意をテーマに一書を書き下ろすなか、大阪府柏原市にある高井田横穴群中の「人物の窟」と呼ばれる横穴の羨道壁面に描かれた船に乗る男性と彼に向かって手を振る女性を描いたよく知られる壁画に分析を加えつつ筆を進めていたときに冒頭の疑問が頭をよぎった。その章題は「冥界への旅—『人物の窟』壁画にみる古代精神―」となった。そこで他界観への視点が、なおざりにされたまま進む古墳時代研究に疑問をもったこと、その問題を解く糸口が「舟葬」と「洞穴」にあると考えたことが、以後の私の古墳文化研究に大きな方向性を与えることになった。

数年間の資料の蓄積と思考の整理期間を経て、『読売新聞』文化欄への連載が実現した。そして翌一九九六年に、同じ視点から講談社現代新書の一冊として『「黄泉の国」の考古学』を上梓することができた。紙上連載の後、現代新書を執筆中の一九九五年五月六日には、千葉県館山市の大寺山洞穴での千葉大学考古学研究室の発掘を見学、船形木棺が並ぶ光景にしばし我を忘れたのを昨日のように思い出す。この小著は版を重ねることがなく今に至った。

その後も船形木棺の事例や船形埴輪が各地で報告されるようになり、小著での主張が補強され、学界の流れも徐々に変化のきざしがあらわれてきた。かたくなだった考古学の世界でも「他界観」や「舟葬」という言葉が聞かれるようになってきた。その後に上梓した『古墳の思想―象徴のアルケオロジー―』（白水社、二〇〇二年）とあわせ、小著が学界に多少の動きをもたらせたと自負する昨今である。

しかし、各地でおこなわれる発掘調査では、日々新たな資料が土中から提示される。みごとなまでに数々の王権を象徴する形代（聖標）を立て並べた宝塚一号墳（三重県松阪市）の船形埴輪、また弥生中期の方形周溝墓に船形木棺を遺存させていた平手町遺跡（名古屋市）等々。舟葬を論じるうえで重要な資料がつぎつぎと明らかになってきた。そこで『「黄泉の国」の考古学』をⅠ篇として補訂をくわえて収載し、Ⅱ篇にその後に提示された新資料を加えた新たな舟葬論を提示。Ⅲ篇では古墳時代の他界観を総論した。後二編は、小著上梓後、現在に至る私の思考の過程である。とくにイザナキの黄泉国訪問神話についての理解は、Ⅰ篇と全く異なることとなった。過去の通説に従った検討をあえて残すことで、新たな考察との違いを明確にした。Ⅱ篇は新稿。Ⅲ篇は『古事記を読む』(三浦佑之編、吉川弘文館、二〇〇八年)に収載の「死者・異界・魂」に大幅な筆を加えた。

本書が成るにあたり新泉社編集部には多数の図版や写真が多く繁雑な編集作業を短期間でこなしていただいた。あらためて感謝いたします。

二〇一一年二月

辰巳和弘

主要関連文献

〔論　著〕

赤星直忠『穴の考古学』学生社、一九七〇年

石崎善久「舟底状木棺考─丹後の刳抜式木棺」『京都府埋蔵文化財論集』第四集、京都府埋蔵文化財調査研究センター、二〇〇一年

磯部武男「古代日本の舟葬について（上）」『信濃』第三五巻第一二号、信濃史学会、一九八三年

磯部武男「舟葬考─古墳時代の特殊葬法をめぐって」『藤枝市郷土博物館年報・紀要』一、一九八九年

大林太良『葬制の起源』角川書店、一九六五年

岡田精司『古代祭祀の史的研究』塙書房、一九九二年

岡本健一『蓬莱山と扶桑樹─日本文化の古層の探究』思文閣出版、二〇〇八年

岡本東三「舟葬説再論─「死者の舟」の表象」『大塚初重先生頌寿記念考古学論集』東京堂出版、二〇〇〇年

後藤守一「西都原発掘の埴輪舟（其一・其二）」『考古学雑誌』第二五巻八・九号、日本考古学会、一九三五年

小林行雄『古墳文化論考』平凡社、一九七六年

小南一郎『中国の神話と物語り』岩波書店、一九八四年

小南一郎「壺型の宇宙」『東方学報』第六一冊、京都大学人文科学研究所、一九八九年

西郷信綱『古代人と死─大地・葬り・魂・王権』平凡社、一九九九年

斎藤　忠『壁画古墳の系譜』学生社、一九八九年

下出積与『神仙思想』吉川弘文館、一九六八年

白井久美子『古墳からみた列島東縁世界の形成』千葉大学考古学研究叢書2、二〇〇二年

白石太一郎「装飾古墳にみる他界観」『国立歴史民俗博物館研究報告』第八〇集、一九九九年

辰巳和弘『高殿の古代学─豪族の居館と王権祭儀』白水社、一九九〇年

辰巳和弘『埴輪と絵画の古代学』白水社、一九九二年
辰巳和弘「舟葬再論―東殿塚古墳出土の船画をめぐって」『考古学に学ぶ』同志社大学考古学シリーズⅦ、一九九九年
辰巳和弘『古墳の思想―象徴のアルケオロジー』白水社、二〇〇二年
辰巳和弘「他界はいずこ」『王の墓と奉仕する人びと』国立歴史民俗博物館編、山川出版社、二〇〇四年
辰巳和弘「埴輪の構造と機能―『他界の王宮』創造」『埴輪の風景』六一書房、二〇〇八年
田中良之「人骨および付着ハエ囲蛹殻からみた殯について」『葉佐池古墳』松山市教育委員会、二〇〇三年
谷川健一『常世論―日本人の魂のゆくえ』平凡社、一九八三年
中西　進『神話力―日本神話を創造するもの』桜楓社、一九九一年
野本寛一『神々の風景―信仰環境論の試み』白水社、一九九〇年（『神と自然の景観論』講談社学術文庫として二〇〇六年改版）
松前　健『日本神話の新研究』南雲堂桜楓社、一九六〇年
松本信広（編）『論集　日本文化の起源』三（民族学Ⅰ）平凡社、一九七一年
広瀬和雄『カミ観念と古代国家』角川学芸出版、二〇一〇年
増田精一『埴輪の古代史』新潮社、一九七六年
三品彰英「前方後円墳」『古代祭政と穀霊信仰』三品彰英論文集第五巻、平凡社、一九七三年
安井良三「古代の船棺・船形棺（槨）墓について」『研究紀要』第一三冊、大阪市立博物館、一九八一年

〔発掘調査報告書など〕
赤堀茶臼山古墳
　帝室博物館『上野国佐波郡赤堀村今井茶臼山古墳』一九三三年
大寺山洞穴
　千葉大学文学部考古学研究室『大寺山洞穴第一次～第六次発掘調査概報』一九九四～一九九八年

五郎山古墳
筑紫野市教育委員会『国史跡 五郎山古墳』一九九八年
埼玉稲荷山古墳
埼玉県教育委員会『埼玉稲荷山古墳』一九八〇年
高井田横穴群
和光大学古墳壁画研究会『高井田横穴群線刻画』一九七八年
高廻り一・二号墳
大阪市文化財協会『長原遺跡発掘調査報告Ⅳ』一九九一年
宝塚一号墳
松阪市教育委員会『史跡宝塚古墳』二〇〇五年
東殿塚古墳
天理市教育委員会『西殿塚古墳・東殿塚古墳』二〇〇〇年
平手町遺跡
名古屋市健康福祉局『平手町遺跡第六次発掘調査報告書』二〇〇九年
装飾古墳・壁画古墳
小林行雄（編）『装飾古墳』平凡社、一九六四年
斎藤　忠『日本装飾古墳の研究』講談社、一九七三年
熊本県教育委員会『熊本県装飾古墳総合調査報告書』一九八四年
洞穴遺跡
日本考古学協会洞穴遺跡調査特別委員会『日本の洞穴遺跡』平凡社、一九六七年
帝塚山大学考古学研究室『磯間岩陰遺跡』一九七〇年
横須賀市考古学会『三浦半島の洞穴遺跡』一九八四年
鳥羽山洞窟調査団『鳥羽山洞窟―古墳時代葬所の素描と研究』信毎書籍出版センター、二〇〇〇年

131、2009 ／ 9：唐津市教育委員会『久里双水古墳』2009 ／ 10：島根県埋蔵文化財調査センター『田中谷遺跡 塚山古墳 下がり松遺跡 角谷遺跡』2002 ／ 11・12：島根県埋蔵文化財調査センター『塩津山古墳群』1997

図 83　玉湯町『玉湯町史』上、1961

図 84　1〜3：天理市教育委員会『西殿塚古墳・東殿塚古墳』2000 ／ 4：辰巳和弘「埴輪と絵画の古代学」白水社、1992 ／ 5：京都府立丹後郷土資料館『丹後王国の風景』1996 より作図／ 6：記者発表資料、2010 より作図／ 7〜9：宇野隆夫ほか「京都府長岡京市カラネガ岳 1・2 号古墳の発掘調査」『史林』64-3、1981 ／ 10・11：岡本東三「どこへ行く亀塚古墳の埴輪船」（講演資料）2000 ／ 12：1999. 9. 14 付「読売新聞」より作図／ 13〜15：城陽市教育委員会『城陽市埋蔵文化財調査報告書』15、1986 ／ 16：堺市教育委員会『百舌鳥古墳群の調査』（発行年不記）より作図／ 17：鍋田勇「私市円山古墳出土の円筒埴輪」『京都府埋蔵文化財情報』33、京都府埋蔵文化財調査研究センター、1989 より作図／ 18・19：高槻市教育委員会『新池』1993 ／ 20〜22：森田克行「今城塚古墳と筑紫津」『大王の棺を運ぶ実験航海—研究編—』石棺文化研究会、2007 より作図

図 85　安岐町教育委員会『一ノ瀬古墳群』1997

図 86　細川惠司氏撮影

図 87　岡林孝作ほか「静岡市杉ノ畷古墳出土木棺の研究」『ＭＵＳＥＵＭ』614、2008

図 88　広陵町教育委員会「巣山古墳の喪船」（リーフレット）2008

図 89　梅原章一氏撮影

図 91　田原本町教育委員会提供

図 93　左：行田市教育委員会『酒巻古墳群』1988 より作図／右：和光大学古墳壁画研究会『高井田横穴群線刻画』1978

図 94　辰巳和弘「古墳文化と神仙思想—勾玉文鏡の造形思惟」『東アジアの古代文化』116、大和書房、2003

図 95　1：千葉県文化財センター『東寺山石神遺跡』1977

図 96　比佐陽一郎氏提供

館『東京国立博物館図版目録・古墳遺物篇（関東Ⅱ）』1983／10：大阪市文化財協会『長原遺跡発掘調査報告』Ⅳ、1991／11：長岡京市埋蔵文化財センター『長岡京市埋蔵文化財センター年報』（平成6年度）、1996

図62 浜松市教育委員会『伊場遺跡遺物編』8、2002

図63 宝塚1号墳：松阪市教育委員会『史跡 宝塚古墳』2005／井辺八幡山古墳：同志社大学文学部考古学研究室『井辺八幡山古墳』1972／平城宮下層：奈良国立文化財研究所『平城宮発掘調査報告』Ⅺ、1982／平塚1号墳：奈良国立文化財研究所『平城宮発掘調査報告』Ⅵ、1975

図64 1・2：京都帝国大学文学部考古学教室『大和唐古弥生式遺跡の研究』1943、田原本町教育委員会『唐古・鍵遺跡第22・24・25次発掘調査概報』1987より作図／3：飯田市教育委員会『飯田における古墳の出現と展開』2007より作図／4：天理市教育委員会『西殿塚古墳・東殿塚古墳』2000より作図／5：千葉県文化財センター『研究紀要』15（生産遺跡の研究4）1994／6：日本考古学協会茨城県大会実行委員会『関東における埴輪の生産と供給（シンポジウム資料）』1995／7：石田茂輔「日葉酢媛命御陵の資料について」『書陵部紀要』19、宮内庁書陵部、1967

図65 松阪市教育委員会提供

図66 天理市教育委員会『西殿塚古墳・東殿塚古墳』2000

図67 松阪市教育委員会『史跡 宝塚古墳』2005に加筆

図68 飯田市上郷考古博物館『盛り土に埋もれた遺跡』（展示リーフレット）2003

図69 1：八尾市文化財調査研究会『八尾市文化財調査研究会報告』126、2009に加筆／2：平林悦治「奈良若草山発見の石製模造品」『考古学雑誌』29－3、1939に加筆

図70 1：大阪市文化財協会『長原遺跡発掘調査報告』Ⅳ、1991／2：筑紫野市教育委員会『国史跡 五郎山古墳』1998／3：弥栄町教育委員会『ニゴレ古墳』1988／4：森貞次郎「福岡県鞍手郡若宮町竹原古墳の壁画」『美術研究』194、1957／5：松阪市教育委員会「宝塚1号墳出土の船形埴輪記者発表資料」2000／6：熊本県教育委員会『熊本県装飾古墳総合調査報告書』1984／8：天理市教育委員会『西殿塚古墳・東殿塚古墳』2000／9：月の輪古墳刊行会『月の輪古墳』1960／10：兵庫県教育委員会埋蔵文化財調査事務所『ひょうごの遺跡』38、2000／11：岡本東三「どこへ行く亀塚古墳の埴輪船」（講演資料）、2000／12：京都府教育委員会『埋蔵文化財発掘調査概報』1978

図71 上：大阪市教育委員会ほか『よみがえる古代船と5世紀の大阪』（特別展図録）1989／下：読売新聞西部本社『大王のひつぎ海をゆく』海鳥社、2006

図73 （財）大阪市博物館協会 大阪文化財研究所提供、国（文化庁）保管

図74 名古屋市健康福祉局『平手町遺跡第6次発掘調査報告書』2009

図75 左：京都府埋蔵文化財調査研究センター『京都府遺跡調査概報』66、1995／右：峰山町教育委員会『赤坂今井墳丘墓発掘調査報告書』2004

図76 1：名古屋市健康福祉局『平手町遺跡第6次発掘調査報告書』2009／2・3：京都府埋蔵文化財調査研究センター『京都府遺跡調査報告集』131、2009／4：兵庫県教育委員会『カナガ谷墳墓群 大谷墳墓群 坪井遺跡』2003／5：まつおか古代フェスティバル実行委員会『発掘された北陸の古墳報告会資料集』1997／6：静岡県埋蔵文化財調査研究所『北神馬土手遺跡 他』Ⅰ、1997／7：綾歌町教育委員会ほか『平尾墳墓群』1998

図77 那珂町史編さん委員会『那珂町史（自然環境・原始古代編）』1988

図78 文物出版社『成都商業街船棺葬』2009

図79 佐賀県教育委員会『九州横断自動車道関係埋蔵文化財調査報告書』18、1995

図80 1：会津坂下町教育委員会ほか『森北古墳群』1999／2・3：大谷基「名生館官衙遺跡の舟形木棺」『宮城考古学』6、2004／4：君津市文化財センターほか『西谷古墳群・西谷遺跡』2000／5：千葉大学文学部考古学研究室『大寺山洞穴第3・4次発掘調査概報』1996／6・7：市原市文化財センター『市原市大厩浅間様古墳調査報告書』1999／8：市原市文化財センター『市原市辺田古墳群・御林跡遺跡』2004／9：埼玉県教育委員会『埼玉稲荷山古墳』1980

図81 矢澤高太郎氏撮影

図82 1・2・4：磯部武男「古代日本の舟葬について（上）」『信濃』35－12、1983／3：静岡県埋蔵文化財調査研究センター『元島遺跡』Ⅰ、1998／5：龍野市教育委員会『新宮東山古墳群』1996／6：兵庫県教育委員会『梅田東古墳群』2002／7・8：京都府埋蔵文化財調査研究センター『京都府遺跡調査報告集』

挿図等出典一覧（記載のない写真・挿図等の撮影、作成は筆者）

巻頭図版

1　松阪市教育委員会提供

2　名古屋市見晴台考古資料館提供

本文図版

図 3　千葉大学文学部考古学研究室『大寺山洞穴第3・4次発掘調査概報』1996

図 6　横須賀考古学会『三浦半島の海蝕洞穴遺跡』1984

図 7　上：帝塚山大学考古学研究室『磯間岩陰遺跡』1970

図 8　帝塚山大学考古学研究室『磯間岩陰遺跡』1970

図17　鳥羽山洞窟調査団『鳥羽山洞窟』2000

図19　東北新幹線赤羽地区遺跡調査会『赤羽台遺跡―赤羽台横穴墓群』1989

図20　1：桜井市教育委員会『纏向』1976／2：石田茂輔「日葉酢媛命御陵の資料について」『書陵部紀要』19、宮内庁書陵部、1967／3：庵原村教育委員会『三池平古墳』1961

図22　細川惠司氏撮影

図24　埼玉県教育委員会『埼玉稲荷山古墳』1980

図25　磯部武男「舟葬考」『藤枝市郷土博物館年報・紀要』1、1989

図27　京都府埋蔵文化財調査研究センター『京都府遺跡調査概報』66、1995に加筆

図29　斎藤忠『日本装飾古墳の研究』講談社、1973

図31　市原市文化財センター『市原市山倉古墳群』2004

図32　斎藤忠『日本装飾古墳の研究』講談社、1973

図33　上：森貞次郎「五郎山古墳」『装飾古墳』（小林行雄編）平凡社、1964／下：和光大学古墳壁画研究会『高井田横穴群線刻画』1978

図34　森貞次郎「五郎山古墳」『装飾古墳』（小林行雄編）平凡社、1964

図35　森貞次郎「珍敷塚古墳」『装飾古墳』（小林行雄編）平凡社、1964

図36　森貞次郎「五郎山古墳」『装飾古墳』（小林行雄編）平凡社、1964

図37　斑鳩町教育委員会『藤ノ木古墳』第2・3次調査報告書、1995

図38　下：熊本県教育委員会『熊本県装飾古墳総合調査報告書』1984

図39　熊本県教育委員会『熊本県装飾古墳総合調査報告書』1984

図40　斎藤忠『日本装飾古墳の研究』講談社、1973

図42　大塚初重「茨城県三昧塚古墳調査に関する補遺」『茨城県史研究』52、茨城県、1984

図44　奈良県立橿原考古学研究所附属博物館提供

図45　大阪府教育委員会・大阪府文化財センター『美園』1985に加筆

図46　辰巳和弘『埴輪と絵画の古代学』白水社、1992

図47　弥栄町教育委員会『ニゴレ古墳』1988より作図

図48　大阪市文化財協会『長原遺跡発掘調査報告』Ⅳ、1991より作図

図49　藤井寺市教育委員会『石川流域遺跡群発掘調査報告』Ⅸ、1994

図51　白石太一郎ほか「箸墓古墳の再検討」『国立歴史民俗博物館研究報告』3、1984

図52　上：兵庫県教育委員会『桜ケ丘銅鐸・銅戈調査報告書』1972／下：中国書画社『密県画像磚』1983

図53　双葉町教育委員会『清戸廹横穴墓』1985

図55　松阪市教育委員会『史跡 宝塚古墳』2005

図56　釜塚古墳：前原市教育委員会『釜塚古墳』2003／宝塚1号墳：松阪市教育委員会『史跡 宝塚古墳』2005／小立古墳：桜井市文化財協会『磐余遺跡群発掘調査概報』Ⅰ、2002／石見遺跡：末永雅雄「磯城郡三宅村石見出土埴輪報告」『奈良県史跡名勝天然記念物調査報告』13、1935

図57　奈良県立橿原考古学研究所『極楽寺ヒビキ遺跡』2007に加筆

図60　守山市教育委員会『下長遺跡発掘調査報告書』Ⅷ、2001

図61　1～4：松阪市教育委員会提供／5・6：弥栄町教育委員会『ニゴレ古墳』1988／7：奈良県教育委員会『室大墓』1959／8：阿児町教育委員会『志摩・おじょか古墳発掘調査概報』1968／9：東京国立博物

本書の第Ⅰ篇は、『「黄泉の国」の考古学』（講談社現代新書、一九九六年）を補訂し、再録したものです。

著者紹介

辰巳和弘（たつみ・かずひろ）

1946年大阪市生まれ
同志社大学大学院文学研究科修了
現在、同志社大学教授
著　書　『聖樹と古代大和の王宮』（中央公論新社、2009年）、『聖なる水の祀りと古代王権・天白磐座遺跡』（新泉社、2006年）、『新古代学の視点―「かたち」から考える日本の「こころ」―』（小学館、2006年）、『古墳の思想―象徴のアルケオロジー―』（白水社、2002年）、『風土記の考古学―古代人の自然観―』（白水社、1999年）、『地域王権の古代学』（白水社、1994年）、『埴輪と絵画の古代学』（白水社、1992年）、『高殿の古代学―豪族の居館と王権祭儀―』（白水社、1990年）等

他界へ翔《かけ》る船――「黄泉《よみ》の国」の考古学

2011年3月25日　第1版第1刷発行

著　者＝辰巳和弘
発行者＝株式会社 新 泉 社
東京都文京区本郷2－5－12
振替・00170－4－160936番　TEL03（3815）1662／FAX03（3815）1422
印刷・製本／萩原印刷

ISBN978－4－7877－1102－1　C1021

シリーズ「遺跡を学ぶ」

A5判／96頁／定価各1500円＋税

◉第Ⅰ期（全31冊完結・セット函入46500円＋税）

01 北辺の海の民・モヨロ貝塚　米村衛
02 天下布武の城・安土城　木戸雅寿
03 古墳時代の地域社会復元・三ツ寺Ⅰ遺跡　若狭徹
04 原始集落を掘る・尖石遺跡　勅使河原彰
05 世界をリードした磁器窯・肥前窯　大橋康二
06 五千年におよぶムラ・平出遺跡　小林康男
07 豊饒の海の縄文文化・曽畑貝塚　木﨑康弘
08 未盗掘石室の発見・雪野山古墳　佐々木憲一
09 氷河期を生き抜いた狩人・矢出川遺跡　堤　隆
10 描かれた黄泉の世界・王塚古墳　柳沢一男
11 江戸のミクロコスモス・加賀藩江戸屋敷　追川吉生
12 北の黒曜石の道・白滝遺跡群　木村英明
13 古代祭祀とシルクロードの終着地・沖ノ島　弓場紀知
14 黒潮を渡った黒曜石・見高段間遺跡　池谷信之
15 縄文のイエとムラの風景・御所野遺跡　高田和徳
16 鉄剣銘一一五文字の謎に迫る・埼玉古墳群　高橋一夫
17 石にこめた縄文人の祈り・大湯環状列石　秋元信夫
18 土器製塩の島・喜兵衛島製塩遺跡と古墳　近藤義郎
19 縄文の社会構造をのぞく・姥山貝塚　堀越正行
20 大仏造立の都・紫香楽宮　小笠原好彦
21 律令国家の対蝦夷政策・相馬の製鉄遺跡群　飯村均
22 筑紫政権からヤマト政権へ・豊前石塚山古墳　長嶺正秀
23 弥生実年代と都市論のゆくえ・池上曽根遺跡　秋山浩三
24 最古の王墓・吉武高木遺跡　常松幹雄
25 石槍革命・八風山遺跡群　須藤隆司
26 大和葛城の大古墳群・馬見古墳群　河上邦彦
27 南九州に栄えた縄文文化・上野原遺跡　新東晃一
28 泉北丘陵に広がる須恵器窯・陶邑遺跡群　中村浩
29 東北古墳研究の原点・会津大塚山古墳　辻秀人
30 赤城山麓の三万年前のムラ・下触牛伏遺跡　小菅将夫
別01 黒耀石の原産地を探る・鷹山遺跡群　黒耀石体験ミュージアム

◉第Ⅱ期（全20冊完結・セット函入30000円＋税）

31 日本考古学の原点・大森貝塚　加藤緑
32 斑鳩に眠る二人の貴公子・藤ノ木古墳　前園実知雄
33 聖なる水の祀りと古代王権・天白磐座遺跡　辰巳和弘
34 吉備の弥生大首長墓・楯築弥生墳丘墓　福本明
35 最初の巨大古墳・箸墓古墳　清水眞一
36 中国山地の縄文文化・帝釈峡遺跡群　河瀬正利
37 縄文文化の起源をさぐる・小瀬ヶ沢・室谷洞窟　小熊博史
38 世界航路へ誘う港市・長崎・平戸　川口洋平
39 武田軍団を支えた甲州金・湯之奥金山　谷口一夫
40 中世瀬戸内の港町・草戸千軒町遺跡　鈴木康之
41 松島湾の縄文カレンダー・里浜貝塚　会田容弘
42 地域考古学の原点・月の輪古墳　近藤義郎・中村常定
43 天下統一の城・大坂城　中村博司
44 東山道の峠の祭祀・神坂峠遺跡　市澤英利
45 霞ヶ浦の縄文景観・陸平貝塚　中村哲也
46 律令体制を支えた地方官衙・弥勒寺遺跡群　田中弘志
47 戦争遺跡の発掘・陸軍前橋飛行場　菊池実
48 最古の農村・板付遺跡　山崎純男
49 ヤマトの王墓・桜井茶臼山古墳・メスリ山古墳　千賀久
50 「弥生時代」の発見・弥生町遺跡　石川日出志

◉第Ⅲ期（全26冊完結・セット函入39000円＋税）

51 邪馬台国の候補地・纒向遺跡　石野博信
52 鎮護国家の大伽藍・武蔵国分寺　福田信夫
53 古代出雲の原像をさぐる・加茂岩倉遺跡　田中義昭
54 縄文人を描いた土器・和台遺跡　新井達哉
55 古墳時代のシンボル・仁徳陵古墳　一瀬和夫
56 大友宗麟の戦国都市・豊後府内　玉永光洋・坂本嘉弘
57 東京下町に眠る戦国の城・葛西城　谷口榮
58 伊勢神宮に仕える皇女・斎宮跡　駒田利治
59 武蔵野に残る旧石器人の足跡・砂川遺跡　野口淳
60 南国土佐から問う弥生時代像・田村遺跡　出原恵三
61 中世日本最大の貿易都市・博多遺跡群　大庭康時
62 縄文の漆の里・下宅部遺跡　千葉敏朗
63 東国大豪族の威勢・大室古墳群〔群馬〕　前原豊
64 新しい旧石器研究の出発点・野川遺跡　小田静夫
65 旧石器人の遊動と植民・恩原遺跡群　稲田孝司
66 古代東北統治の拠点・多賀城　進藤秋輝
67 藤原仲麻呂がつくった壮麗な国庁・近江国府　平井美典
68 列島始原の人類に迫る熊本の石器・沈目遺跡　木﨑康弘
69 奈良時代からつづく信濃の村・吉田川西遺跡　原明芳
70 縄紋文化のはじまり・上黒岩岩陰遺跡　小林謙一
71 国宝土偶「縄文ビーナス」の誕生・棚畑遺跡　鵜飼幸雄
72 鎌倉幕府草創の地・伊豆韮山の中世遺跡群　池谷初恵
73 東日本最大級の埴輪工房・生出塚埴輪窯　高田大輔
74 北の縄文人の祭儀場・キウス周堤墓群　大谷敏三
75 浅間山大噴火の爪痕・天明三年浅間災害遺跡　関俊明
別02 ビジュアル版 旧石器時代ガイドブック　堤　隆